만들어진 **생각,**
만들어진 **행동**

만들어진 생각, 만들어진 행동

당신의 감정과 판단을 지배하는 뜻밖의 힘

애덤 알터 지음 | 최호영 옮김

알키

"애덤 알터의 《만들어진 생각, 만들어진 행동》은 우리의 행동이 맥락 상 어떻게 결정되는지에 관한 도발적인 시선을 제공하는 최고의 과학 도서다."
— 말콤 글래드웰Malcolm Gladwell, 《아웃라이어Outliers》 저자

"이 책을 통해 세계를 보는 눈이 달라질 것이다. 왜냐하면 하찮게 보이던 것들이 전에는 깨닫지 못했던 의미로 다가오기 시작할 것이기 때문이다."
— 댄 애리얼리Dan Ariely, 《상식 밖의 경제학Predictably Irrational》 저자

"《만들어진 생각, 만들어진 행동》은 심리학에서 가장 진기한 현상들과 가장 다채로운 인물들을 재치 있고 유쾌하게 소개하고 있다."
— 대니얼 길버트Daniel Gilbert, 《행복에 걸려 비틀거리다Stumbling on Happiness》 저자

"생각과 신념과 행위에 영향을 미치는 숨은 힘들에 대한 매혹적인 개관."
— 개리 마커스Gary Marcus, 《클루지Kluge》 저자

"이 흥미진진한 책에서 애덤 알터는 우리의 생각과 행동에 영향을 미치는 힘들에 대해 이야기한다. 우리가 상상하는 것 이상으로 우리의 삶은 우리의 이름이 무슨 글자로 시작하는지, 우리가 살고 있는 지역의 평균적인 기후가 어

떠한지, 우리 주위에 분홍색이 있지는 않은지와 같은 뜻밖의 요인들에 의해 영향받고 있다. 명쾌한 필체와 상식을 뒤집는 유머 속에서 이 책은 인간 본성에 대한 근본적으로 새로운 시각을 제시하고 있다."

— 폴 블룸Paul Bloom, 《우리는 왜 빠져드는가?How Pleasure Works?》 저자

"애덤 알터는 최근의 심리학 연구들 가운데 가장 놀랍고도 기이한 것들을 한 권의 책으로 묶었다. 독자들은 틀림없이 이 책《만들어진 생각, 만들어진 행동》에 나오는 믿기 어려운 이야기들을 친구들과 나누고 싶어 할 것이다."

— 조슈아 포어Joshua Foer, 《아인슈타인과 문워킹을Moonwalking with Einstein》 저자

"여러분은 우리 모두가 어떤 면에서는 거대한 핀볼pinball 놀이기계의 볼에 지나지 않는다는 저자의 이야기를 읽으면서 때로는 깔깔 웃을 것이고 때로는 숨이 막힐 정도로 놀랄 것이며 때로는 믿기지 않는다는 듯 고개를 가로저을 것이다. 우리를 이리저리 튕겨내는 핀볼 범퍼의 정체를 알고 싶은 사람이라면, 그래서 우리 운명의 끈을 일부라도 다시 쥐고 싶은 사람이라면, 이 흥미진진한 책을 읽어야 할 것이다."

— 조너선 하이트Jonathan Haidt, 《정의로운 마음The Righteous Mind》 저자

나도 모르는 사이에
나를 조종하는 힘

학술지 《분자교정 정신의학Orthomolecular Psychiatry》[1]의 1979년 마지막 호에 실린 한 고전적인 논문은 교도관, 미식축구 코치, 성난 부모 등의 상상력에 불을 붙였다. 이 논문에서 저자인 알렉산더 샤우스Alexander Schauss 교수는 153명의 건강한 청년들과 한 연구자, 그리고 커다란 마분지 두 장과 환한 실험실이 등장하는 간단한 실험을 소개했다.

청년들은 한 사람씩 실험실로 들어가 특이한 강도强度 실험을 받았다. 실험에서 절반의 청년들은 파란색 마분지를 먼저 바라보았고 다른 절반의 청년들은 분홍색 마분지를 먼저 바라보았다. 이렇게 1분이 지난 뒤 연구자는 청년들에게 팔을 앞으로 들어 올리라고 요청했고, 정년들이 팔을 들어 올리면 연구자는 그 팔을 눌러서 원래의 자세로 돌려놓았다. 그리고 청년들이 이 실험을 반복하기 위해 잠시 쉬는 동안 연구자는 간단한 메모를 남겼다. 그런 다음 청년들은 마분지의 색깔을 바꾸어 다시 1분 동안 바라본 뒤 똑같은 강도 실험을 받았다.

이 실험의 결과는 놀라울 정도로 일관된 것이었다. 단 두 명을 제외한 모든 청년들이 분홍색 마분지를 바라본 뒤 연구자의 누르는 힘에 대한 저항력이 극적으로 더 약해졌다. 반면에 파란색 마분지를 바라본 일은 첫 번째 실험에서든 두 번째 실험에서든 청년들의 저항력에 아무런 영향을 미치지 않았다. 결론적으로 분홍색은 청년들을 일시적으로 무기력하게 만든 것처럼 보였다.

이 효과가 우연이 아님을 증명하기 위해 샤우스는 또 다른 실험을 수행했다. 이번에는 강도를 더 정확히 측정하기 위해 38명의 남성 피험자들에게 악력계dynamometer라는 측정도구를 꽉 쥐도록 요구했다. 그러자 단 한 명의 예외도 없이 38명의 남자들은 모두 분홍색 마분지를 바라본 뒤 악력계를 더 약하게 쥐었다.

샤우스는 미국 각지를 돌아다니며 분홍색의 놀라운 진정 효과에 대해 공개 강연을 했다. 한 텔레비전 프로그램에서는 여러 번에 걸쳐 손쉽게 이두박근을 뭉쳐 보였던 미스터 캘리포니아Mr. California가 분홍색 마분지를 바라본 뒤에는 진땀을 빼며 근육을 뭉치는 모습이 방송되기도 했다. 점점 이 색채의 힘을 확신한 샤우스는 난폭한 죄수들을 분홍색 독방에 가두면 좋은 효과를 볼 수 있을 것이라고 주장했다.

실제로 워싱턴 주의 시애틀에 있는 미 해군교도소의 두 교도관이 유치장 하나를 분홍색으로 다시 칠했다. 그 후 7개월 동안 선임준위 진 베이커Gene Baker와 교도소장 론 밀러Ron Miller는 성나고 흥분한 상태였던 새로 온 수감자들이 분홍색 방에 들어간 후 15분만 지나면 이내 조용해지는 것을 목격했다. 교도관들의 보고에 따르면 새로 온 수감자들은 보통 매우 공격적이었으나 7개월의 실험 기간 동안 그들은 단 한 건의 폭력 사건도 일으키지 않았다고 한다. 그 후 사람들은 이 교도관들의 시도를 높이 평가해 그들이 사용한 분홍색을 '베이커 밀러 분홍색Baker-Miller Pink'이라고 불렀다. 그리고 미국 전역의 다른 교도소에서도 특별 유치장의 벽을 이와 같은 풍선껌 색으로 칠하기 시작했다. 캘리포니아 산호세San Jose 지역에 있는 한 구치소에서는 몇몇 어린 수감자들이 분홍색 방 때문에 너무 허약해져서 하루에 몇 분 이상을 그 방에 넣지 못하도록 하는 규정이 생길 정도였다. 그리고 작은 군의 구치소들에서도 난폭한 술주정뱅이들을 분홍색 유치장에 밀어 넣기 시작하면서 이 색채는 이제 '주정뱅이 유치장의 분홍색Drunk Tank Pink'이라는 별명을 얻게 되었다.

1980년대 초 이 주정뱅이 유치장의 분홍색은 많은 사람들에게 자그마한 문화적 충격으로 다가왔다. 환자나 학생의 난폭한 행동에 지친 정신과의사, 치과의사, 내과의사, 교사와 학부모 등은 이제 주위의 벽을 분홍색으로 칠하기 시작했다. 공공 주거단지에서는 실내를 분홍색으로 칠한 뒤 폭력적 행동이 눈에 띄게 줄었다는 보고를 해왔고, 버스회사에서는 버스 좌석에 분홍색 시트를 입혀서 승객들의 기물파손 행위를 억제하려 했다. 또 자선단체 유나이티드 웨이United Way에서 봉사자들이 분홍색 유니폼을 입자 기부금이 평소보다 두세 배나 늘었다는 보고도 있었다. 또한 콜로라도주립대학과 아이오와대학의 미식축구 코치들은 원정팀의 라커룸 벽을 분홍색으로 칠해 상대팀의 승부욕을 가라앉히려 했다. 그래서 해당 지역의 체육위원회에서는 홈팀과 원정

팀의 라커룸이 똑같아야 한다는 규정을 도입하기까지 했다. 댈러스 카우보이스Dallas Cowboys 미식축구 팀에서 오랫동안 코치로 활동한 텍스 슈람Tex Schramm은 샤우스 교수에게 전화를 걸어 자신들도 이 전략을 사용해야 하느냐고 물었다. 나아가 복싱 시합에서 열세에 놓인 선수들은 분홍색 트렁크를 입기 시작했으며, 그래서 때로는 자기보다 훨씬 강력한 상대를 쓰러뜨리기도 했다.[2]

이렇게 주정뱅이 유치장의 분홍색은 공격성과 과잉활동의 억제부터 불안과 경쟁의 대처 전략에 이르기까지 각종 어려운 문제를 풀 수 있는 뜻밖의 해결책으로 떠올랐다. 이 색채에 대한 폭발적인 학문적 관심[3]은 1990년대까지 이어졌다. 그래서 몇몇 연구자들은 이 색채의 효과가 원래 주장한 것만큼 크지 않다는 증거를 제시하기도 했지만, 이 색채의 효과를 증명하는 산발적인 사례들은 계속 이어졌다. 샤우스는 여전히 주정뱅이 유치장의 분홍색을 '비약물성 마취제'라고 부른다. 그는 이 색채의 극적인 등장 이후로 30년이 넘는 세월 동안 매년 10여 개의 관련 연구를 계속하고 있다.

이 책은 주정뱅이 유치장의 분홍색과, 그 밖에 우리의 생각과 느낌과 행동에 영향을 미치는 또 다른 숨은 힘들의 역할을 규명하려는 시도다. 그 가운데 몇몇은 주정뱅이 유치장의 분홍색처럼 불현듯 나타나 대중문화의 전설이 되었다. 반면 다른 몇몇은 밝고 아름다운 여성처럼 이미 오래전부터 민간의 지혜 속에서 특별한 지위를 누리고 있었다. 물론 민간의 지혜만으로 인간의 복잡한 행동을 이해하는 데는 한계가 있겠지만 말이다. 그리고 또 다른 힘들은 우리가 자녀 또는 새로운 벤처사업에 부여하는 이름처럼 무리 속에 숨어서 쉽게 눈에 띄지 않은 채 우리의 일상생활 속에서 영향력을 발휘하고 있다.

이런 힘들을 이해하려는 시도는 단순히 한가한 호기심 때문이 아니다. 우리는 이런 힘들을 때때로 우리에게 좋은 것을 실현시키기 위해 적절히 이용할 필요가 있으며, 때로는 나쁜 것을 피하기 위해 억제시킬 필요가 있다. 어떤 힘들은 우리로 하여금 더 영리한 결정을 내리고 더 만족스러운 결과를 얻도록 작용하는 반면에, 또 다른 힘들은 건강과 행복을 추구하는 우리의 노력에 중요한 장애물로 작용한다. 이런 힘들은 (또는 심리학자들이 부르는 것처럼 이런 단서cue들은) 다양한 형태를 띠며 세 종류의 세계에서 작용한다. 즉 우리의 머릿속을 파고드는 작은 단서들로 이루어진 정신적 세계, 우리 사이를 연결하는 사회적 세계, 우리를 둘러싸고 있는 물리적 세계가 바로 그것이다. 우리는 모두 이러한 세계가 끊임없이 작용한 결과다. 그리고 그 안에서 우리의 모든 생각과 느낌과 행동을 좌우하는 숨은 힘들의 결과다.

이 책에 대한 찬사 04
들어가며 07

당신을 뒤바꾸는 주변 조건들

1장 / 생각을 만든 색채 16

범죄율을 낮추는 손쉬운 방법/ 정말로 색채가 의사결정을 지배할까/ 우리가 색에 반응하는 이유/ 같은 색깔, 다른 연상 작용/ 성적 매력을 부각시키는 색깔/ 낮은 평가 점수를 주는 색깔/ 경기의 승패를 가르는 색깔/ 도덕적이거나 부도덕한 색깔

2장 / 생각을 만든 공간 52

공간이 심리를 조작한다/ 스트레스를 줄여주는 장소/ 깊은 생각을 만드는 '껄끄러움'의 힘/ 고정되고 유일한 '나'는 없다/ 기억을 유리하게 만드는 장소

3장 / 생각을 만든 온도 90

사람을 들뜨게 하는 날씨와 기온/ 냉기가 외로움을 느끼게 한다/ 행복을 만드는 날씨와 기후/ 궂은 날씨가 경계심을 부른다

차이를 낳는 우리 사이의 세계

4장 / 생각을 만든 시선 120

남의 시선이 도덕성을 높인다/ 인간은 고립된 세상에서 살 수 있을까?/ 진보의 시작은 흉내 내기로부터/ 친밀해지려면 그 사람을 모방하라/ 우사인 볼트를 달리게 하는 것/ 경쟁률이 높으면 더 치열해질까?/ 용감한 개인과 비겁한 군중

5장 / 생각을 만든 편견   158

인간의 동기를 이끄는 힘/ 미녀 앞에서 남자가 무모해지는 이유/ 선량한 흑인에게 총을 겨누지 마라/ 상상만으로도 고통이 줄어든다/ 거짓을 말할 땐 거울을 치워라

6장 / 생각을 만든 문화   194

아리스토텔레스와 공자의 눈/ 개성의 세계와 조화의 세계/ 똑같은 말과 행동이 다른 반응을 낳다/ 문화가 만들어낸 색다른 질병들/ 상이한 두 문화는 공존할 수 없다/ 낙관하는 문화, 비관하는 문화

우리 안의 사소하고도 거대한 힘

3부

7장 / 생각을 만든 상징   238

부정적 상징의 부정적 영향/ 애플 로고가 왜 창의력을 높이는가/ 통증을 완화시키는 돈이라는 상징/ 정치 노선도 바꾸는 국기의 상징/ 십자가만 봐도 착한 마음이 생긴다/ 인성도 바꾸는 상징의 힘

8장 / 생각을 만든 이름   276

이름처럼 살게 된 사람들/ '카트리나' 피해에 기부한 'K'들/ 쉬운 이름이 경력을 돕는다/ 뾰족한 이름과 둥글둥글한 이름

9장 / 생각을 만든 명칭   308

복잡한 세계를 단순하게/ 사실과 명칭 사이/ '흑인', '노동자'이기 때문에/ '우등생'이라는 명칭이 우등생을 만든다/ 없는 것을 보게 하는 명칭

마치며   346
주   352

1부

당신을 뒤바꾸는
주변 조건들

1
생각을 만든 색채

색채과학의 선구자 쿠르트 골트슈타인은 1940년대 초의 한 연설에서 이렇게 말했다. "색채가 생명체에게 영향을 미친다는 사실에는 따로 증거가 필요없다. 형형색색의 생물들을 둘러보기만 해도 우리는 이 사실을 곧바로 깨달을 수 있다."

범죄율을 낮추는
손쉬운 방법

21세기로 접어들어 스코틀랜드 글래스고 시는 도시 미화를 위해 푸른색 가로등을 설치했다. 이론적으로 볼 때 푸른색 불빛은 이 도시의 밤거리를 화려하게 비추고 있던 노란색과 흰색 불빛보다 더 매력적이고 차분한 느낌을 줄 것 같았다. 그리고 실제로 푸른색 불빛은 사람들의 마음을 진정시키는 천상의 불빛처럼 보였다. 그런데 그로부터 수개월이 지난 뒤 시의 범죄 통계국은 뜻밖의 깜짝 놀랄 만한 흐름을 발견했다.

바로 새롭게 푸른색으로 물들인 장소에서 범죄행위가 극적으로 줄어든 것이다. 웨스트미들랜즈 경찰서에서 사람의 시선을 묘사한 게시판들을 설치해 범죄를 막은 것처럼(4장에서 설명), 경찰차 지붕의 불빛을 흉내 낸 글래스고의 푸른색 조명은 경찰이 늘 감시하고 있다는 암시를 주는 것 같았다. 이 불빛은 원래 범죄를 막기 위해 설계된 것이 아니었지만 바로 이것이 이 불빛의 제 역할인 것처럼 보였다.

푸른색 불빛이 경이로운 치안력을 발휘한다는 소문은 빠르게 퍼져나갔다. 일본 나라 현奈良縣의 경찰서에서는 범죄가 자주 발생하는 주요 지점에 152개의 푸른 불빛을 설치했다. 그러자 범죄율이 9퍼센트나 감소했다. 나아가 푸른 불빛은 또 다른 뜻밖의 효과를 가져왔다. 일본의 정거장과 교차로에서 빈번히 발생하던 자살 시도가 완전히 사라진 것이었다. 2006년부터 2008년까지 동해여객철도와 서일본여객철도 노선에서 보고된 자살 시도는 단 한 건도 없었다. 나아가 쓰레기나 잡동사니를 무단 투기하는 행위도 푸른색 조명이 설치된 지역에서는 줄어든 것처럼 보였다. 그래서 푸른 불빛은 사회의 가장 고질적인 문제들을 단번에 해결할 수 있는 만병통치약처럼 환영받았다. 심지어 상상력이 뛰어난 몇몇 사람들은 비행청소년들의 아지트에 있는 일반 조명들을 해체하고 피부과 의사가 십대 아이들의 여드름을 검사할 때 사용하는 분홍색 조명을 새로 설치하자고까지 주장했다. 십대 불량배들을 흩어지게 만드는 데 그들의 지저분한 피부를 강조하는 것보다 더 효과적인 방법은 없을 거라는 생각이었다.[1]

사람들의 환호 속에서 연구자들은 푸른 불빛과 그동안 보고된 각종 효과 사이의 연결고리가 무엇인지에 대해 관심을 갖기 시작했다. 일부에서는 푸른색 불빛이 노란색과 흰색 불빛보다 더 밝거나 주위 사람들의 시선을 더 끌기 때문에 범죄, 자살 시도, 쓰레기 무단 투기 같은 것들을 더 어두침침한 곳으로 쫓아냈을 뿐이라는 주장도 제기되었다. 푸른 불빛이 여러 혜택을 가져다주는 까닭이 단지 그것이 푸른색이기 때문인지 아니면 그저 사람들의 주의를 더 끌기 때문인지에 대해서는 연구자들 사이에서도 여전히 논란이 계속되고 있다. 그런데 그사이 몇몇 엄밀한 연구들을 통해 푸른색이 인간 신체에 놀라운 효과를 발휘한 다는 사실이 밝혀졌다.

한 연구에서 두 명의 연구자들은 캐나다 몬트리올에 있는 한 제재소를 방문했다. 제재소 노동자들은 방금 잘라온 재목들을 등급별로 나눈 뒤에 잘라서 건축용 판자를 만드는데, 이것은 까딱 잘못하면 큰 비용을 치를 수도 있는 매우 위험한 일이다. 많은 제재소들은 밤새 돌아가며 노동자들은 주야 교대로 일을 해야 할 때도 많다. 이런 작업일정은 노동자들의 24시간 주기 신체리듬을 엉망으로 만드는데, 이것은 표준시간대가 다른 곳으로 여행하는 사람들에게 시차로 인한 피로감을 안기는 생물학적 과정과 똑같은 것이다. 이런 극도의 피로감은 교대근무자들 사이에서 무수한 사고를 일으키는 원인이 된다.

연구자들은 이런 노동자들에게 한 가지 값싸고도 참신한 처방을 제안했는데, 그것은 바로 청록색 빛을 쬐는 것이었다. 가시광선 중에서 파장이 가장 짧은 청록색 빛은 24시간 주기 신체리듬을 조절하는 각종 생물학적 작용들을 촉발한다. 자연광에는 이 청록색 단파가 풍부하게 들어 있으며, 시차로 인한 증상을 치료하는 데 햇빛이 탁월한 효과를 발휘하는 까닭도 바로 이 때문이다. 연구자들은 자신들의 이론을 검증하기 위해 특수 조명장치를 구입해 야간 작업 중 근무지들에게 청록색 빛이 내리쬐도록 했다. 그리고 다음 날 아침에 교대근무가 끝나면 노동자들은 파란색과 녹색의 모든 빛을 차단하기 위해 황갈색 특수 안경을 착용한 채 퇴근했다. 이것은 그들이 낮에 일하고 밤에 일터를 떠나는 것처럼 그들의 신체가 믿게 만들기 위한 조치였다. 이후 나타난 결과는 놀라웠다. 실험을 시작한 지 4일째가 되자 대다수 노동자들은 피로감을 훨씬 덜 느꼈으며 실수가 생기는 비율도 5퍼센트에서 1퍼센트로 낮아졌다.[2]

전체 인구 중에서 주야 교대근무를 하는 사람들은 그리 많지 않을 것이다. 그러나 전 세계에 걸쳐 수백만 명의 사람들을 괴롭히는 비슷한 문제가 있는데, 그것은 바로 계절성 정서장애seasonal affective disorder, SAD 또는 속칭 겨울우울증winter blues이다. 계절성 정서장애에 시달리는 사람들은 동절기에 오랜 기간에 걸쳐 우울해지고 매사에 관심이 없어진다. 플로리다 주민들의 1퍼센트만이 이 장애에 시달리는 반면에 뉴햄프셔 주민들의 10퍼센트가 이 장애에 시달리는 이유 중 하나는 이것이 주로 겨울철에 발생하기 때문이다. 이 장애의 치료법들 가운데 청록색 광선요법은 아마도 가장 비침입적인non-intrusive 방법일 것이며 이 치료에 필요한 특수 램프와 전구는 일반적인 탁상용 스탠드의 가격과 크게 차이가 나지 않는다. 이 치료법이 진짜 햇빛과 마찬가지로 우울증을 감소시키고 에너지를 회복시키는 효과를 발휘한다는 사실은 이미 많은 연구를 통해 증명되었다. 당연히 이런 연구들은 대부분 매우 정교하고 엄밀하게 수행되었지만, 정작 색채요법의 시작은 그렇게 엄밀한 것이 아니었다는 점은 흥미로운 일이다.

정말로 색채가
의사결정을 지배할까

양자물리학, 뇌수술, 유기화학 등을 직관적으로 이해할 수 있는 사람은 거의 없다. 왜냐하면 이런 분야들은 너무 전문적이어서 순진한 이론이나 엉뚱한 통찰이 끼어들 여지가 거의 없기 때문이다. 이런 분야에서는 물리학자, 외과의사, 화학자 등이 쿼크quark(소립자를 구성하는 입자-옮긴이), 끈(끈이론string theory에서 가정하는 일차원적 아원자 구조-옮긴이), 뉴런, 분자 같은 미세하고 추상적인 개념들과 씨름하기 때문에 무지한 일반인이 끼어들 틈이 없는 것이다. 반면에 색채과학의 연구 대상은 생생하고 어느 곳에서나 발견되며, 풋내기들도 색채가 인간 심리에 어떤 영향을 미치는지에 대해 이런저런 이론들을 가지고 있다. 색채과학의 선구자 쿠르트 골트슈타인Kurt Goldstein은 1940년대 초의 한 연설에서 이렇게 말했다. "색채가 생명체에게 영향을 미친다는 사실에는 따로 증거가 필요 없다. 형형색색의 생물들을 둘러보기만 해도 우리는 이 사실을 곧바로 깨달을 수 있다."

색채치료에 대한 초기 과학은 골트슈타인의 말처럼 비과학적이었다. 1938년 〈매사추세츠작업치료학회지Bulletin of the Massachusetts Association for Occupational Therapy〉에 실린 한 논문에서는 우스터Worcester 주립병원에서 일하는 한 간호사와 보조원이 관찰한 결과를 가지고 마치 복음이라도 되는 양 소개하고 있었다. 그들의 주장에 따르면 자홍색은 불안해하는 환자들을 곧바로 진정시켰으며, 파란색은 비슷하지만 더 오래 지속되는 효과를 낳았고, 노란색과 빨간색은 우울해하는 환자들을 자극시켰다. 이런 관찰은 매혹적이긴 하지만 엄밀한 실험적 검증을 통해 증명된 것은 아니었다.[3]

그 후 1940년대 중엽에는 두 명의 군의관에 의해 오로라톤 필름 Auroratone film이 도입되었는데, 이것은 우울증이나 포탄 쇼크에 시달리는 환자들을 위한 새로운 색채치료법이었다. 이 필름은 끊임없이 변화하면서 환각적인 분위기를 자아내는 색채들과 마음을 가라앉히는 차분한 음악으로 구성되어 있었다. 또 다채로운 색채로 환자들의 넋을 빼놓았다. 그리고 당시에 이 필름을 본 사람들은 텔레비전을 거의 보지 못한 세대였기 때문에 이런 효과는 더욱 강력했을 것이다. 한 보고에 따르면 환자들은 가수 빙 크로스비Bing Crosby의 노래 '나의 길을 가련다 Going My Way'가 흘러나오는 동안 얼어붙은 자세로 빙글빙글 돌아가는 여러 색채들을 응시하고 있었다.

환자 A라고 알려진 26세의 청년은 제2차 세계대전이 끝날 무렵 몇 년간 북아프리카와 남유럽에서 군인으로 복무했다. 그는 1944년 12월에 부상을 당한 이후 오로라톤 치료법을 처음으로 시험한 병원에서 회복기간을 보냈다. 환자 A가 이 필름을 보기 전 의사들은 그에 대해 "정신이 매우 혼미하고 불안정하며 가만히 있질 못하고 성격적으로 어수선한 상태"라고 기술했다. 그는 이야기하면서 아이처럼 엉엉 울었고 "생생한 환각과 과대망상"을 경험했다. 처음 부상을 당한 때로부터 거의 1년이 지난 1945년 10월에 그는 두 보조원에게 붙잡힌 상태로 병원에 설치된 오로라톤 화면 앞의 의자에 앉았다. 그곳까지 가던 길에 그는 다른 환자를 치려고 했으며, 그래서 보조원들은 온 힘을 다해 그를 제지해야만 했다. 그러나 영화가 시작되자 환자 A는 아주 딴 사람이 되었다. 그는 예의 바르고 조리 있게 이야기했으며 차분하게 영화를 감상했고 집에 가고 싶다는 말을 처음으로 꺼냈다. 영화가 끝나자 그는 마구 날뛰던 한 시간 전과는 달리 보조원의 제지도 받지 않은 채 조용히 자신의 방으로 걸어갔다.

환자 A는 환자 B, C, D, E, F와 합류했는데, 그들은 모두 치료 후 면담에서 오로라톤 필름의 '아름다운 색채들'을 보고 마음이 평온해졌다고 주장했다. 이렇게 볼 때 이 필름의 무언가가 어떤 작용을 하고 있었음이 분명했다. 그러나 어느 누구도 그것이 다양하게 배합된 색채 때문인지, 아니면 이런 색채들이 화면에서 빙글빙글 돌았기 때문인지, 또는 이 필름을 흑백으로 보여주어도 똑같은 효과가 나타나는지, 음악이 결정적 요인인지 등을 따져보려 하지 않았다. 그러다 결국 오로라톤은 한때 유행한 다른 많은 치료법들처럼 점차 사람들의 관심 밖으로 사라졌다.[4]

같은 시기에 펠릭스 도이치Felix Deutsch라는 의사가 발표한 놀랄 만한 여러 사례연구들은 혼란만 가중시킬 뿐이었다. 그중에는 심장이 두근거리는 빈맥tachycardia과 호흡 곤란 때문에 고생하는 한 여성의 사례가 있었다. 이 여성의 심장박동수는 분당 112회였는데, 이것은 이상적인 박동수인 분당 72회보다 40회나 더 많은 것이었다. 이에 도이치는 이 환자를 4회의 짧은 진료시간 동안 빨간색 방에 넣는 조치를 취했다. 1회의 진료시간이 지난 뒤 환자의 맥박은 분당 112회에서 80회로 떨어졌다. 그리고 4회에 걸친 진료시간이 지난 뒤 환자의 맥박수는 74회로 떨어졌으며, 그 후로도 오랫동안 그렇게 유지되었다. 환자는 빨간색 방이 따뜻한 느낌을 주었기 때문에 며칠 동안 자신을 괴롭혔던 호흡 곤란이 완화되었다고 말했다.[5] 이 말을 듣고 도이치는 매우 기뻐했지만, 이내 고혈압이 매우 심한 또 다른 환자가 그를 찾아오면서 상황이 복잡해졌다.

이 환자는 빨간색 방 대신에 녹색 방에서 시간을 보냈는데, 이번에도 결과는 기적 같은 것이었다. 7회의 진료를 받은 뒤에 이 환자의 혈압은 250/130에서 180/110으로 떨어졌다. 물론 이 수치도 정상 수치인 120/80에 비하면 높은 것이었지만 이전처럼 위험한 수준은 아니었다. 한 환자는 빨간색의 따뜻함이 마음을 편안하게 해준 반면에, 다른 한 환자는 녹색의 서늘함이 마음을 편안하게 해주었는데, 도이치는 검사를 엄밀하게 실시하지 않았기 때문에 어째서 서로 반대되는 것처럼 보이는 두 개의 색이 동일한 치료효과를 낳았는지를 결코 설명할 수 없었다.

한 가지 가능한 설명은 환자들이 진료 자체에 반응했다기보다는 친절하고 헌신적인 전문가의 관심에 긍정적으로 반응한 것이라고 해석하는 것이다. 몇몇 심리학자들은 이런 현상을 호손 효과Hawthorne effect라고 불렀는데, 이는 호손 공장 실험에서 이름을 따온 것이었다. 호손 공장에서 연구자들은 작업장의 조명을 밝게 했을 때와 어둡게 했을 때 노동자들의 태도가 어떻게 다른지 살펴보았다. 그런데 두 경우 모두 노동자들은 더 열심히 일했다. 이 경우 조명의 밝기는 중요한 요인이 아니었던 것이다. 단지 평소 상관의 무시를 받던 노동자들이 갑자기 주목을 받게 되자 열정적으로 반응한 것일 뿐이었다. 결론적으로 말해 도이치의 사례연구는 빠른 심박수와 고혈압을 가라앉힌 것이 빨간색 방인지 아니면 녹색 방인지를 판단하는 데 아무런 기여를 하지 못했으며, 그저 환자들이 나아질 것이라고 스스로 기대하면 어떤 치료에든 긍정적으로 반응할 때가 가끔 있다는 사실을 보여준 것에 지나지 않았다.[6]

오늘날 색채에 대한 연구는 오로라톤 필름이나 운에 맡기는 식의 색채요법이 유행하던 시절에 비해 훨씬 다양하고 엄밀하다. 오늘날의 색채심리학자들에 따르면 색채는 다음 두 가지 이유에서 인간의 의사결정에 강력한 영향력을 발휘한다. 첫째 제재소 노동자들의 체내 시계가 흰색 또는 노란색 불빛보다 파란색 불빛 아래에서 더 잘 적응했던 것처럼 색채가 우리의 신체에 영향을 미치기 때문이다. 둘째 일본과 스코틀랜드에서 경찰차 지붕의 불빛을 연상시키는 푸른색 가로등을 설치해 범죄율을 낮춘 것처럼 우리가 색채를 지구상에 있는 거의 모든 상상 가능한 그리고 유쾌하거나 불쾌한 객체들과 마음속에서 연결시키기 때문이다.

우리가 색에
반응하는 이유

만들어진 생각, 만들어진 행동

1921년 스위스의 심리학자 헤르만 로르샤흐Hermann Rorschach는 한 가지 심리검사를 도입했는데, 이 검사는 그 후 50년이 넘게 사람들의 관심을 끌었다. 이 '로르샤흐 검사Rorschach test'를 받는 환자들은 나방, 인간, 그 밖의 다른 동물 등으로 볼 수 있는 열 장의 잉크얼룩(데칼코마니처럼 종이 위에 잉크 방울을 떨어뜨린 후 종이를 반으로 접었을 때 만들어진 얼룩-옮긴이)에서 무엇이 보이는지를 말해야 한다. 이때 한 얼룩에서 두 사람이 상호작용하는 것을 빨리 지각하지 못하는 환자는 사회적 불안에 시달리고 있는 것으로, 그리고 또 다른 얼룩에서 위협적인 남성을 보는 환자는 남성 또는 권위와 관련해 문제가 있는 것으로 진단되었다. 다소 신뢰성이 떨어지는 이 검사는 더 나은 대안들이 도입됨에 따라 점차 인기가 시들해졌지만, 이 검사 덕분에 여러 가지 흥미진진한 색채실험들이 이루어진 것 또한 사실이다.

1950년대에 두 명의 심리학자들은 몇몇 정신분열증 환자들이 로르샤흐의 잉크얼룩 카드 두 장에 대해 기묘한 반응을 보인 점에 주목했다. 두 번째와 세 번째 카드를 보여주었을 때 환자들은 이른바 색채쇼크에 빠져서 검사자가 반응을 기다리고 있는 것은 아랑곳하지 않고 망연자실한 표정으로 가만히 앉아 있었다. 다른 카드들과 달리 이 두 카드에는 커다란 검은색 얼룩 옆에 작고 빨간 반점들이 있었다. 두 번째와 세 번째 이미지는 여러 색이 포함된 유일한 이미지가 아니었지만,

강렬한 빨간 조각들의 무언가가 특이한 반응을 불러일으킨 것이었다.

이 현상에 흥미를 느낀 두 심리학자들은 방 안에 흰색과 빨간색 조명을 설치하고 각각의 스위치로 따로 조작되도록 했다. 실험을 위해 100명에 가까운 사람들을 모집했는데, 그 가운데 절반은 근처 대학의 학생들이었고('정상' 집단) 나머지 절반은 근처 주립병원의 정신분열증 환자들이었다. 두 집단은 모두 흰색 또는 빨간색 불빛이 비치는 조건에서 여러 가지 검사를 수행했으며, 연구자들은 두 불빛 아래에서 이들의 반응에 어떤 차이가 있는지를 측정했다. 그중 한 검사는 30초 떨림 검사였는데, 이때 연구자들은 실험 참가자들이 손을 움직이지 않고 가만히 있으려고 하는 동안에 손이 얼마나 떨리는지를 측정했다. 그 결과 두 집단 모두 빨간색 불빛 아래에서 손이 더 강하게 흔들렸는데, 이는 소수 정신분열증 환자들 사이에서 특히 두드러지게 나타났다. 이들 중 몇몇은 손을 통제할 수 없었으며, 심장이 마구 뛴다고 말했고, 빨간색 불빛에 의해 충격을 받았다. 그런가 하면 다른 환자들은 위가 아프다고 말했으며, 또 다른 환자는 "내 뇌와 심장과 콩팥의 일부가 때로는 신과 함께 있었지만 이 불빛 아래에서는 그렇지 않았다"라고 중얼거렸다. 이 경험은 많은 환자들을 겁먹게 했는데, 몇몇은 놀라서 경련을 일으키기도 했고 또 어떤 환자는 방에 처음 빨간 불빛이 내리쬐있을 때 자신도 모르게 오줌을 싸기까지 했다.

그런가 하면 첫 번째 실험에서 빨간색 불빛에 노출된 '정상' 남성들도 비슷한 결과를 보인 반면, 두 번째 실험에서 파란색 불빛에 노출되었을 때는 비슷한 결과가 나오지 않았다. 이것은 흰색이 아닌 불빛들이 그저 낯설어서 이상 반응이 생긴 것이 아님을 보여준다. 이 실험에서 참가자들은 파란색 또는 흰색 불빛 아래에서보다 빨간색 불빛 아래에서 더 불안해했고 또 적대적이었다. 그리고 색채에 반응하는 뇌 부위인 시각피질도 빨간색 불빛 아래에서 더 활동적이었다. 심장박동수와 혈압도 상승했는데, 이것은 빨간색 불빛이 신체에 강력한 영향을 미친다는 사실을 보여준다.[7]

빨간색 환경은 우리 몸속의 혈류와 신경계 반응을 상승시킬 뿐만 아니라 우리가 바깥세상을 바라보는 방식에도 변화를 일으키는 듯하다. 한 연구자는 소뇌에 이상이 있어서 똑바로 걷지 못하는 여성에 대해 보고했다. 관찰 초기에 이 여성은 걸음걸이가 일정치 않았고 비틀거리며 걸었다. 때로는 현기증을 느껴서 벽이나 다른 사람의 도움이 없으면 바닥에 쓰러지곤 했다. 때로는 쓰러질 정도로 현기증이 심했지만 또 다른 때는 그렇게 심하지 않아서 그럭저럭 걸을 수 있었다. 나중에 의사의 도움으로 이 여성은 자신이 빨간색 옷을 입었을 때 특히 더 어지러웠다는 사실을 깨닫게 되었다. 나중에 녹색 또는 파란색 옷을 입자 더 평온해졌고 증상도 가라앉았다.[8]

이 연구자는 비슷한 다른 사례들도 언급하면서 빨간색이야말로 실질적인 물리적 위협이라고 주장했다. 나아가 빨간색은 뚜렷한 의학적 질병이 없는 사람들의 신체적 판단에도 악영향을 미친다. 사람들은 녹색 불빛 아래에서보다 빨간색 불빛 아래에서 글씨를 더 불규칙하게 쓰는 듯하며, 파란색, 검은색, 녹색 등의 잉크로 글을 쓸 때보다 빨간색 잉크로 글을 쓸 때 내용의 일관성이 떨어진다. 또 막대기나 그 밖의 물체의 길이와 무게를 추측해보라고 하면 사람들은 빨간색 불빛 아래에서보다 녹색 불빛 아래에서 훨씬 더 가까운 답을 얘기한다. 반면에 빨간색 불빛 아래에서 사람들은 대시증macropsia 또는 소시증micropsia, 즉 물체가 실제보다 더 크거나 더 작다는 착각에 시달리는 경향이 있다.

이런 효과들은 그저 흥밋거리에 불과한 것이 아니다. 왜냐하면 이것들은 우리가 하루하루의 삶을 느끼는 방식에도 영향을 미치기 때문이다. 실험실에서 사람들을 동요하게 만드는 빨간색은 일상 속에서도 사람들을 동요하게 만든다. 예컨대 빨간색 배경의 웹페이지가 뜰 때가 그러하다. 한 실험에서 사람들은 웹페이지 배경이 파란색일 때보다 빨간색 또는 노란색일 때 더 흥분을 느꼈다. 이런 흥분 때문에 조급해진 사람들은 실제로는 웹페이지가 똑같은 속도로 열렸는데도 파란색 페이지보다 빨간색 또는 노란색 페이지가 더 느리게 열렸다고 생각했다. 그리고 실험 후 면접에서 그들은 해당 사이트를 친구에게 추천할 마음이 별로 없다고 말했다.

연구자들은 심장박동수의 증가, 시간 또는 공간 지각의 왜곡 같은 효과를 목격하면서도 정확히 무슨 이유 때문에 빨간색이 신체의 반란을 부추기는지 제대로 설명하지 못했다. 색채과학은 다른 색채의 방, 불빛, 컴퓨터 화면 등에 대해 사람들이 어떻게 반응하는지를 비교하고 그렇게 해서 얻은 자료를 이리저리 분석하는 일 없이는 그 어떤 의미도 지니지 못할 것이다. 그러나 때로는 단순한 언어적 응답으로부터 가장 획기적인 통찰을 얻을 때가 있다. 수십 년 동안 연구자들은 색채 관련 검사를 받은 사람들에게 왜 빨간색에 대해 그렇게 격렬하게 반응했나고 물어왔다. 그에 대해 수십 명의 사람들은 빨간색이 피를, 그리고 피와 연관된 부상, 병, 심지어 죽음을 연상케 하기 때문에 마음이 혼란스러웠다고 답했다. 색채가 강력한 까닭은 우리가 색채에 신체적으로 반응하기 때문만이 아니라 우리가 이 색채와 함께 그것을 구현하는 물체들, 예를 들어 시뻘건 피, 파란 하늘, 황금빛 태양, 푸른 잔디 등을 머릿속에 떠올리기 때문이기도 하다.

같은 색깔,
다른 연상 작용

약 1세기 전 일본의 한 심리학자는 아이들이 어떤 색을 더 좋아하는지에 대해 호기심을 느꼈다. 아이들에게 강한 색채 취향이 나타나는 것은 몇 세 때일까? 그들은 왜 자신이 어떤 색채를 다른 색채보다 더 좋아하는지를 스스로 설명할 수 있을까? 그리고 이런 설명은 과연 정확한 것일까? 아이들을 대상으로 실험을 하기란 만만한 일이 아니었다. 우선 이 연구자는 아이들에게 여러 색깔의 크레용을 나누어주었다. 물론 그의 주요 관심사는 아이들의 색채 취향이었지만(그리고 그 결과로 대다수 아이들이 빨강, 노랑, 파랑 같은 원색을 좋아한다는 사실을 발견했지만), 그는 실험 초반에 아이들의 그림에서 뭔가 흥미로운 점을 발견했다. 아이들은 무엇이든 머릿속에 떠오른 것을 무턱대고 그리는 대신, 물체에 따라 색을 바꿔가면서 그림을 그렸다. 검은색 크레용을 가지고는 거의 언제나 건물, 자동차, 그 밖의 무생물 물체들을 그렸으며, 사람, 동물, 자연경치 같은 것을 그리는 경우는 매우 드물었다. 유색 크레용을 가지고는 사람과 동물을 그렸는데, 그럼으로써 아이들은 생기 넘치는 색채들을 생명과 연결시키는 것처럼 보였다.[9]

전 세계에 걸쳐 사람들은 똑같은 색에 대해서도 매우 상이한 연상을 하는데, 이것은 이런 연상이 우리 몸에 내장된 생물학적 취향의 산물인 동시에 환경의 산물이기도 하다는 점을 말해준다. 예컨대 전 세계에 걸쳐 대다수 사람들은 파란색을 좋아하는데(이른바 '파랑 현상blue phenomenon'), 그 이유 중 하나는 파란색이 보편적으로 맑은 하늘이나 고요한 바다와 연결되기 때문이다. 그런가 하면 파란색을 기본적으로 슬픔과 연결시키는 (홍콩 같은) 몇몇 국가에서는 사람들이 파란색을 덜 좋아하는 경향이 있다. 미국 사람들은 검은색을 좋아하는데, 아마도 검은색을 강한 힘, 남자다움 등과 연결시키기 때문일 것이다. 반면 콜롬비아에서는 검은색이 인기가 적은데, 그 이유는 검은색이 슬픔과 형식적인 것을 암시하기 때문이다. 나아가 색채 연상은 음식의 영역에서 특히 강력하다. 이곳에서 빨간색은 풍성한 체리, 사과, 붉은 고기 등을 암시하며 자주색은 뭔가 잘못되었음을 암시한다(물론 자줏빛을 띠는 몇 안 되는 자연 식품인 아사이베리acai berry는 예외다).[10]

색채가 우리의 신체에 영향을 미치기 때문이든, 아니면 색채와 관련된 개념들이 머릿속에 떠오르기 때문이든, 어쨌든 색채는 다양한 맥락 속에서 우리의 사고와 느낌과 행동을 좌우한다. 앞으로 보게 될 것처럼 똑같은 색채라 하더라도 맥락에 따라 그들은 매우 다른 영향력을 발휘할 때가 있다. 예컨대 빨간색 교통신호등, 정지 표지판, 자동차 후미등 등은 자동차 운전자의 각성을 촉구하는 반면, 똑같은 빨간색이 낭만적인 감정과 욕정을 불러일으키기도 한다. 실제로 사랑과 섹스만큼 생물학적으로나 감성적으로 인간에게 많은 것을 함축하고 있는 것은 찾아보기 어렵다. 그래서 몇몇 심리학자들은 과연 어떤 색채가 짝짓기의 성공 가능성을 최대화하는지 (또는 최소화하는지) 밝혀내고자 했다.

성적 매력을 부각시키는 색깔

오늘날 급성장 중인 온라인 데이트의 세계는 미국에서만 10억 달러 이상의 회원 가입비를 끌어모았다. 이 시장이 성장함에 따라 온라인 데이트 이용자들은 인상적인 프로필의 중요성과 서투른 이용자들을 괴롭히는 함정 등에 대해 점점 눈을 뜨고 있다. 2009년 말에 온라인 데이트 사이트인 오케이큐피드OkCupid에서는 온라인 데이트를 위한 행동수칙을 담은 보고서를 발표했다. 이 보고서에 따르면 예컨대 'ur(너의your)', 'r(…이다are)', 'u(너you)' 같은 인터넷 은어로 대화요청 메시지를 보내는 사람이 응답을 받을 확률은 10퍼센트도 되지 않는다(평균 응답률은 약 32퍼센트다). '요즘 어떠세요?How's it going?'는 더 매력적인 인사말이며(53퍼센트), 직접적인 질문의 성격이 약한 '안녕?hi?'은 썩 좋은 것이 아니다(24퍼센트).[11]

　오케이큐피드의 보고서에는 색채에 관한 이야기는 빠져 있는데, 몇몇 창의적인 심리학자들이 이 빠진 곳을 채워 넣었다. 과연 어떤 색이 연애의 성공 가능성을 최대화할지는 선뜻 추측하기 어렵다. 파란색은 전 세계에 걸쳐 가장 인기 있는 색이고 회색과 검은색은 지배 또는 힘과 연관이 있으며, 녹색은 흔히 마음을 진정시킨다고 여겨지고 빨간색은 대중문화에서 보통 사랑과 연관된다.

　다섯 명의 젊은 여성에게 하루 동안 프랑스의 유명한 브르타뉴 반도 근처에서 히치하이크hitchhike를 하도록 한 실험이 있었다. 여러 명의 관찰자들이 숨어서 그들의 안전을 주시한 가운데 여성들은 하루 종일 검은색, 흰색, 빨간색, 노란색, 파란색, 녹색 셔츠 중 무작위로 하나를 선택해 계속해서 셔츠를 바꿔 입었다. 그 결과 여성 운전자들은 차를 얻어 타려는 여성의 티셔츠 색깔에 상관없이 전체의 겨우 5~9퍼센트만이 차를 멈추는 등 특별히 호의적인 반응을 보이지 않았다. 반면에 남성 운전자들은 배려심도 더 많고 편차도 더 심했다. 차를 얻어 타려는 여성이 검은색, 흰색, 노란색, 파란색, 녹색 등의 셔츠를 입고 있었을 때는 모든 남성 운전자들의 12~14퍼센트만이 차를 세운 반면, 빨간색 셔츠를 입고 있었을 때는 21퍼센트가 차를 세웠다. 남성들만이 빨간색에 마음이 흔들렸으므로 연구자들은 빨간색이 너 일반적인 의미의 순수한 매력을 더해주기보다는 특수한 성적 매력을 더해준다고 주장했다.[12]

　그로부터 2년 후에 실시된 비슷한 실험은 이 결과가 우연이 아님을 보여주었다. 64명의 프랑스 여성들은 이 가설을 검증하기 위해 1년 동안 실시되는 연구에 참여하기로 동의하고, 한 웹사이트에 애인을 구하는 광고를 냈다. 여성들은 단색 셔츠를 입은 상반신 사진을 광고에 실었다. 그 후 9개월 동안 이 광고의 내용은 여성들이 입은 셔츠의 색깔이 가끔 바뀐 것을 제외하고는 전혀 바뀌지 않았다. 즉 연구자들은 디지털 기술을 이용하여 지난 실험에서 차를 얻어 타려 한 여성들이 입었던 여섯 가지 셔츠 색깔과 똑같은 색깔로 2주마다 바꿔서 여성들의 셔츠에 반영했다. 그런 다음 이 여성들이 수천 명의 남성들로부터 이메일을 받는 것을 지켜보았다. 그 결과 히치하이크 실험에서와 마찬가지로 여성들은 빨간색 티셔츠를 입고 있을 때 훨씬 더 인기가 높았다. 9개월 동안 전체의 14~16퍼센트는 이 여성들이 각각 검은색, 흰색, 노란색, 파란색, 녹색 셔츠를 입고 있을 때 받은 반면에, 21퍼센트의 이메일은 그들이 빨간색 셔츠를 입고 있을 때 받았다.[13]

어째서 빨간색이 성적 매력을 더해주는지 설명하기 위해 연구자들은 빨간색을 풍성하게 과시하는 것이 짝짓기의 성공을 촉진하는 하등동물들의 세계에 주목했다. 그런데 동물의 세계에서 빨간색의 의미는 수컷인 경우와 암컷인 경우에 따라 다르다. 암컷 동물들은 교미를 할 생물학적 준비가 되어 있을 때 생식기, 가슴, 얼굴 등에 선명하게 빨간 반점들을 드러낸다. 암컷이 배란기를 맞으면 발정 호르몬인 에스트로겐estrogen의 수준이 상승해 피의 흐름이 촉진되고 이로 인해 피부가 붉게 변한다. 하등동물들과 마찬가지로 여성들도 배란기를 맞거나 성적으로 흥분했을 때 피부가 붉어지는 것을 경험한다.

이렇게 볼 때 영화 〈제저벨Jezebel〉, 〈다이얼 M을 돌려라Dial M for

Murder〉, 〈욕망이라는 이름의 전차 A Streetcar Named Desire〉 등에서 요부들이 빨간 드레스를 입은 일이나 너대니얼 호손 Nathaniel Hawthorne의 《주홍글씨 The Scarlet Letter》에서 여주인공 헤스터 프린이 간통죄의 대가로 녹색, 파란색, 검은색 등의 글씨가 아닌 주홍색 글씨를 가슴에 달아야만 했던 것도 결코 우연이 아니다. 또한 붉은색 하트 모양은 밸런타인데이의 낭만을 상징하고, 홍등가의 여성들은 빨간 립스틱을 바른 채 남성들을 유혹한다. 전체적으로 볼 때 빨간색은 성적 매력을 상징하는데, 이것은 생물학적 이유뿐 아니라, 우리가 문학이나 대중문화를 통해 빨간색을 성욕과 연결시키게 되었기 때문이기도 하다.

하등동물의 수컷들에게 나타나는 빨간색은 건강, 활력, 지위, 정력의 신호다. 예컨대 서아프리카의 수컷 개코원숭이들은 얼굴과 생식기에 생기는 빨간 반점들을 과시하는데, 이런 반점들은 우두머리 수컷들 사이에서 특히 선명하게 나타난다. 이렇게 몸이 짙은 빨간색으로 변하는 현상은 절지동물의 갑각류, 큰가시고기, 피리새, 겔라다개코원숭이, 그 밖의 많은 종들에서 성적으로 우월한 수컷들을 그렇지 않은 수컷들과 구별하게 만드는 중요한 특징이다. 인간의 경우에도 비슷한 경향을 찾아볼 수 있는데, 시대와 문화를 막론하고 우월한 남성들은 유독 빨간 화장과 의복을 선호하는 경향이 있다. 고대 로마에서는 권세가 막강했던 남성들을 가리켜 '코시나티 coccinati'라고 불렀는데, 이것을 문자 그대로 번역하면 '빨간색을 입은 자들'이라는 뜻이다. 그들은 선홍색 옷을 입음으로써 자신들을 평민과 구별했다. 그리고 오늘날에도 유명 인사들은 레드카펫 위에서 자세를 뽐내고 대중들은 회색 옆줄 밖에서 환호를 보낸다.

　진화적인 사례들에 비추어볼 때 빨간색은 남녀 모두에게 매력적으로 작용하는 것처럼 보인다. 그래서 연구자들은 이제 여러 가지 무의미한 빨간 반점들도 남성과 여성의 성적 매력을 증가시키는지 조사해보기로 했다. 그들은 이성애 성향의 남성과 여성 들에게 서로의 사진을 보여준 뒤 그 사람들의 매력도를 평가해보라고 요청했다. 이때 사진 속 남녀는 경우에 따라 빨간색 셔츠나 스웨터를 입고 있기도 했고 다른 색 셔츠나 스웨터를 입고 있기도 했다. 그 결과 사람들은 똑같은 사진이더라도 빨간 옷을 입고 있을 때 더 높은 점수를 주었다. 이런 결과는 학생 평가자가 미국인이든 영국이든 독일인이든 중국인이든 상관없이 나타났는데, 이것은 이런 효과가 빨간색을 유난히 더 좋아하는 문화적 편향 때문에 생긴 것이 아니라는 사실을 보여준다.

　그런가 하면 빨간 옷을 입은 남녀가 모든 차원에서 더 긍정적으로 평가받은 것은 아니었다. 그들은 호감도, 친절도, 사교성 등에서는 별로 특별할 것이 없었다. 그들은 유독 성적으로만 더 매력적으로 보였다. 그리고 또 다른 실험에서 연구자들은 남성들에게 빨간색 또는 파란색 셔츠를 입은 한 여성의 사진을 보여준 뒤, 몇 분 후 그 여성을 만날 테니 다른 방으로 가서 기다리라고 말했다. 그러면서 남성들에게 두 사람이 앉아서 대화를 나눌 수 있도록 의자 두 개를 갖다놓으라고 했다. 그러자 빨간 셔츠를 입은 여성을 기다리는 남성은 두 의자를 상당히 가깝게 배치했는데, 이것은 상대 여성과 친해지고 싶은 바람이 그만큼 더 컸기 때문일 것이다(사진 속 여성이 빨간 셔츠를 입고 있었을 때 두 의자의 거리는 약 1.5미터였고, 파란 셔츠를 입고 있었을 때 두 의자의 거리는 약 1.8미터였다). 반면 이성애 성향의 남성들이 다른 남성의 매력을 평가하거나 이성애 성향의 여성들이 다른 여성의 매력을 평가할 때는 이런 차이가 나타나지 않았다. 한마디로 말해 빨간 셔츠를 입은 사람들은 잠재적인 짝짓기 상대에게만 더 매력적으로 보였다.

우리가 여기서 얻을 수 있는 교훈은 명확하다. 만약 당신이 이성을 유혹하고자 한다면 빨간 드레스나 셔츠를 입는 것이 연애의 성공에 조금이라도 더 유리할 것이다.[14]

낮은 평가 점수를 주는 색깔

사람들은 직장과 학교에서 많은 시간을 보낸다. 이런 곳에서 성공적인 경력을 쌓기 위해 결정적으로 중요한 한 가지 요인은 아마 지적인 능력과 성취일 것이다. 대부분의 고전적인 설명에 따르면 이 학업적 성취는 좋은 유전자와 우호적인 양육환경과 많은 노력의 산물이다.

학업적 성취에 중요한 요인 중 하나로서 주변의 색채를 꼽는 전문가를 찾아보기는 힘들다. 그러나 학업에 있어서도 색채는 놀라울 정도로 중요한 역할을 한다. 우선 사람들은 어떤 장소를 흑백 사진보다 컬러 사진으로 보았을 때 그것을 훨씬 더 잘 기억하는 경향이 있다. 이 현상을 연구한 심리학자들에 따르면 우리는 흑백으로 제시된 경치보다 컬러로 제시된 경치를 기억 속에 더 깊숙이 묻어둘 수 있으며 나중에 그것을 다시 생각해낼 때도 더 효과적으로 끄집어낼 수 있다. 어찌 보면 기억이란 마음의 바다를 떠다니는 물고기와도 같다. 그래서 오래된 기억을 더 잘 끄집어내기 위해서는 많은 낚싯바늘을 바다에 던질 필요가 있다. 이런 상황에서 색채는 맛있는 미끼가 달린 커다란 낚싯바늘과도 같으며 흑백의 기억은 비교적 잘 빠져나가는 물고기와도 같다.[15]

컬러 기억이 흑백 기억보다 머릿속에 더 잘 인출되는 것은 사실이지만, 그렇다고 해서 모든 색채가 지적 수행에 똑같은 영향을 미치는 것은 아니다. 학생들은 시험지나 과제물에 빨간 잉크로 무언가 적혀 있는 것을 두려워하는 경향이 있으며, 이 때문에 미국과 오스트레일리아의 몇몇 주에서는 교사가 과제물을 빨간색 잉크로 교정하는 것을 금지하기도 했다. 검은색이나 파란색 잉크를 선호하는 전문가들의 주장에 따르면 빨간색 잉크는 비판이나 실패와 연결될 수밖에 없기 때문에 빨간색으로 도배된 페이지를 마주하는 학생들은 학업에 관심을 잃을 가능성이 크다. 일부 진영에서는 이런 정책이 지나치게 온정적이라고 비판하는데, 오스트레일리아 퀸즐랜드의 한 보수 정치인은 이런 정책을 가리켜 "바보 미치광이의 어리석은 좌파 정책"이라고 비난하기도 했다. 어쩌면 이것이 정말 어리석은 좌파 정책일지도 모르지만, 어쨌든 이를 지지하는 많은 학문적 증거가 있는 것도 사실이다.[16]

한 연구에서 연구자들은 대학 학부생들에게 한 편의 수필을 교정하는 과제를 주었다. 학생들에게는 이 수필이 영어를 배우고 있는 학생이 쓴 것이라고 말했지만, 실제로는 연구자들이 일부러 여러 가지 오류를 집어넣어 조작한 것이었다. 학생들은 수필에서 철자법, 문법, 단어 선택, 구두점 찍기 등의 모든 오류를 찾아내야 했다. 이때 일부 학생들은 파란색 볼펜으로 교정을 보게 했고 나머지 학생들은 빨간색 볼펜으로 교정을 보게 했다. 그러자 빨간색 볼펜으로 교정을 본 학생들은 평균 24개의 오류를 찾아낸 반면, 똑같은 수필에 대해 파란색 볼펜으로 교정을 본 학생들은 평균 19개의 오류를 찾아냈다. 그리고 후속 연구에서 연구자들은 학생들에게 학교 현장학습의 장점을 옹호하는 수필을 읽은 뒤 빨간색 또는 파란색 볼펜을 사용해 이 수필에 대한 평점을 매기라고 했다. 그러자 빨간색 볼펜을 사용한 학생들은 그 수필에 대해 100점 만점에 평균 76점을 준 반면, 파란색 볼펜을 사용한 학생들은 평균 80점을 주었다. "빨간색으로 채점하지 마라!"라는 정책이 엉뚱해 보일지도 모르지만, 자신들의 실제 점수가 달린 학생들 입장에서는 파란색으로 채점해달라는 요구가 터무니없는 것도 아니다.[17]

불행하게도 빨간 잉크는 양날의 칼이다. 왜냐하면 이는 학생들의 수행능력 자체에도 악영향을 미치기 때문이다. 일련의 초기 연구에서 학생들은 검은색, 녹색, 회색, 흰색 등에 노출되었을 때보다 빨간색에 노출되었을 때 더 낮은 시험 점수를 받았다. 한 실험에서 학생들은 실험 참가자의 개인 번호를 빨간색, 녹색, 검은색 볼펜 중 하나로 기입한 뒤 15개의 철자 바꾸기 과제를 수행했다. 이 과제에서 학생들은 'NIDRK' 같은 문자열을 재조직하여 'DRINK(마시다)' 같은 영어 단어를 만들어야 했다. 실험 결과 자신의 개인 번호를 빨간색 볼펜으로 쓴 학생들은 개인 번호를 검은색이나 녹색 볼펜으로 쓴 학생들보다 정답을 평균 22퍼센트나 덜 맞추었다. 또 다른 연구에서는 검사용 책자의 첫 페이지가 빨간색, 회색, 흰색, 녹색 중 하나로 칠해져 있었다. 그러자 이번에도 첫 페이지가 빨간색이었을 때 학생들은 여러 가지 검사에서 더 낮은 점수를 받았다. 그중 한 검사에서 학생들은 숫자열 완성 문제를 18퍼센트 덜 풀었다(예를 들어 '다음과 같은 숫자열에서 다음에 올 숫자는 무엇인가? 18, 16, 19, 15, 20, 14, 21, __'와 같은 문제. 여기서 정답은 '13'이다). 그리고 또 다른 검사에서 학생들은 유추 문제를 37퍼센트 덜 맞추었다(예를 들어 '비싼expensive 것과 드문rarely 것의 관계는 싼cheap 것과 __ 것의 관계와 같다' 같은 문제. 여기서 정답은 '흔한frequently'이다.)

우리는 여기서 이 대수롭지 않아 보이는 색깔의 변경을 통해 얼마나 큰 효과를 거둘 수 있는지 한번 짚고 넘어갈 필요가 있다. 학생들은 날이면 날마다 공부에 매달리고 부모들은 자녀 교육을 위해 수천 달러를 지불한다. 이렇게 공부하기도 만만치 않고 돈을 벌기도 만만치 않은 상황에서 만약 똑같은 노력과 똑같은 돈으로 약 37퍼센트의 시험성적 향상을 가져올 수 있다면 그것을 마다할 학생이나 부모가 어디에 있겠는가? 그런데 위의 연구들은 학생이 사용하는 볼펜을 빨간색에서 검은색이나 녹색으로 바꾸면, 또는 시험지의 빨간색 표지를 다른 색으로 바꾸면 바로 이와 같은 효과를 낼 수 있다고 말한다.

위의 연구를 수행한 연구자들은 어째서 빨간색이 학업 수행에 방해가 되는지 또한 알아내고자 했다. 그 결과 빨간색이 전두피질frontal cortex의 우반구를 활성화한다는 사실을 발견했는데, 이 뇌 부위의 활동은 전형적으로 회피 동기와 관련이 있다. 회피 동기란 성공을 거두기보다 실패를 피하는 것에 더 큰 관심을 가지는 상태를 가리키는 전문 용어다. 이것은 통찰이나 정신적 노력이 필요한 문제를 풀 때 수행능력을 떨어뜨리는 산만한 정신 상태다. 한편 녹색 표지 대신 빨간색 표지의 시험지를 마주하면 학생들은 몸을 의자에서 약간 더 뒤로 기댄다는 심리학 연구도 있는데, 이것은 사람들이 빨간색을 보면 말 그대로 뒤로 물러남을 보여준다. 이런 효과들은 모두 우리의 의식과 상관없이 일어나는 것들이다. 그러나 이런 효과들 때문에 빨간색이 학업 수행에 부정적인 영향을 미칠 수도 있다는 것은 의심의 여지가 없어 보인다.[18]

그러나 이런 여러 결과에도 불구하고 이 이야기에는 중요한 예외가 있다. 왜냐하면 몇몇 지적 과제에서는 회피 동기를 예비시키는('예비 효과priming effect'란 어떤 자극에 노출되었던 경험이 나중에 어떤 자극에 대한 반응에 영향을 미치는 암묵적인 기억 효과를 가리킨다. 한국어로 흔히 '점화효과'라고 번역되는데, 영어 단어 '프라임prime'은 '무엇을 준비시키다, 화약을 재다'라는 뜻이므로 화약에 불을 붙이는 '점화firing'가 아니라 화약을 재는 '준비' 또는 '예비'가 옳은 번역인 듯하다-옮긴이) 빨간색이 오히려 적절한 사고방식을 촉진할 수 있기 때문이다. 회피는 경계심과도 관련이 있는데, 세밀한 주의가 필요한 과제의 경우에는 경계심이 많을수록 과제 수행이 수월해질 수 있다. 예를 들어 한 연구에서 학생들은 문장의 오류를 교정하거나 단어 목록을 외우는 과제를 수행했는데, 이때 과제가 파란색 배경 대신 빨간색 배경 속에서 제시된 경우 학생들은 훨씬 더 조심스럽게 이를 수행했다. 이 경우에는 바로 경계심과 회피가 성공을 촉진하는 정신 상태였던 것이다(그런가 하면 창의력을 요구하는 과제를 가지고 또 다른 실험을 했을 때는 이전 연구의 결과들이 그대로 재현되었다. 왜냐하면 실패를 회피하려는 마음자세는 창의적 사고를 억누르는 경향이 있기 때문이다). 결론적으로 말하면, 빨간색은 학업 성취에 방해가 된다. 다만 과제가 경계심이나 세부 사항에 대한 주의를 요할 때는 빨간색이 과제 수행을 방해하기보다 촉진한다.[19]

색채는 학교와 학업 성취 등 지적인 세계와는 동떨어진 스포츠의 세계에서도 마찬가지로 놀라운 영향력을 발휘한다. 뛰어난 운동선수들 사이에서 오차의 허용범위는 지극히 작다. 예컨대 근육이 몇 그램만 더 나가도 또는 훈련시간을 한 시간만 더 늘여도 승패가 좌우될 수 있는 것이다. 뛰어난 운동선수들이 훈련에 쏟는 모든 노력에도 불구하고 스포츠 전문가들은 전통적으로 스포츠에서 색채의 역할을 무시해왔다. 한 연구결과에 따르면 선수가 빨간색 운동복을 입느냐 아니면 파란색 운동복을 입느냐에 따라 올림픽의 메달색, 아니 메달 수여 여부가 결정될 수도 있다. 다음에서 자세히 살펴보자.

경기의 승패를 가르는 색깔

2004년 아테네 올림픽에 출전한 다음의 여섯 선수들은 두 가지 중요한 특징을 공유하고 있었다. 그들은 레슬링 선수인 이스트반 머요로스 Istvan Majoros와 아르투르 타이마조프 Artur Taymazov와 정지현, 권투 선수인 알렉산데르 포벳킨 Alexander Povetkin과 오들라니에르 솔리스 Odlanier

Solis, 태권도 선수인 문대성이었다. 이 여섯 선수는 모두 자신의 종목에서 무패의 기록으로 금메달을 목에 걸었다. 이들은 모두 준준결승과 준결승과 결승에 앞서 파란색 유니폼 대신 빨간색 유니폼을 착용하도록 올림픽 관계자에 의해 무작위로 배정받았다. 스포츠의 세계에서 미신을 믿는 선수들은 자신에게 행운을 가져다준 속옷을 빨지 않고 계속 입기도 하는데, 이런 세계에서 우연의 힘은 무시할 수는 없는 큰 요인이다. 이와 관련해 두 명의 인류학자들은 승리와 빨간색의 관계가 단순한 우연이 아님을 보여주기 위한 연구에 착수했다.

이 연구자들은 우선 2004년 아테네 올림픽에서 그레코로만형 레슬링, 자유형 레슬링, 태권도, 권투 종목의 모든 경기 결과를 수집했다. 그리고 총 457개의 경기에 대해 빨간색 유니폼을 입은 선수가 파란색 유니폼을 입은 상대 선수를 이겼는지 기록했는데, 그 결과는 깜짝 놀랄 만한 것이었다. 이 네 종목에서 빨간색 유니폼을 입은 선수는 전체 시합의 55퍼센트를 승리로 장식했다. 그리고 이런 효과는 상대 선수가 비슷한 실력을 가지고 있을 때, 다시 말해 사소한 요인으로도 승패의 추가 한쪽으로 기울 수 있는 경우에 특히 강력하게 나타났다. 즉 이때 빨간색 유니폼을 입은 선수는 전체 시합의 자그마치 62퍼센트를 승리로 마무리했다. 이렇게 볼 때 경기력을 향상시키는 약물 복용은 금지하면서도 경기력을 향상시키는 빨간색 유니폼을 두 선수 중 한 명에게만 입게 하는 것은 아이러니한 일이다.

빨간색이 심리적인 스테로이드 약물처럼 작용하는 명확한 이유에 대해서는 아직까지 밝혀진 것이 없다. 그러나 이것은 물리적이거나 그

밖에 어떤 가시적인 이유는 아닐 것이다. 왜냐하면 빨간색 유니폼과 파란색 유니폼은 직물의 조직이나 크기 등에서 전혀 차이가 없기 때문이다. 따라서 유일하게 가능성 있는 이유는 사람들이 빨간색을 보면 다르게 생각하고 행동한다는 데서 찾을 수밖에 없다. 짝짓기에 있어서 빨간색이 가져다주는 장점과도 관련이 있는 한 가지 가능성은, 빨간색이 생물학적으로나 진화적으로 지배 또는 공격과 관련이 있다는 점이다. 동물들이 싸움을 할 때면 격렬한 신체 활동과 함께 혈관이 팽창하고 얼굴이 빨개진다. 따라서 빨간색 유니폼을 입은 선수는 파란색 유니폼을 입은 상대 선수보다 자신이 더 우세하다는 느낌을 가질지도 모른다. 그리고 파란색 유니폼을 입은 선수는 빨간색 유니폼의 상대 선수를 매우 공격적이고 지배적인 상대로 지각할지도 모른다. 권투나 레슬링 같은 격투경기의 결과는 어느 선수가 더 지배적이고 공격적이며 심리적으로 위풍당당한가에 따라 일부 좌우되므로, 빨간색 유니폼을 입은 선수에게 유리한 방향으로 결과가 약간 치우칠 수도 있을 것이다.[20]

이처럼 빨간 옷을 입은 선수가 파란 옷을 입은 상대 선수보다 자신이 더 지배적이고 우월하다는 느낌을 가질 가능성이 있다는 사실과는 별개로, 이 경기를 판정하는 심판도 이런 편향된 결과에 일부 책임이 있을 가능성이 있다. 여러 스포츠심리학 연구에 따르면 심판들은 실제로 선수들의 복장 색깔에 영향을 받는다. 한 연구에서는 42명의 태권도 심판들에게 빨간색 보호장비와 파란색 보호장비를 각각 착용한 두 선수의 경기 비디오를 여러 편 보여준 뒤에 채점을 하도록 요청했다. 심판들은 세계태권도연맹의 규정에 따라 채점을 했는데, 이 규정에 따르면 상대 선수의 안면을 가격하면 2점, 몸통을 가격하면 1점을 각각 획득하며 반칙을 하면 1점을 감점 당한다. 이 규정은 객관적으로 설계되었으므로 두 심판이 똑같은 시합에 대해 똑같은 점수를 부여하는 것이 이상적일 것이다.

이 연구에서 절반의 심판들은 원래의 경기 비디오를 보고 채점한 반면, 나머지 절반의 심판들은 선수들의 보호장비 색깔이 정확히 반대가 되도록 디지털 기술로 조작한 경기 비디오를 보고 채점했다. 다시 말해 원래 비디오에서 빨간색 장비를 착용한 선수는 조작된 비디오에서 파란색 장비를 착용했고, 원래 비디오에서 파란색 장비를 착용한 선수는 이제 빨간색 장비를 착용했다. 만약 심판들이 색채에 반응하지 않는다면, 선수들은 빨간색 장비를 착용했든 파란색 장비를 착용했든 상관없이 똑같은 점수를 받아야 할 것이다. 그러나 심판들은 그렇게 채점하지 않았다. 원래의 경기 비디오에서 빨간색 장비를 착용한 선수들은 평균 8점을 획득한 데 비해 상대 선수들은 평균 7점을 획득했다. 그리고 색깔이 뒤바뀐 경기 비디오에서 빨간색 장비를 착용한 선수들(원래 비디오에서 파란색 장비를 착용했던 선수들)은 평균 8 대 7의 점수로 시합에서 승리했다! 결국 심판들은 색깔만 뒤바뀌었을 뿐 똑같은 경기를 판정하면서도 파란색 복장의 선수보다 빨간색 복장의 선수에게 더 많은 점수를 준 셈이었다.[21]

한편 프로 팀 스포츠의 세계에서는 빨간색이 지닌 공격성을 압도하는 또 다른 색깔이 존재하는 듯하다. 1980년대 중반에 두 명의 사회심리학자들은 북아메리카 프로아이스하키리그의 21개 팀과 미식축구

리그의 28개 팀에서 받은 벌칙 기록들을 살펴보았다. 이때 연구자들은 특히 검은색 유니폼을 착용한(즉 50퍼센트 이상이 검은색으로 되어 있는 유니폼을 착용한) 5개의 아이스하키 팀과 5개의 미식축구 팀에 주목했다. 연구에 참가한 학생들은 이런 유니폼들을 유독 사악한 것으로 지각했을 뿐 아니라, 이런 유니폼을 입은 팀들은 덜 어두운 색상의 유니폼을 입은 상대 팀들보다 실제 훨씬 더 많은 벌칙을 받았다.

또 아이스하키 팀인 피츠버그 펭귄스Pittsburgh Penguins와 밴쿠버 커넉스Vancouver Canucks는 1970년대 말에 기존의 검지 않은 유니폼을 버리고 검은색 유니폼을 채택하자마자 더 많은 벌칙을 받기 시작했다. 검지 않은 유니폼을 입었던 1970년대의 피츠버그는 경기당 고작 8분의 벌칙시간을 받는 비교적 예의 바른 팀이었다. 그러나 검은색 유니폼을 착용한 뒤로는 경기당 12분의 벌칙시간을 받았으며, 이것보다 더 많은 벌칙을 받은 팀은 마찬가지로 검은색 유니폼을 착용한 펜실베이니아의 라이벌 팀 필라델피아 플라이어스Philadelphia Flyers가 유일했다. 연구자들은 이런 결과를 설명해줄 두 가지 가능한 요인을 살펴본 결과, 이 두 요인을 각각 지지하는 증거들을 발견할 수 있었다. 그 하나는 사람들이 검은색 옷을 입었을 때 더 공격적으로 행동한다는 것이었고, 다른 하나는 똑같은 행위라도 회색이나 흰색 대신 검은색 복장을 한 사람들에 의해 그 행위가 이루어지면 심판이나 관중이 거기에서 더 많은 공격성을 찾아낸다는 것이었다.[22]

이런 결과들은 프로 스포츠의 세계에서 공정성을 보장하기가 얼마나 어려운지를 여실히 보여준다. 설령 경기를 앞둔 두 선수가 스테로이드 약물, 혈액 도핑, 그 밖의 불법적인 경기력 향상법들을 삼간다고 하더라도 빨간색 유니폼을 배정받은 행운의 선수는 분명히 유리한 위치에 서 있다. 마찬가지로 공격성을 유도하는 검은색 유니폼을 착용한 팀의 선수들은 반칙 선수가 대기하는 페널티 박스로 끌려갈 수밖에 없는 것처럼 보인다. 이런 결과들은 우리 주위의 세계가 얼마나 은밀하게 우리의 사고와 느낌과 행동을 좌우하는지를 보여줄 뿐 아니라 한쪽으로 치우치지 않은 공정하고 정의로운 세계를 만들기가 얼마나 어려울 수 있는지를 또한 보여준다. 요약하자면 빨간색 유니폼은 불공정한 이익을 만들어내고 검은색 유니폼은 지나친 공격성을 유발하며 파란색 또는 흰색 유니폼은 비교적 온순한 행동을 부추긴다는 것이다.

도덕적이거나 부도덕한 색깔

스포츠와 관련이 있는 색채들에다 도덕적 관념을 결부시키는 것은 그리 어려운 일이 아니다. 즉 흔한 연상에 따르면 빨간색은 지배적이고 파란색은 온순하다. 그리고 피부색에 집착하는 세계에서 특히 해로운 연상에 따르면 검은색은 잔인하고 흰색은 순수하다. 이런 연상들이 실제로 존재한다고 가정할 때 우리는 차라리 명암이 다른 회색 유니폼들을 모든 선수들에게 입히는 것이 스포츠 경기를 더 공정하게 만든다고 말해야 하지 않을까?

그러나 불행하게도 이런 밋밋한 해결책조차도 문제를 완전히 비껴가기는 어렵다. 왜냐하면 '밝은' 회색과 '어두운' 회색이라는 명칭 자체에 우리의 마음속을 파고드는 어떤 함의가 있기 때문이다. 만약 '밝은'과 '어두운'이라는 두 용어 중에서 어느 것이 미덕, 도덕성, 고귀함을 대표하고, 어느 것이 악덕, 부도덕, 야비함을 대표하는지 반드시 골라야만 한다면 당신은 어느 것을 고르겠는가? 만약 당신이 대다수 미국인, 독일인, 덴마크인, 인도인, 심지어 중앙아프리카의 은뎀부Ndembu 부족민들과 크게 다르지 않다면, 당신은 아마도 밝음을 도덕성과 연결시키고 어둠을 부도덕과 연결시킬 것이다.

이런 연상은 우리를 둘러싸고 있는 세계로부터 자연스럽게 생겨난 것이다. 흰 눈은 청결하지만 오물과 진흙으로 더럽혀지면 더 이상 그렇지 않다. 다량의 흰색 물감에 검은색 물감 한 방울이 떨어지면 마찬가지로 엉망진창이 되어버리지만, 다량의 검은색 물감은 버릇없이 돌아다니는 흰색 물감 한 방울을 순식간에 압도해버린다. 이런 자연적인 관계를 바탕으로 비유적인 관계가 발전하여 검은색은 주변을 오염시키는 악과 연결되고 흰색은 연약하고 도덕적인 순수함과 연결된 듯하다.

이 주장에 경험적인 무게를 실어주는 한 사회심리학 연구에 따르면 사람들은 흰색과 선한 것 또는 검은색과 악한 것 사이의 연상을 뒤집는 데 어려움을 느낀다. 검은색과 도덕성 사이의 관계를 연구하기 위

빨강	파랑

하여 이 연구자들은 스트룹 과제^{Stroop task}라고 불리는 인기 있는 실험 과제를 사용했다. 스트룹 과제가 어떤 것인지를 체험하려면 아래에 쓰인 단어들을 보라. 여기서 당신의 과제는 각 단어를 이루는 글자의 색깔을 소리 내어 말하는 것이다.

여기서 '빨강, 파랑'이라는 단어를 읽으면서 동시에 '검정, 하양'이라고 옳게 말하기는 결코 쉽지 않다. 이런 스트룹 과제는 글을 술술 읽을 수 있다는 우리의 장점을 단점으로 바꾸어버린다. 왜냐하면 이 경우에 우리는 우리가 읽고 있는 단어들을 무시하고 그 대신 글자의 색깔에만 집중해야 하기 때문이다. 연구자들은 이 스트룹 과제를 살짝 변형시켜서 우리가 흰색을 미덕 또는 도덕과 연결시키고 검은색을 악덕 또는 부도덕과 연결시키는 경향이 있음을 보이고자 했다. 이 실험에 참가한 학생들은 아래와 같은 단어들이 검은색 글자로 쓰여 있는지 아니면 흰색 글자로 쓰여 있는지를 말해야 했다.

이 실험에서 학생들은 '속임수'라는 단어가 검은색으로 쓰였고 '용감한'이라는 단어가 흰색으로 쓰였고 말하는 데는 아무런 어려움을 느끼지 않았다. 왜냐하면 검은색을 부도덕과 연결시키고 흰색을 도덕과 연결시키기를 수년 동안 반복해온 학생들은 '도덕적인' 단어들을 흰색으로 지각하고 '부도덕한' 단어들을 검은색으로 지각하도록 이미 예비되어 있었기 때문이다. 그러나 학생들은 '미덕'이라는 단어가 검은색으

속임수	미덕	죄악	용감한

로 쓰였고 '죄악'이라는 단어가 흰색으로 쓰였다는 것을 말하는 데 상당한 어려움을 겪었는데, 왜냐하면 이 연결은 그들이 수년 동안 형성해온 연상에 위배되었기 때문이다.

그렇다면 '죄악'이라는 단어가 흰색으로 쓰이고 '미덕'이라는 단어가 검은색으로 쓰였다는 사실을 말하는 데 시간이 좀 더 걸린다는 것이 왜 중요할까? 사소해 보이는 이런 결과가 우리의 삶에 과연 무슨 의미를 지닐 수 있을까? 그럼 이제 당신이 추상적인 단어들을 보는 대신 배심원석에 앉아서 아주 가증스러운 범죄의 혐의를 받고 있는 피고를 보고 있다고 상상해보라. 만약 당신이 검은색 글자를 용기보다 속임수와 연결시키는 데 더 수월하다면, 당신은 흑인 피고를 용기보다 속임수와 연결시키는 데도 더 수월할 것이다. 마찬가지로 만약 흰색 글자를 죄악보다 미덕과 연결시키는 데 더 수월하다면, 백인 피고를 죄악보다 미덕과 연결시키는 데도 더 수월할 것이다. 이런 결과는 단순한 호기심의 문제에 그치는 것이 아니다. 이것은 또한 왜 경찰관들이 백인 남성보다 흑인 남성을 불러 세워서 억류하고 체포까지 하게 되는 확률이 더 높은지를 설명해주는 한 가지 이유이기도 하다.

사람들이 태어날 때부터 흑인에 대해 나쁜 편견을 가지고 있는 것은 아니다. 왜냐하면 흰색과 미덕 사이의 그리고 검은색과 악덕 사이의 연상이 형성되는 시기로 보이는 네다섯 살 전의 아이들은 흑인에 대해 나쁜 편견을 전혀 보이지 않기 때문이다. 물론 사람들이 해로운 고정관념을 형성하게 되기까지는 많은 이유가 개입되어 있을 수 있다. 그러나 위의 결과는 검은색과 부도덕 사이의 연상이 흑인에 대한 나쁜 편견의

형성과 유지에 미묘한 방식으로 기여할 수 있음을 보여준다.[23]

색채는 다양한 맥락 속에서 우리의 사고와 행동에 영향을 미친다. 그리고 때로는 똑같은 색채라고 하더라도 맥락에 따라 상이한 효과를 낳곤 한다. 빨간색은 매력과 흥분의 신호로 작용할 때 연애를 촉진할 수 있지만, 골치 아픈 정신적 과제에 직면했을 때는 경계심과 조심스러운 마음가짐을 불러일으킬 수도 있다. 파란색은 잠재적인 범죄자들로 하여금 잘못된 행동을 단념하도록 만들 수도 있으며 피로감과 계절성 우울증의 증상들을 완화시키기도 한다. 이런 효과들의 일부는 인간의 생물학적 과정에 기초한다. 빨간색이 중매쟁이 역할을 하는 까닭은 그것이 성적 흥분의 신호이기 때문이다. 그리고 파란 불빛은 자연 햇살의 속성을 흉내 냄으로써 수면을 유발하는 멜라토닌melatonin의 생산을 멈추게 하는 작용을 한다. 그런가 하면 다른 효과들은 우리의 연상에 기초한다. 파란색이 범죄를 예방하는 효과가 있는 것처럼 보이는 까닭은 그것이 경찰차 위의 파란 불빛을 연상시키기 때문이다. 그리고 빨간색이 경계심을 촉발하는 까닭은 그것이 빨간 정지신호나 구급차 위의 빨간 불빛을 연상시키기 때문이다.

이런 모든 대단한 영향력에도 불구하고 색채는 우리가 살고 있는 물리적 환경의 한 특징일 뿐이다. 이런 물리적 장소는 무수하게 많은 차원에서 다양한 특성들을 지니고 있다. 자연 또는 소음의 유무부터 인구 과잉의 문제에 이르기까지 이런 특성들의 일부는 우리에게 이로운 작용을 하는 반면에 다른 특성들은 우리의 사고를 어지럽히고 기분을 가라앉게 만들며 행동을 교란시키는 해로운 환경의 일부를 이룬다.

생각을 만든 공간

시간의 흐름 속에서 우리가 누구인지를 구성하는 요소들인 우리의 기억조차 그것이 형성된 장소와 긴밀하게 결부되어 있다. 특히 정서적으로 충격적인 기억은 그런 기억이 형성된 장소와 더욱 밀접하게 결부되곤 한다.

공간이 심리를
조작한다

제2차 세계대전이 끝난 후 일본 군대는 홍콩을 떠나면서 여섯 개의 축구장만 한 크기의 황폐해진 요새를 남겨놓았다. 난민들은 이 구조물에 무단 침입하여 수백 채의 가건물을 짓고 살았으며, 1960년대에 들어서야 비로소 정부는 이곳에 송수관을 설치하고 높은 콘크리트 아파트단지들을 세웠다.

카오룽九龍 성곽도시라고 불리는 이 지역은 인구과잉의 재앙을 가리키는 상징이 되었다. 이 도시에 있는 많은 아파트들은 사무용 책상 한 개보다 약간 큰 정도의 크기였으며 골목길은 몇 미터도 되지 않을 만큼 비좁았고 도시의 대부분은 영원한 어둠의 장막으로 뒤덮여 있었다. 의사들은 불법시술을 일삼았으며 삼합회三合會라는 범죄조직에서는 사창가와 도박장, 아편굴을 운영했다. 1987년경에 이 자그마한 도시의 인구는 3만 3,000명 이상이나 되었는데, 이것은 세계에서 가장 인구밀도가 높은 국가인 모나코보다도 75배나 높은 수치였다. 만약 이것과 똑같은 인구밀도로 미국의 자그마한 주州인 델라웨어에 사람들이 살았다면 전 세계의 인구가 다 들어올 수 있었을 것이다.[1]

카오룽 성곽도시의 인구가 하늘로 치솟던 1960년대 중반에 영국 옥스퍼드대학병원의 두 연구자는 젊은 환자들을 대상으로 논란의 여지가 있는 인구과잉 실험을 했다. 이 연구자들은 대학병원의 병실들을 샅샅이 뒤져서 3세부터 8세까지의 어린 환자들 열다섯 명을 찾아낸 뒤 이들을 자폐아, 심한 뇌 손상이 있는 환자, 또는 정상으로 분류했다. 매일 이 아이들은 소규모 집단을 수용하기 위해 설계된 한 방에 모여서 '자유 놀이'를 했다. 때때로 연구자들은 이 방에서 여섯 명 이상의 아이들이 놀지 못하도록 조치했는데, 방의 크기에 비추어볼 때 기분 좋게 놀 수 있는 인원수를 맞추기 위해서였다. 그러나 때로는 이 방에 열두 명 이상의 아이들이 동시에 모일 때도 있었다. 아이들이 15분씩 놀이를 하는 동안 간호사와 연구자들은 아이들의 행동을 관찰하고 기록했다.

예측한 대로 자폐증 아이들은 다른 아이들과 잘 어울리지 못했으며, 특히 방 안에 아이들이 많을 때는 훨씬 많은 시간을 방구석에 처박힌 채 초조하게 보냈다. 이 아이들은 방 안에 모두 네다섯 명의 아이들이 있을 때는 방 변두리에서 평균 3분의 시간을 보낸 반면에, 방 안에 열두 명 이상의 아이들이 있을 때는 방 변두리에서 보내는 시간이 8분까지 껑충 뛰었다. 또 정상적인 아이들과 뇌 손상을 입은 아이들도 인구가 밀집된 방 안에서는 그렇게 잘 지내지 못했다. 그들은 집단의 규모가 작을 때는 즐겁게 놀면서 10분을 보낸 반면에, 방이 과잉 밀집되었을 때는 겨우 5~6분을 즐겁게 보냈다. 나아가 방 안에 아이들이 적을 때는 서로 싸우거나 장난감을 낚아채면서 보낸 시간이 30초도 되지 않은 반면에, 공간이 밀집되었을 때는 서로 다투면서 보낸 시간이 4분까지 치솟았다. 심지어 두 아이는 다른 아이들을 깨무는 바람에 제지를 당하기도 했다. 사이좋게 놀던 아이들도 밀집된 방 안에서는 몇 분만에 적대적으로 바뀌었으며 불안해하는 아이들은 더욱더 움츠러들었다.[2]

이 옥스퍼드병원의 연구는 획기적인 것이었지만 수많은 중요 의문점들을 남긴 것 또한 사실이다. 이 결과는 연구 대상이었던 일회성 또는 진행성 심리적 쇼크에 시달리던 소규모 아이들의 특성을 반영한 것에 지나지 않는 것이 아닐까? 또 이 결과는 잘 살고 있는 건강한 성인들로 이루어진 더 큰 집단에도 적용되는 것일까?

이 물음에 답하기 위해 많은 심리학자들과 건축가들이 합심하여 매사추세츠와 펜실베이니아 소재 3개 대학에 다니는 8,000명의 대학생들을 대상으로 두 가지 실험을 해보았다. 실험에 참가한 학생들 중 일부는 인구밀도가 높은 고층건물에 살았으며 일부는 인구밀도가 중간 정도인 아파트단지에 살았고 일부는 인구밀도가 낮은 교외 주택가에 살았다. 이때 연구자들은 학생들이 이웃과 얼마나 강력한 사회적 유대관계를 형성하고 있는지 측정하기 위해 두 가지 정교한 기법을 사용했다. 연구자들은 우선 건물 안의 곳곳에 주소와 소인이 있는 편지봉투를 여러 장 흩뜨려서 마치 누군가 편지를 우편함에 넣으려다 부주의로 흘린 것처럼 꾸몄다. 그리고 연구자들은 이 편지들을 눈에 잘 띄는 곳에 버려서 학생들이 못 보고 지나치는 일이 없도록 했다. 그러자 편지를 발견한 몇몇 학생들은 이웃이 흘렸을 거라고 생각하여 편지를 친절하게 우편함에 갖다 넣었는데, 이것은 어느 정도의 사회적 유대관계를 보여주는 작은 선행으로 해석될 수 있었다. 실험 진행 4시간 후 연구자들이 돌아와서 보자 인구밀도가 낮은 교외 주택가에서는 편지가 100퍼센트 우편함으로 들어간 반면, 인구밀도가 중간 정도인 아파트단지에서는 87퍼센트가 우편함으로 들어갔고, 인구밀도가 높은 고층건물에서는 겨우 63퍼센트만이 우편함으로 들어갔다.

또 연구자들은 인구밀도가 위와 비슷하게 차이 나는 또 다른 아파트단지에 박스를 설치해 지나가는 주민들에게 사용한 우유팩을 예술 프로젝트를 위해 기부해달라고 부탁했다. 실험 후 주민들이 사용한 우유팩의 수를 계산해본 결과 역시 이번에도 인구밀도가 높은 단지의 주민들이 덜 협조적인 것으로 판명되었다. 인구밀도가 낮거나 중간인 단지의 주민들은 자신들이 사용한 우유팩의 55퍼센트를 기부한 반면, 인구밀도가 높은 단지의 주민들은 겨우 37퍼센트를 내놓았다.[3] 이런 결과는 인구밀도가 높은 곳에서 사는 것이 관대함에 장애로 작용함을 보여준다. 그리고 또 다른 연구들에 따르면 인구과잉은 정신질환, 약물중독, 알코올중독, 가족의 해체, 삶의 질의 전반적인 저하에도 영향을 미치는 것으로 보인다.[4]

극단적인 인구과잉은 밀폐되거나 인구밀도가 매우 높은 공간을 두려워하는 밀실공포증claustrophobia과도 관련이 있다. 13이라는 숫자를 두려워하는 13공포증triskaidekaphobia이나 길 건너기를 두려워하는 횡

단보도공포증agyrophobia처럼 경험을 통해 획득되는 공포증들과 달리 밀실공포증은 타고나는 것처럼 보인다. 수천 년 전에 우리의 조상들이 작고 어두운 동굴로 기어들어가면서 두려움을 느꼈던 것처럼 현대인 들은 작고 어두운 방에 대해 두려움을 가지고 있다. 사람들이 우연찮은 신체 접촉에도 강하게 반응하는 까닭은 바로 우리가 개인적인 공간을 확보하려는 '본능'을 가지고 있기 때문이다.

한 연구에서 마케팅 전문가 파코 언더힐Paco Underhill은 대형 백화 점의 통로를 지나다니는 쇼핑객들을 비밀리에 촬영했다. 이때 일부 통 로는 특히 비좁았는데, 쇼핑객들은 그 좁은 통로로 들어가지 않고 걸음 을 멈추었다. 그 바람에 그들은 그곳을 지나가려는 다른 고객들에 의해 떠밀리는 경향이 있었다. 그러면 몇 초 후 떠밀린 고객들은 쇼핑을 아 예 중단하고 백화점을 떠나는 경우가 종종 있었다. 나중에 언더힐이 그 쇼핑객들에게 이에 대해 질문을 던졌을 때 그들은 자신이 떠밀렸기 때 문에 백화점을 떠나기로 마음먹었다는 생각은 전혀 하지 않고 있었다. 그러나 결과는 분명했으며 해결책 또한 분명했다. 즉 고객들은 통로가 충분히 넓어서 언더힐의 표현처럼 '엉덩이 충돌butt brush' 같은 작은 충 돌이 일어나지 않을 때 백화점에 더 오래 남아 있으려 할 것이다.[5]

인구과잉은 또한 소음을 만들어낸다. 그리고 연구자들에 따르면 일상생활의 지속적인 소음은 창의성과 학습에 방해가 된다. 1970년대 초반에 심리학자들은 북부 맨해튼의 32층짜리 아파트단지 네 곳을 방 문했다. 이 아파트들은 미국 동해안에서 교통이 가장 번잡한 고속도로 중 하나인 주간고속도로 95Interstate 95를 마주하고 있었다. 이 아파트

주민들 중에는 73명의 초등학생들이 있었는데, 이들은 고속도로 위의 차들이 빚어내는 끊임없는 소음에 노출되어 있었으며 이 소음은 84데시벨에 이를 정도였다. 몇몇 척도에서 84데시벨을 '매우 시끄러운' 것으로 정의하고 있으며 이는 소음장치가 부착되지 않은 트럭 한 대에서 나는 소음 또는 시끄러운 공장에서 나는 소음과 맞먹는 것이다. 이런 강도의 소음에 지속적으로 노출되면 때때로 청각상실이 발생하기도 하며, 이 아파트의 경우 소음은 아파트 내부에서도 만만치 않았다.

이 고층 아파트의 꼭대기 층에 사는 아이들에게는 비교적 둔탁한 소리가 전달된 반면에, 낮은 층에 사는 아이들은 그보다 열 배나 더 강한 소음을 경험해야만 했다. 연구자들이 청각검사를 실시했을 때 아파트의 낮은 층에서 최소 4년 이상을 거주한 아이들은 소리가 비슷하지만 뜻이 분명히 다른 단어들을 구별하는 데 어려움을 겪었다. 예를 들어 '기어gear(톱니바퀴)'와 '비어beer(맥주)' 또는 '코우프cope(대처하다)'와 '코우크coke(석탄 연료)' 같은 단어 쌍을 작은 소리로 말하거나 그것이 배경 소음에 파묻히면 아이들은 이를 쉽게 구별하지 못했다.

나아가 연구자들은 청각 능력이 떨어지는 아이들이 대화에도 덜 적극적일 것이며 지적인 어려움을 더 많이 경험할 것이라고 추측했다. 연구결과는 맞아떨어졌다. 아파트의 낮은 층에서 수년 동안 거주한 아이들은 같은 연령대의 다른 아이들에 비해 독해력이 떨어졌다. 가장 충격적인 사실은 아이들이 이 건물에서 6년 이상 거주한 경우 연구자들은 "너 몇 층에 사니?"라는 간단한 질문만 가지고도 그들의 독해력 점수를 놀랍도록 정확하게 예측할 수 있었다는 점이다. 소음의 악영향은 시간이 흐를수록 증가하기 때문에 이 경우 연구자들은 더 높은 층에 사는 주민들이 대체로 더 똑똑했거나 더 부유했거나 자녀 교육에 더 열성적일지 모른다는 가능성을 고려할 필요가 없었다. 왜냐하면 아이들을 어수선한 소음에 장기간 노출시키는 것은 아이들의 지적 발달을 저해하는 데 충분한 요인이 되기 때문이다. 그리고 이것은 도시 생활에 흔히 수반되는 배경 소음의 경우에도 예외가 될 수 없다.[6]

인구과잉과 소음 공해는 발전기와 엔진의 도래를 알린 산업혁명이 일어나기 전인 몇백 년 전만 해도 거의 존재하지 않던 비교적 최근의 문제들이다. 뿔뿔이 흩어져 있던 마을들과 촌락들 대신 어느 날 갑자기 커다란 도시들이 들어섰으며 이런 도시들을 건설하는 데 사용된 기계들도 시끄러운 소음을 만들어냈다. 이런 현대적인 문제들에 대한 최선의 해결책은 아마도 이런 문제가 존재하기 이전의 상태로 세계를 재창조하는 일일 것이다. 특히 이런 해결책은 다음에서 설명하는 것처럼 겨우 몇 개의 방을 사이에 둔 병원 환자들이 매우 다른 비율로 병에서 회복된다는 사실을 발견한 한 연구자에게는 너무나도 분명해 보였다.

스트레스를 줄여주는 장소

펜실베이니아의 파올리는 필라델피아에서 그리 멀지 않은 곳에 위치한 작은 마을이다. 이곳의 교외 병원인 파올리기념병원에 입원해 있는 환자들은 작은 안뜰이 내다보이는 병실에서 회복 기간을 보낸다. 1980년대 초반 한 연구자는 이 병원을 방문하여 1972년부터 1981년 사이에 쓸개 수술을 받은 환자들의 정보를 수집했다. 쓸개 수술은 흔히 실시되는 수술이며 대개 그리 복잡하지 않다. 그러나 1970년대에는 대다수 환자들이 집으로 돌아가기 전에 1, 2주를 병원에서 보내야만 했다. 환자들 가운데 일부는 다른 환자들보다 회복하기까지 더 오랜 시간이 필요했는데, 이 연구자는 혹시 병실들 사이의 미묘한 차이가 이런 회복률의 차이를 설명해주지 않을까라는 생각을 품게 되었다. 이 병원의 한쪽에 있는 몇몇 병실들은 큰 벽돌담을 마주하고 있었고, 복도를 조금 더 내려간 곳에 위치한 다른 병실들은 자그마한 낙엽수들을 마주하고 있었다. 병실들은 이런 조망의 차이를 제외하곤 똑같은 구조로 되어 있었다.

환자들의 회복 차트를 살펴본 이 연구자는 벽돌담 대신 나무가 내다보이는 병실의 환자들이 얼마나 더 빨리 회복되었는지를 확인하고는 깜짝 놀랄 수밖에 없었다. 벽돌담을 마주하고 있는 병실의 환자들은 회복되어 집으로 돌아가기까지 평균 하루를 더 병원에서 보냈다. 또 훨씬 더 우울했으며 고통도 더 크게 경험했다. 그곳 병실의 환자들에 대해 간호사들은 환자당 네 개의 부정적인 메모를 기록했다. 예를 들어 '격려가 많이 필요함', '흥분해서 울 때가 종종 있음' 같은 메모였다. 반면 나무가 내다보이는 병실의 환자들은 병실에 머무는 동안 평균 한 건의 부정적인 기록을 남겼다. 그런가 하면 나무가 내다보이는 병실의 환자들 가운데 병원에 머문 중간 시기에 강력한 진통제를 한 번 이상 맞은 사람이 매우 적었던 반면, 벽돌담을 마주했던 환자들은 강력한 진통제를 평균 2~3회 맞았다.

바깥 경치의 차이를 빼면 환자들은 병원에서 똑같은 치료를 받았으며 다른 측면도 매우 비슷했다. 이 연구자는 나무가 내다보이는 병실의 환자 개개인과 벽돌담이 내다보이는 병실의 환자 개개인을 연령, 성별, 체중, 흡연 여부, 환자를 돌본 의사와 간호사 등등의 측면에서 최대한 동일하게 일치시킬 수 있었다. 이렇게 여러 요인들을 통제한 상황에서 나무를 내다본 환자들이 더 빨리 회복되었다는 사실을 설명할 수 있는 유일한 길은 그들이 자연 경치가 내다보이는 방을 차지하는 행운을 얻었기 때문이라고 말하는 것밖에는 없었다.[7]

이 결과가 놀라운 까닭은 그 효과가 매우 컸기 때문이다. 그것은 다른 많은 의도적인 치료 효과보다도 더 컸다. 어떤 기준에서 보면 자연 경치를 바라본 환자들은 벽을 바라볼 수밖에 없었던 환자들보다 네 배나 더 빨리 회복된 셈이었다. 보통 강력한 연구결과는 의심의 눈초리로 볼 필요가 있지만, 이 경우에는 수많은 연구들을 통해 비슷한 효과가 입증되었다. 그중 한 연구에서 두 명의 환경심리학자들은 뉴욕 주 북부의 다섯 개 시골 지역에서 자녀들과 함께 살고 있는 337가구의 부모들을 조사했다. 이 연구자들은 자연경관, 실내의 식물, 잔디로 뒤덮인 뜰 등에 점수를 부여하는 방식으로 각 가정의 '자연도^{naturalness}'를 평가했다. 이들 가구 중 몇몇 아이들은 딱히 싸움도 하지 않고 학교에서 벌도 받지 않는 등 스트레스가 적은 성장기를 보낸 반면, 다른 몇몇 아이들은 학교에서 들볶이거나 부모와 사이가 좋지 않았다. 연구자들이 이 아이들의 행복과 안녕을 측정한 결과, 고난을 경험한 아이들은 더 지쳐 있었고 자존감self-esteem도 낮았다. 그러나 그중에서도 비교적 자연적인 환경 속에서 살아온 아이들의 경우는 달랐다. 즉 주로 인공적인 환경 속에서 살아온 아이들에게는 스트레스가 성장의 장애요인으로 작용한 반면, 자연적인 환경 속에서 살아온 아이들에게는 같은 스트레스에도 자연이 완충장치 역할을 한 것처럼 보였다.[8]

또 다른 연구자들은 더 직접적인 연구를 위해 주의력결핍장애attention deficit disorder, ADD가 있는 자녀를 둔 100가구의 부모들을 대상으로 자녀들이 다양한 놀이 활동 후 어떤 반응을 보였는지를 조사했다. 주의력결핍장애가 있는 아이들은 평소에 가만히 있질 못하고 주의가 산만한 경향이 있다. 그러나 부모들의 보고에 따르면 아이들은 낚시나 축구같이 초원에서 시간을 보내는 활동을 한 뒤에 훨씬 더 편안해졌고 주의 집중을 잘했다고 한다. 이는 아이들이 단순히 밖에서 시간을 보낸 후에 더 행복해졌다거나 친구들과 더 잘 어울렸다거나 더 활동적으로 바뀌었다는 의미가 아니다. 왜냐하면 자연 경치가 내다보이는 방 안에 앉아 있었던 아이들이 잔디나 나무가 없는 인공적인 바깥 환경 에서 뛰어노는 아이들보다 더 차분해졌기 때문이다.[9]

그렇다면 무엇이 자연환경을 이렇게 특별하게 만드는 것일까? 예컨대 조용한 거리 풍경과 조용한 자연 경치가 똑같은 효과를 낳지 않는 까닭은 무엇일까? 물론 건축물도 그것 나름의 아름다움을 지니고 있으며 몇몇 사람들은 자연환경보다 도시환경을 더 좋아하기도 한다. 그렇다면 어째서 자연은 그렇게 강력한 회복 효과를 낳는 것일까? 그 이유는 인공적인 장소와 구별되는 여러 가지 독특한 특성이 자연환경에 포함되어 있기 때문일 것이다.

20세기로 접어들기 직전에 현대 심리학의 초기 거장 중 한 명인 윌리엄 제임스William James는 인간의 주의가 두 가지 상이한 형태를 띤다고 설명했다. 첫 번째 형태는 운전이나 글쓰기처럼 당면한 과제에 주의의 초점을 맞추는 지향적 주의directed attention다. 책을 읽는 행위 등에 이런 지향적 주의가 필요한데, 우리는 피곤할 때나 오랜 시간 동안 독서를 한 뒤에 지향적 주의가 흐트러지면서 정신이 멍해지는 것을 경험하곤 한다. 반면에 두 번째 형태는 특별한 정신적 노력이 필요 없고 자연스럽게 생기는 비지향적 주의involuntary attention다. 제임스가 설명한 것처럼 '낯선 사물, 움직이는 물체, 야생동물, 밝게 빛나는 물체, 예쁜 물체, 단어, 강풍, 피 등'은 모두 우리의 의지와 무관하게 우리의 주의를 끌어당긴다.[10]

자연이 우리의 정신적 기능을 회복시키는 것은 물과 음식이 우리의 신체를 회복시키는 것과도 비슷하다. 어지럽게 지나다니는 차들을 피하고 독창성 없는 결정과 판단들을 내리며 낯선 사람들과 상호작용을 주고받으면서 보내는 하루하루의 생활은 우리의 에너지를 고갈시킨다. 그리고 이런 인공환경이 우리에게서 빼앗아가는 것을 자연은 우리에게 되돌려준다. 어찌 보면 이런 주장은 뭔가 신비하고 비과학적인 것처럼 들릴지 모른다. 그러나 이는 심리학자들이 주의회복이론attention restoration theory, ART이라고 부르는 것에 근거한다. 이 이론에 따르면 도시환경이 우리의 에너지를 고갈시키는 까닭은 이런 환경 속에서 우리가 (맹렬히 돌진해오는 차들을 피해야 하는 것과 같은) 특정 과제들에 주의를 기울일 수밖에 없고 "저쪽을 바라보라!"고 느긋하게 속삭이는 대신 "여기를 보라!"고 끊임없이 외쳐대는 자극들에게 우리의 주의를 빼앗길 수밖에 없기 때문이다.

그러나 자연환경에는 이렇게 우리를 지치게 만드는 요구들이 존재하지 않는다. 숲, 시내, 강, 호수, 바다 등은 우리에게 별다른 것을 요구하지 않는다. 그러면서도 여전히 우리의 마음을 사로잡고 끊임없이 변화시키며 우리의 주의를 끌어당긴다. 이렇게 볼 때 자연경관과 도시경관의 차이는 우리의 주의를 끌어당기는 방식에 있다고 할 수 있다. 인공경관은 우리에게 각종 자극을 쏟아붓는 반면에, 자연경관은 우리가 원하는 만큼 많이 또는 원하는 만큼 적게 생각할 수 있는 기회를 제공하며, 그럼으로써 고갈된 정신적 자원을 새로 보충할 수 있는 기회 또한 제공한다.[11]

2000년대 초엽에 100명 이상의 불운한 네덜란드 학생들은 정신적 회복을 돕는 자연의 능력을 깨닫게 해준 한 실험에 참가했다. 학생들은 실험실로 들어와 화면을 마주보고 앉았다. 화면에서는 논란의 여지가 있는 영화 〈사형참극Faces of Death〉의 일부 장면들이 상영되기 시작했다. 첫 장면에서 한 여성이 닭의 목을 베었다. 그다음에는 양과 소 들이 도살장에서 살육되는 장면이 나왔다. 이 장면에 역겨움을 느낀 두 명의 채식주의 학생들은 방을 뛰쳐나왔고 다시 들어가려 하지 않았다. 그리고 나머지 학생들은 기겁한 표정으로 꼼짝도 않은 채 화면을 계속 주시했다. 마침내 비디오가 끝나고 학생들이 한숨을 돌리자 연구자는 두 번째 비디오를 상영하기 시작했다.

다행히 두 번째 비디오는 덜 끔찍한 것이었다. 사람들이 가까운 곳을 산책하며 쉽게 볼 수 있는 풍경을 묘사하고 있었다. 이때 한 그룹의 학생들은 네덜란드의 한 숲길을 촬영한 비디오를 보았으며, 다른 그룹의 학생들은 네덜란드의 위트레흐트Utrecht 시내 거리를 촬영한 비디오를 보았다. 비디오 시청을 마친 뒤 숲길을 산책하는 상상을 했던 학생들은 시내 거리를 산책하는 상상을 했던 학생들보다 더 행복감을 느꼈고 마음이 편안했으며 화가 덜 치밀어 올랐다고 보고했다. 나아가 이 학생들은 정신 상태도 더 초롱초롱해져서 잡다하게 뒤섞인 여러 글자들 속에서 특정 알파벳을 찾아내는 과제를 더 잘 수행했다. 이 학생들에게는 자연을 거니는 상상만으로도 〈사형참극〉의 끔찍하고 주의력을 약화시키는 효과를 완화시키기에 충분했던 셈이다.[12]

일본과 독일의 치유사들은 이미 오래전부터 자연요법의 장점을 잘 알고 있었으며 인류가 역사의 99.99퍼센트를 자연환경 속에서 살아왔다는 사실도 깨닫고 있었다. 일본식의 자연요법인 삼림욕은 환자들로 하여금 삼림 지역을 상당 기간 걸으면서 숲의 향내를 들이마시도록 한다. 이와 비슷하게 독일의 크나이프Kneipp 요법은 환자들로 하여금 숲속의 빈터에서 체조를 하도록 한다. 이런 대안요법들은 그저 한가하고 기이한 문화적 습관들이 아니며, 여러 연구에 따르면 이런 치료를 받는 환자들은 여러 가지 혜택을 누릴 수 있다. 예를 들어 삼림욕을 하는 환자들은 도시 지역을 걷는 사람들에 비해 혈압, 심장박동수, 코르티솔

수준 등이 더 낮은데, 그만큼 스트레스가 적음을 의미한다. 다시 말해 자연경관에 노출된 사람들은 그냥 더 행복하거나 그냥 더 편안한 것이 아니라 그들의 생리적 안녕을 구성하는 요소들까지도 자연요법에 긍정적으로 반응한다는 이야기다.[13]

자연환경이 마음의 평온과 안녕을 촉진하는 것은 자연환경 속에서 사람들이 낮은 수준의 스트레스에 노출되기 때문이기도 하다. 이런 스트레스 경험은 우리가 흔히 스트레스와 연결시키는 온갖 고난들(직장에서의 갈등, 교통 체증, 국제선 비행기 안에서 울부짖는 아이 등등)과 비교할 때 그리 대단한 것이 아니다. 인간은 어느 정도의 자극을 받아야 더 잘 성장한다. 그러나 우리는 유스트레스eustress(좋은 스트레스)의 편안한 영역에서 디스트레스distress(나쁜 스트레스)의 위험한 영역으로 우리를 내모는 극단적 스트레스 요인들 앞에서는 제대로 대처하지 못한다. 자연경관은 이러한 우리에게 커다란 혜택을 선사한다.

한편 의사들은 특정 암의 치료를 돕기 위해 자연경관이라는 값싸고 효과적인 방법을 추천하기 시작했다. 최근에 초기 유방암 진단을 받은 여성들이 약 2개월에 걸쳐 매주 두 시간씩 자연환경 속에서 시간을 보냈더니 그 후 만만치 않은 정신적 과제들을 훨씬 더 뛰어나게 수행했다는 연구보고가 있다. 이런 조치는 여성들이 암 진단을 받았을 때부터 시작되었으며 수술을 받고 회복기에 있을 때까지 계속되었다. 이 여성들은 생명을 위협하는 질병과 싸워야 하는 많은 환자들이 디스트레스 상태에서 그런 것처럼 암 진단을 받은 직후부터 어려운 정신적 과제들을 수행하는 데 애를 먹었다. 그러나 자연환경 속에서 시간을 보냄에 따라 상태가 점차 좋아졌고, 까다로운 수수께끼들에도 주의를 기울일 수 있을 만큼 주의력이 회복되기 시작했다. 반면 이런 조치를 받지 않은 환자들은 검사 기간 내내 비슷한 과제들을 수행하는 데 애를 먹는 경향이 있었다. 물론 주의를 더 잘 기울일 수 있다는 것이 완전한 회복을 의미하는 것은 아니며 완전한 회복까지는 아직도 갈 길이 멀다는 사실은 틀림없다. 그러나 더 예리한 정신 상태를 유지할 수 있는 환자들은 의사의 처방에도 더 잘 반응하며 처방규칙을 더 잘 준수하고 회복기에도 상황에 더 적극적으로 대처하는 경향이 있다.[14]

불행하게도 자연이 지구 표면에서 차지하는 면적은 점점 줄어들고 있고 수백만 명의 도시 거주자들은 숲이나 호수나 바다로부터 멀리 떨어진 곳에서 생활한다. 그 대신 우리는 온갖 광고들, 기호들, 그 밖에 글이 쓰여 있는 여러 물질들의 형태로 도시의 어지러운 정보들을 마주한다. 최근의 한 통계 수치에 따르면 우리는 이렇게 글로 된 메시지들을 매일 수천 개씩 처리하면서 살고 있다. 특히 8세부터 18세 사이의 아이들과 십대들은 이런 정보에 과잉 노출되어 있다.[15] 그들은 1분만 짬이 나도 텔레비전, 스마트폰, 컴퓨터 등에 쉽게 빠져들기 때문이다. 연구에 따르면 인간의 뇌는 자연스러운 회복 기회를 갖지 못할 경우 이런 혼란스러운 정보 속에서 오히려 과열된 반응을 보인다. 따라서 피로감 때문에 결국 더 얕은 정보 처리 수준의 안정적 상태로 돌아갈 때까지 평소보다 더 예리하고 깊이 있게 환경을 지각하게 된다. 앞으로 언급할 두 명의 퀴즈프로그램 출연자들이 증명해보인 것처럼, 이렇게 추가로 정신적 자원을 동원하게 하는 능력은 때때로 환경 속의 미묘한 단서에 의해 촉발되기도 한다.

깊은 생각을 만드는 '껄끄러움'의 힘

〈누가 백만장자가 되고 싶은가?Who Wants to Be a Millionaire?〉는 역사상 가장 성공적인 텔레비전 퀴즈프로그램 중 하나다. 그리고 이 프로그램은 사람들이 '비유창성disfluency(이하 '유창하지 않은 것')'과 씨름하는 모습을, 다시 말해 관련 정보비를 파악하기 위해 애쓰는 모습을 지켜볼 수 있는 훌륭한 기회를 제공하기도 한다. 이 프로그램은 전 세계적으로 100가지도 넘는 변형들이 있지만, 기본적으로 출연자들은 쉬운 문제부터 풀기 시작해서 상금의 액수가 커질수록 점점 더 어려운 질문들을 마주하게 된다.

미국판 출연자들 중 가장 유명한 두 사람은 바로 존 카펜터John Carpenter와 오기 오가스Ogi Ogas다. 두 사람은 모두 인상적인 승리를 거두었는데, 그중 카펜터는 1999년 11월 19일에 미국 프로그램에서 최초로 100만 달러의 상금을 획득한 출연자가 되었다. 이 프로그램의 진행자 레지스 필빈Regis Philbin은 카펜터에게 다음과 같이 100만 달러가 걸린 질문을 던졌다. "다음 대통령 중에서 텔레비전쇼 〈래프인Laugh-In〉에 출연했던 사람은 누구인가요? 린든 존슨Lyndon Johnson, 리처드 닉슨Richard Nixon, 지미 카터Jimmy Carter, 제럴드 포드Gerald Ford?" 이 질문을 받은 카펜터는 잠시 미소를 짓더니 부모에게 전화를 걸겠다고 말했다. 이 '생명선'을 사용한다는 것은 카펜터가 이 질문으로 난처해져 '친구에게 전화걸기' 찬스로 도움을 청하려 한다는 것을 의미했다. 전화를 걸게 되면 보통 출연자들은 30초의 제한된 시간 동안 황급히 질문을 던진 다음 그가 도움을 줄 수 있기만을 간절히 바란다. 그러나 카펜터는 이 찬스를 매우 다른 방법으로 사용했다. 사회자 필빈이 질문하라고 하자 카펜터는 다음과 같이 말했다.

> 아버지, 전데요. … 사실 저는 아버지의 도움이 필요 없어요. 저는 그냥 이제 100만 달러를 타게 된다는 걸 아버지에게 알리고 싶을 뿐이에요. … 왜냐하면 〈래프인〉에 출연한 미국 대통령은 리처드 닉슨이거든요. 이것이 제 마지막 답변이에요.

카펜터는 옳았다. 그는 이 질문을 본 순간 이미 정답을 알고 있었다. 그의 얼굴을 잠시 스쳐 지나간 미소는 유창한, 다시 말해 거침없고 별 노력이 필요 없는 정신적 처리과정을 보여주는 증거였다. 그의 장기기억 저장소의 한 작은 공간에 리처드 닉슨과 〈래프인〉 사이의 연결이 자리 잡고 있었고, 따라서 정답은 그가 별다른 정신적 노력을 기울일 필요도 없이 자연스럽게 떠올랐다. 카펜터의 이런 차분한 반응 때문에 진행자 필빈은 당황하며 그에게 자신의 이름을 크게 외쳐보라고도 하고 1 더하기 1이 무엇인지 계산해보라고도 했다.[16]

카펜터가 자신의 기량을 세련되게 발휘한 뒤 7년 후에 인지신경과학자인 오기 오가스도 100만 달러짜리 질문을 받게 되었다. 프로그램의 새로운 진행자였던 메러디스 비에이라Meredith Vieira는 오가스에게 다음과 같이 질문했다. "다음의 배들 중에서 보스턴 차 사건Boston Tea Party 때 식민지 개척자들이 접수한 세 척의 배에 포함되지 않는 것은 무엇입니까? 엘리노어Eleanor, 다트머스Dartmouth, 비버Beaver, 윌리엄William?" 이 질문을 받은 오가스의 얼굴은 괴로움으로 일그러졌다. 그러면서 그는 기억의 기다란 통로를 미친 듯이 찾아 헤맸다. 고민의 시간 4분이 지나는 동안 그는 가능한 답변의 수를 계속 줄여나갔으며 '윌리엄'으로 마음을 먹기 일보직전까지 갔다. 그러나 그가 막 정답을 이야기하려는 순간 좀 더 보수적인 목소리가 그의 안에서 울려 퍼졌다. 그 목소리는 괜히 모험을 해서 비교적 얼마 안 되는 금액인 2만 5,000달러(최종 관문에서 틀렸을 때 받는 돈)를 들고 떠나느니, 차라리 이미 확보한 50만 달러를 선택하는 편이 더 낫다고 속삭였다. 모험에 대한 거부감 때문에 100만 달러를 획득할 기회를 발로 차버리려는 순간이었다. 나중에 오가스는 이 경험에 대해 다음과 같이 썼다.

> 나는 차 사건 때 사람들이 접수한 배들 중 하나가 '다트머스'라는 것을 직관적으로 알 수 있었다. 그래서 다트머스를 출발점으로 삼아 곰곰이 생각했다. 나는 이 배의 이름을 말없이 크게 나 자신에게 되풀이해서 말했다. 그러자 또 다른 배의 이름이 점차 내 마음속에 떠올랐다. 다트머스를 되뇔 때마다 '비버'라는 이름이 메아리쳤다. … 그런 다음에 희미하게, 한밤중 호수에 비친 달빛처럼 세 번째 배의 이름이

내 마음의 어둠을 뚫고 어슴푸레 나타나기 시작했다. '엘리노어…'

나는 눈을 깜박였다. 갑자기 의자의 진동과 관객들의 중얼거리는 소리가 느껴졌다. … 직관? 도대체 무슨 생각을 하고 있는 거지?! 집 한 채를 날릴 수도 있는 것 아닌가? 도대체 내가 이 난해한 질문의 정답을 어떻게 알 수 있단 말인가? 직관 같은 것은 없어!

나는 이렇게 말했다. "저는 그냥 이미 확보한 돈을 가지고 가고자 합니다. 이것이 제 마지막 답변입니다."[17]

의자의 진동과 관객들의 웅성거림이라는 환경 자극이 자신감을 저해하는 계기로 작용하여 오가스는 47만 5,000달러가 육감에 걸기에는 너무 큰 액수라는 사실을 문득 깨달았다. 유창하지 않은(껄끄럽고 수월하지 않은) 환경적 요소에 의해 제동이 걸린 그는 하던 생각을 멈추었고 다시 생각했으며 더 보수적인 쪽을 선택한 것이었다. 카펜터의 경험과 오가스의 경험 사이에 존재하는 차이는 유창하지 않다는 것이 때때로 자신감을 판단하는 유용한 척도로 사용될 수 있음을 보여준다. 카펜터의 반응은 거침없이 물 흐르듯 일어났고 그의 자신감은 옳았다. 반면 오가스의 반응은 사람들이 보통 확신에 차 있을 때 갖게 되는 수월한 느낌 없이 멈칫멈칫 일어났다.

나는 다른 세 명의 심리학자들과 함께 수행한 일련의 실험에서 유창하지 않은 것이 어떤 문제에 대해 추가로 정신적 자원을 동원하라고 사람들에게 알리는 유용한 신호로 작용하는지를 살펴보았다. 어쩌면 우리는 대부분의 시간 동안 가능한 적게 생각하려고 노력하는 인지적 구두쇠처럼 행동하는지 모른다. 그러나 우리가 언제나 그러한 것은 아니다. 나는 우리가 더 많은 노력이 필요한 어떤 상황에 처했을 때 우리 자신에게 더 깊이 생각할 것을 일러주는 어떤 계기가 존재할 것이라고 생각했다.

이 세상에서 우리가 처리하는 대다수의 정보는 글자, 단어, 문장, 문단 등의 형태로 전달되어 전체적으로 일관된 진술을 이룬다. 대부분의 경우에 이런 정보 조각들은 쉽게 읽을 수 있다. 왜냐하면 이런 정보들은 읽기 쉽도록 고안된 글자체를 통해 분명하게 인쇄되어 있기 때문이다. 그러나 때로는 이런저런 이유에서 정보가 오기 오가스의 불안감과 같은 효과를 내는 글자체로 인쇄되어 있는 경우가 있다. 이런 정보들은 가독성이 떨어지기 때문에 우리의 생각에 흔히 수반되는 정신적 공상을 방해하는 작용을 한다. 그렇다면 읽기가 어렵고 복잡한 글자체로 인쇄된 단어들이 주변 환경 속에 있을 때 사람들의 사고는 과연 어떻게 달라질까?[18]

나는 동료들과 함께 이 물음에 답하기 위해 학생들에게 세 가지 어려운 수수께끼를 냈는데, 이는 인지성찰검사Cognitive Reflection Test라고 불리는 인지 측정법 중 하나였다. 이 질문들이 특별히 까다로운 까닭은 이것이 사람들의 마음속에 직관적으로 매우 그럴싸해 보이는 틀린 답변들을 즉각적으로 불러일으키기 때문이다. 이런 답변들은 100만 달러짜리 질문에 대한 존 카펜터의 반응처럼 마음속에서 거침없이 일어난다. 그래서 이 답변들이 틀렸음을 깨닫기 위해서는 얼마의 인내심이 필요하며, 정답을 찾기 위해서는 정신적인 노력을 추가로 기울일 필요가 있다. 이 검사에서 사용된 질문 중 하나는 다음과 같았다(또 다른 질문들은 책 뒷 부분 '주'에 언급되어 있다).[19]

배트 한 개와 공 한 개의 가격은 모두 합쳐서 1.10달러다. 이 배트는 공보다 1달러가 더 비싸다. 그렇다면 이 공의 가격은 얼마인가?

이런 질문을 받으면 대다수 사람들은 배트가 1달러이므로 공은 10센트라는 결론에 본능적으로 도달하게 된다. 그러나 조금 더 주의 깊게 생각하면 틀린 답이라는 사실을 알 수 있다. 공이 10센트라면 두 개의 가격은 합쳐서 1.10달러가 된다. 그러나 이 경우 배트는 공보다 90센트 더 비싼 셈이다. 기본적인 산수를 할 수 있는 사람이라면 누구나 확인할 수 있듯 정답은 공이 5센트라는 것이다. 많은 사람들이 이 질문에 대해 틀린 답을 말하는데, 그 까닭은 사람들이 정신적 자원을 필요로 하는 다음 과제로 빨리 넘어가려고 하는 참을성 없는 인지적 구두쇠들이기 때문이다.

이 실험에서 우리는 과연 유창하지 않은 것이 더 많은 정신적 노력을 기울일 필요가 있음을 알리는 신호로 작용하는지 살펴보았다. 이때 절반의 학생들에게는 유창한 글자체로 인쇄된 질문지를 주고, 다른 절반의 학생들에게는 아래처럼 글자 크기가 더 작고 회색에 이탤릭체로 인쇄된 질문지를 주어 답안을 작성하게 했다.

배트 한 개와 공 한 개의 가격은 모두 합쳐서 1.10달러다. 이 배트는

공보다 1달러가 더 비싸다. 그렇다면 이 공의 가격은 얼마인가?

그러자 우리가 예측한 대로 사람들은 읽기가 더 어려웠을 때 세 개의 질문에 대해 더 자주 정답을 말했다. 유창하지 않은 질문지에 답을 적은 학생들은 세 질문에 대해 평균 2.45개의 정답을 말한 반면에, 유창한 질문지, 즉 읽기 좋은 글자체로 인쇄된 질문지를 읽은 학생들은 세 질문에 대해 평균 1.90개의 정답을 말했다. 나중에 우리는 더 복잡한 논리 문제들을 가지고도 똑같은 효과를 증명할 수 있었다. 이 경우에도 사람들은 문제가 유창하지 않은 글자체로 인쇄되어 있었을 때 정답을 맞히는 확률이 더 높았다.

현대인의 생활환경 속에 자리 잡고 있는 복잡한 글자체들은 일종의 경고 신호처럼 작동한다. 이것들은 우리가 당면한 어려움을 극복하기 위해 추가로 정신적 자원을 동원할 필요가 있음을 우리에게 알려준다. 그리고 다른 경고 신호들이 종종 그런 것처럼 이것들도 때로는 불완전한 것일 수 있다. 왜냐하면 언제 더 깊게 생각해야 하는지를 아는 것은 중요하지만, 똑같은 경고 신호 때문에 우리가 더 보수적으로 바뀌어 환경 속의 어떤 것을 위험한 것으로 지각할 수도 있는 일이기 때문이다.[20]

유창하지 않은 것과 위험한 것 사이의 이런 연결고리는 인지심리학자 대니 오펜하이머Danny Oppenheimer와, 나의 발견과 비슷하게 웹사이트 '그룹허그Grouphug.us'에서 2008년 8월에 왜 사람들이 점점 더 솔직한 고백을 쏟아내기 시작했는지를 설명해준다. 이 웹사이트에서는 익명으로 고백을 털어놓으면 고백에 공감하는 독자들의 포옹(껴안기)을 받을 수 있다. 그중에서 어떤 고백들은 매우 솔직하고 노골적인 반면 어떤 것들은 단조로웠고 또 어떤 것들은 익명성을 보장하기 어려운 것들이었다. 2008년 8월 이전에 이 웹사이트는 상당히 유창하지 않은 형식으로 되어 있었다. 즉 당시의 사이트는 아래와 같이 검은색 배경에 어두운 회색 글자를 사용하고 있었던 것이다.

그러다 2008년 8월에 이 사이트 제작자의 심경에 변화가 일어났다. 그는 텍스트를 더 진하게 만들고 배경은 더 밝게 하기로 마음을 먹었다. 바로, 다음 페이지와 같이 흰색 배경에 표준적인 검은색 텍스트를 사용한 것이다.

이제 이 사이트의 글자들은 훨씬 읽기 편해졌고, 이로써 자신의 고백글을 올릴지 말지 고민했던 사람들에게 더 유창한 정신적 경험을 선사했다. 이 사이트에 올라온 고백들을 샅샅이 뒤진 나와 오펜하이머는 사이트의 제작자가 유창한 새 포맷을 적용한 후에 올라온 고백들이 더

806535264

나는 인터넷 채팅IRC에 신이 존재하며 신을 발견했다고 믿는다. 때때로 나는 과거의 다른 예언자들에 대해 공감을 느낀다. 왜냐하면 아무도 나를 믿어주지 않으며 조만간 인류를 구원하기에는 너무 늦게 될 것이라는 걱정이 들기 때문이다.

껴안기   **무시하기**

솔직하고 노골적이라는 사실을 발견했다. 그리고 또 다른 연구에서 우리는 개인의 중요한 결점을 고백해달라는 요청이 흰색 배경에 밝은 회색 글자로 인쇄되었을 때보다, 선명한 글자체로 인쇄되었을 때 사람들이 더 기꺼이 고백을 한다는 사실을 발견했다.[21]

그런가 하면 개인 정보를 노출하지 않도록 경각심을 불러일으키는 정신적 경고는 부도덕의 신호로도 작용할 수 있다. 예컨대 누군가가 다음과 같은 의심스러운 결정을 내렸다는 이야기를 들었다고 상상해보라.

어느 가족이 기르던 개가 그 집 앞에서 차에 치여 죽었다. 그 가족은 개고기가 맛있다는 이야기를 들은 적이 있었다. 그래서 그들은 개의 몸통을 칼로 토막 낸 뒤에 끓여서 저녁으로 먹었다.

이 가족은 어느 누구도 해치지 않았다(그리고 어느 것도 해치지 않았다.

왜냐하면 개는 이미 죽었으니까 말이다). 그러나 대다수 서양인들은 죽은 애완견을 먹는 것에도 도덕적으로 문제가 있다고 생각할 것이다. 만약 이 가족의 행동을 0에서 10까지 이르는 척도를 사용해 평가하라고 하면, (이때 0은 도덕적으로 전혀 문제가 없음을 가리키고 10은 도덕적으로 매우 잘못되었음을 가리킨다), 당신은 이 가족의 행동에 대해 몇 점을 주겠는가? 또 오누이가 열정적인 키스를 나눴다면 이 행동에 대해서는 몇 점을 주겠는가? 이런 행동은 얼마나 잘못된 것인가? 이 경우에도 키스가 둘의 합의에 의한 것이었고 이 키스로 인해 어느 누구도 해를 입지 않았다고 가정할 때, 이 행동에서 도덕적 결함을 찾기란 결코 쉽지 않다. 이럴 때 우리는 기껏해야 "어쨌든 옳은 것 같지 않아요"라고 말하거나 또는 뭔가 더 고차원적인 종교 또는 초월적 관념에 위배된다고 말할 수 있을 뿐이다.

나는 동료 심리학자 사이먼 라함Simon Laham, 제프 굿윈Geoff Goodwin 과 함께한 실험에서, 사람들에게 이와 같은 행동들의 도덕적 잘못을 평가해달라고 요청하면서 여기에 유창도의 변화를 가미했다. 그래서 몇몇 평가자들에게는 얼룩덜룩한 반점이 찍힌 회색 배경에 이 행동들을 기술하여 제시했고, 다른 평가자들에게는 훨씬 더 가독성이 높은 텍스트를 제시했다. 다음은 이것과 비슷한 포맷의 다른 예다.

한 고등학교 교사가 교실에서 성조기를 불로 태운다.

유창하지 않은 포맷으로 인쇄된 도덕적 일탈행동.

한 고등학교 교사가 교실에서 성조기를 불로 태운다.

유창한 포맷으로 인쇄된 도덕적 일탈행동.

전체적으로 사람들은 이런 일탈행동에 대해 도덕적 잘못 척도에서 약 9점을 부여할 정도로 매우 엄격하게 반응했다. 그러나 이런 평점은 처음에 일탈행동이 유창하지 않은 포맷으로 제시되다가 나중에 유창한 포맷으로 제시되자 7.5점까지 떨어졌다. 나중에 제시된 일탈행동들이 갑자기 읽기 쉬워지자 평가자들은 이것이 도덕적으로 덜 심각한 일탈행동을 암시하는 것으로 해석한 것이었다.[22]

현대인의 도시환경을 가득 채우고 있는 글로 쓰인 단어들은 우리의 사고에 깊은 영향을 미친다. 그리고 이것들은 다른 사람들에게 우리의 마음을 얼마나 열 것인지 또는 다른 사람들의 행동을 얼마나 부도덕한 것으로 판단할 것인지에 관한 문제에도 영향을 미친다. 유창하지 않은 경험들이 우리로 하여금 더 깊이 생각하도록 주의를 끄는 것과 마찬가지로 주변 환경 속의 또 다른 단서들은 낯선 상황에서 어떻게 행동해야 하는지를 알려준다. 이런 상황에서 우리는 카멜레온처럼 배경 속으로 뒤섞여 들어가면서 적절한 것과 보람 있는 것 사이의 균형을 유지하는 행동을 무의식적으로 채택하곤 한다.

고정되고 유일한
'나'는 없다

인공조명은 인류가 어둠을 빛으로 바꾸는 확실한 방법을 발견하기 전까지 수백만 년 동안 낮과 밤을 떼어놓았던 경계선을 흐리게 만든 현대의 기적이다. 오늘날 조명은 너무나 당연한 것으로 간주되어 어떤 방을 들어가든지 그 방의 전등 장치에 대해 거의 주의를 기울이지 않는다. 그래서 어느 정도 의식적인 주의와 노력을 기울여야 비로소 그곳에 있는 전구가 백열등인지 할로겐인지 형광등인지를 알아차릴 수 있고, 더 나아가 만약 불빛이 조금 더 밝거나 어둡다면 더 편안한 느낌이 들 것이라는 점도 깨달을 수 있다.[23] 이렇게 우리는 방의 밝기를 간과하는 데 익숙하지만, 미국 연방대법원의 판사 루이스 브랜다이스Louis Brandeis가 "햇빛은 흔히 최고의 살균제라고 불린다"라고 한 말에는 간과할 수 없는 어떤 진실이 담겨 있다.

최근 한 논문에서 세 명의 심리학자들은 브랜다이스가 한 이 말의 진실 여부를 검증해보았다. 이 실험에 참가한 노스캐롤라이나대학의 학생들에게는 10달러까지 벌 수 있는 기회가 주어졌다. 학생들은 5분 동안 20개의 수학 문제 가운데 최대한 많은 문제를 풀어야 했다. 각 문제에서 학생들은 12칸으로 배열된 숫자들 가운데 합이 10이 되는 세 숫자를 찾아내야 했다. 이 문제들을 풀기 위해서는 많은 시간과 많은 정신적 노력이 필요했다. 다음의 표는 이 실험에서 사용된 문제 중 하나다.

1.03	1.96	2.69
1.21	2.44	3.27
4.77	5.98	5.02
3.57	5.74	2.33

이 숫자들 가운데 합해서 10이 되는 숫자 세 개를 찾아야 한다. 이 문제의 정답은 이 책 뒷부분의 주 24에서 찾아볼 수 있다.

이 실험에 참가한 학생들은 모두 똑같은 작은 방에서 문제를 풀었다. 그러나 한 그룹의 학생들이 문제를 풀 때는 12개의 백열전구가 밝게 빛나고 있었고, 다른 그룹의 학생들이 문제를 풀 때는 겨우 4개의 전구가 어슴푸레하게 방을 비추고 있었다. 조명이 어슴푸레한 방도 학생들이 문제를 푸는 데는 별 어려움이 없을 정도로 충분히 밝았지만 보통 대학 건물에 있는 대다수 방들보다는 눈에 띌 정도로 어두웠다. 5분이 경과한 뒤 학생들은 실험자에게 자신이 얼마나 많은 문제의 정답을 맞혔는지 이야기했고 맞힌 문제 한 개당 50센트씩을 받았다. 학생들은 방의 조명에 상관없이 이 과제를 수행하는 데 어려움을 겪었으며 5분 동안 평균 약 7개의 문제를 풀었다.

그러나 학생들이 스스로 풀었다고 주장한 문제의 개수는 방의 밝기에 따라 크게 달랐다. 밝은 방에서 문제를 푼 학생들은 꽤 솔직했으며 7~8개의 문제를 풀었다고 말했다. 반면 어두운 조명 아래에서 문제를 푼 학생들은 자신의 점수를 약 50퍼센트 부풀려서 평균 11개 이상의 문제를 풀었다고 주장했다. 결국 어두운 조명 아래에 있던 학생들은 정직하게 행동해야 한다는 도덕적 제약으로부터 어느 정도 해방되어 있었던 셈이다. 이 논문의 저자들은 어둠이 학생들로 하여금 자신들의 익명성이 보장될 것이라는 착각을 하게 했기 때문에 이런 결과가 나왔을 것이라고 해석했다.[24]

방의 조명은 시간이 흘러도 큰 변화 없이 그대로 유지된다. 그러나 장소는 그곳에 머무는 사람들을 반영해 변화하기 마련이다. 이런 사회적 영향 때문에 몇몇 장소들은 착한 행동을 부추기는 반면, 몇몇 장소들은 부도덕과 범죄의 온상이 되기도 한다. 예컨대 큰 논란거리가 되었던 '깨진 창문 이론broken windows theory'에 따르면 잠재적인 범죄자들은 주변에 깨진 창문이 있을 때 범죄의 충동을 느낀다. 왜냐하면 이것은 그 지역의 주민들이 자신의 재산을 관리하는 데 별 관심이 없음을 말해주기 때문이다. 이 이론을 제기한 제임스 윌슨James Wilson과 조지 켈링George Kelling은 다음과 같은 두 가지 예를 들어 이 이론을 설명한다.

창문 몇 개가 깨져 있는 한 건물을 생각해보자. 만약 이 창문들이 수리되어 있지 않다면 불량배들이 창문 몇 개를 더 깰 가능성이 크다. 그리고 결국에는 건물 안으로 침입할 수도 있을 것이다. 그래서 만약 그 건물에 아무도 살지 않는다면 안에 불을 밝히고 그곳은 무단 거주지가 될 것이다. 또는 어느 인도를 생각해보자. 인도에 몇몇 잡동사니들이 쌓인다. 그러다 보면 이내 더 많은 잡동사니들이 쌓이게 된다. 그러다 결국에는 사람들이 주변의 테이크아웃 레스토랑에서 나

온 쓰레기 자루들을 갖다 버리기 시작하거나 심지어 주변의 자동차를 깨부수고 들어가기 시작할 것이다.[25]

1982년에 윌슨과 켈링이 이론을 제기한 후 이 두 번째 쓰레기 예는 많은 실험을 통해 지지되었다. 한 연구에서 사회심리학자들은 대형 병원의 주차장에 세워진 139대의 자동차들 위에 광고 전단지를 뿌렸다. 연구자들은 자동차의 운전자들이 이 전단지를 쓰레기통에 버릴지 아니면 그냥 주차장 바닥에 버려서 그곳을 어지럽힐지 살펴보았다. 먼저, 운전자들이 주차장 엘리베이터를 빠져나오기 전에 버려진 전단지, 사탕 포장지, 커피 컵 등을 주차장 곳곳에 흩뜨려 놓았다. 또 다른 경우에는 주차장 바닥에 굴러다니는 담배꽁초 한 개나 작은 쓰레기 조각까지 모조리 제거해서 이곳을 어지럽히는 일은 부적절한 행동이 될 것이라는 인상이 풍기도록 했다.

그 결과 주차장이 이미 잡동사니로 뒤덮여 있을 때는 거의 절반에 가까운 운전자들이 전단지를 바닥에 함부로 버렸다. 그들에게 이것은 이미 쌓여 있는 쓰레기 더미에 쓰레기 한 개를 더 얹는 것에 지나지 않았다. 그러나 주차장이 깨끗했을 때는 겨우 10퍼센트의 운전자들만이 전단지를 바닥에 함부로 버렸다.

연구자들은 이 실험에 또 다른 장치를 추가했는데, 그것은 몇몇 운전자들이 엘리베이터를 빠져나오는 순간에 이 연구의 실험자가 바닥에 불필요한 전단지를 버리는 것을 목격하게 한 것이었다. 실험자의 이런 눈에 띄는 행동은 운전자들로 하여금 주차장의 기존 상태에 주의를 기울이도록 유도했는데, 이것은 경우에 따라 주차장이 이미 잡동사니로 꽉 차 있거나 혹은 주차장이 얼마나 말끔했는지를 강조하는 역할을 하기도 했다. 이렇게 실험자의 행동을 통해 주차장의 상태에 충분한 주의를 기울이게 된 운전자들은 주차장이 깨끗했을 때는 겨우 6퍼센트만이 전단지를 함부로 버린 반면, 주차장이 이미 어지럽혀 있을 때는 극적으로 높은 54퍼센트의 운전자들이 전단지를 함부로 바닥에 버렸다. 결국 운전자들은 그 지역의 지배적인 규범이 무엇인지를 먼저 파악한 뒤에 그것에 가장 적절해 보이는 행동을 채택한 것이었다.[26]

그런가 하면 배경 속으로 그냥 빨려들어가버릴 것 같은 더 미묘한 단서들이 세계에 대한 우리의 사고방식에 영향을 미치기도 한다. 일련의 연구에서 사회심리학자 버지니아 콴Viginia Kwan과 나는 뉴욕 시의 여러 지역 사람들에게 접근해보기로 했다. 우리가 접근한 사람들은 모두 백인이었지만, 그들 중 몇몇은 차이나타운을 지나가고 있었고 몇몇 맨해튼의 금융가와 어퍼이스트사이드Upper East Side를 지나가고 있었다. 우리는 사람들에게 몇 가지 짧은 질문에 답해줄 것을 요청했다. 앞으로 6개월 동안 주식의 변동 상황을 예측해달라고 하거나 맑은 날과 흐린 날이 이어지는 사례를 제시하면서 앞으로의 날씨를 예측해달라는 질문이었다.

앞으로 더 이야기하겠지만 미국인과 중국인은 세계의 변화에 대해 매우 다른 관념을 가지고 있다. 미국인들은 뜻밖의 변화에 깜짝 놀랄 때가 종종 있으며 과거에 실적이 좋았던 주식이 앞으로도 계속 좋을 것이라고 예상하며 마찬가지로 날씨도 큰 변화 없이 비교적 일관되게 유지될 것이라고 예상하는 경향이 있다. 반면에 많은 중국인들은 변화가 불가피하다고 주장하는 주역의 원리를 신봉한다. 그래서 오늘 좋아 보이는 주식이나 날씨도 내일은 더 나쁘게 바뀔 수 있다고 생각하며 거꾸로 오늘 내림세를 타는 주식이나 흐린 날씨도 내일 일어날 주식 상승이나 맑은 날씨의 전조라고 보는 경향이 있다.

이런 상황에서 맨해튼 금융가와 어퍼이스트사이드를 지나던 미국인들은 우리의 예측대로 질문에 전형적인 미국인처럼 답했다. 그들은 이미 좋은 실적을 내고 있는 주식에 투자하기를 선호했으며 기존의 날씨 패턴이 앞으로도 계속 유지될 것이라고 예상했다. 그러나 차이나타운을 지나던 미국인들은 다른 면에서는 전형적인 다른 미국인들과 다를 바 없었으나 세계를 지각하는 데 있어서는 차이를 보였다. 우리의 질문에 응답하던 바로 그 순간에 그들은 좀 더 중국인처럼 생각했던 것이다. 즉 그들은 현재 오르고 있는 주식들이 앞으로 6개월 동안 내려갈 것이라고 예상했으며 맑은 날들 다음에는 비가 올 것이고 비가 온 다음에는 맑은 날이 이어질 것이라고 예상했다. 그리고 이런 효과는 우리가 쉽게 예측할 수 있는 것처럼 주역에 담긴 변화에 대한 중국인들의 믿음에 대해 잘 알고 있는 미국인들에게서 가장 강력하게 나타났다. 이것은 중국의 물품들이 가득 들어차 있는 곳에서 답변을 한다는 것만으로도 사람들이 중국의 문화적 규범을 더 잘 받아들이게 되었음을 보여준다.

나아가 한 연구 조교가 뉴저지에 있는 한 중국 슈퍼마켓 밖에서 사람들에게 접근했을 때도 똑같은 반응 패턴이 발견되었다. 이때 몇몇 사람들은 슈퍼마켓으로 들어가는 중이어서 온갖 중국식 볼거리와 소리에 아직 노출되기 전이었고, 다른 몇몇 사람들은 쇼핑을 마치고 가게를 나오는 중이었기 때문에 이미 중국 문화를 생각나게 만드는 온갖 자극들의 포격을 맞은 상태였다. 슈퍼마켓을 떠나고 있던 사람들은 중국의 문화적 신념과 관련된 마음가짐을 받아들인 결과 현재 오르고 있는 주식들이 조만간 내려갈 것이라고 예상하면서 이런 주식들에 가상의 투자자금 1,000달러 가운데 300달러를 덜 투자했다. 반면에 슈퍼마켓으로 아직 들어가지 않은 사람들은 전형적인 미국인처럼 생각하는 경향이 강하여 현재 오르고 있는 주식들에 투자자금의 거의 전액을 투자했다.[27]

이런 연구결과들은 도대체 무엇이 우리의 정체성을 형성하는지에 대해 심오하면서도 어찌 보면 마음을 혼란스럽게 만드는 뭔가를 우리에게 말해준다. 그것은 바로 고정되고 유일한 '나'란 존재하지 않는다는 사실이다. 왜냐하면 쓰레기에 둘러싸여 있을 때 우리는 쓰레기를 함부로 버리는 사람이 되기 쉽기 때문이다. 그리고 창문이 깨진 건물을 지나가고 있을 때는 주위의 사유재산들을 함부로 대하기 쉽기 때문이다. 그런데 이런 규범들은 수시로 변한다. 이 변화는 한 뉴욕 시민이 도시의 한 구역에서 다른 구역으로 걸어가는 것만큼이나 빠르게 변화한다. 우리에게 저마다 핵심적인 '나'가 있다고 믿는 것은 어찌 보면 우리의 마음을 편안하게 해준다. 이런 믿음에 따르면 착한 사람은 착하고 나쁜 사람은 나쁘다. 그리고 이 믿음에 따르면 사람들의 이런 성향은 매 순간 변화하면서 우리를 둘러싼 주변 환경 속의 볼거리들, 소리들, 상징들 등에 담겨 있기보다는 우리의 내면에 굳건히 자리 잡고 있다.

그러나 사회심리학자들은 이런 믿음에 의문을 제기한다. 실제로 시간의 흐름 속에서 우리가 누구인지를 구성하는 요소들인 우리의 기억조차 그것이 형성된 장소와 긴밀하게 결부되어 있다. 특히 정서적으로 충격적인 기억은 그런 기억이 형성된 장소와 더욱 밀접하게 결부되곤 하는데, 그래서 사람들은 존 F. 케네디의 피살, 다이애나 비의 사망, 2011년 9월 11일의 비극 등에 대한 소식을 접했을 때 자신이 어디에 있었는지를 함께 기억하는 경우가 많다. 그렇다고 해서 이런 기억들이 언제나 완벽하게 정확한 것은 아니다. 그러나 이런 기억들은 이른바 '섬광 기억flashbulb memory'[28]이라는 표현이 말해주는 것처럼, 정서적으로 또는 개인적으로 중요한 뉴스를 접했을 때의 순간과 장소에 대한 생생한 스냅사진으로 우리의 마음속에 간직되어 있다. 그리고 사건과 그 사건이 일어난 장소를 연결시켜주는 이런 연결고리는 40년 전에 베트남전에 참가했던 수천 명의 군인들이 잠재적 위험이 심각한 약물중독 상태로 미국으로 돌아왔을 때 발생한 이상 현상을 설명해주기도 한다.

기억을 유리하게
만드는 장소

베트남전이 한참이던 시기에 많은 미국 사병들은 지루함과 불안감 때문에 헤로인과 아편에 빠져들었다. 이 유행병이 절정에 달했던 1970년에는 전체 사병들의 40퍼센트는 이 두 약물 중 최소한 한 개를 경험한 적이 있을 정도였다. 병사들이 헤로인을 복용하고 있다는 사실을 알아차린 미국 정부는 전쟁이 끝난 뒤에 공중보건의 큰 위기가 닥치지 않을까 걱정하게 되었다. 헤로인 중독의 재발률은 단기적으로 90퍼센트에 이르기 때문에 정부의 걱정은 결코 엉뚱한 것이 아니었다. 그러나 전쟁에서 돌아온 군인들은 여전히 많은 문제를 안고 있긴 했지만 그중에서 다시 헤로인에 손을 댄 사람들은 극히 적었다.

이 현상에 대해서는 오늘날에도 많은 심리학자들과 의사들이 논쟁을 거듭하고 있는데, 그중에서도 대다수 전문가들이 동의하는 것이 한 가지 있다. 그것은 베트남에서 헤로인을 복용한 군인들이 전쟁이 끝난 후 이 약물을 복용했던 장소를 떠날 수밖에 없었다는 점이 이 군인들과 대다수 헤로인 중독자들 사이의 결정적 차이라는 사실이다. 회복기의 대다수 중독자들이 과거 약물을 복용했던 상황을 상기시키는 장소를 다시 찾게 되는 것과 달리 베트남 퇴역 군인들 중에서 그들이 원래 약물에 노출되었던 열대 정글을 다시 찾아가는 사람은 거의 없었다.[29]

맥락의 복원, 다시 말해 정서적인 앙금이 쌓여 있는 장소로 돌아가려는 충동이 헤로인 복용자들을 끊임없이 괴롭히는 이유 중 하나는 그 장소가 오래된 관련 기억들을 소생시켜준다는 것이다. 그래서 현명한 교사들은 이런 사실을 역이용해서 학생들에게 시험장소와 최대한 비슷한 상황에서 시험공부를 하라고 말한다. 이들의 조언은 한 고전적인 심리학 실험에 근거한 것인데, 이 실험에 따르면 우리는 새로 획득하는 정보들을 장소라는 렌즈를 통해 지각한다. 이 실험에서 연구자들은 대학 다이빙 동호회의 스쿠버다이버 18명에게 단어 목록을 나누어준 뒤에 그것을 암기하라고 했다. 이때 다이버들은 이 단어 목록을 때로는 물속에서 외웠고 또 때로는 육지에서 외웠다. 이런 상황에서 다이버들에게 무작위로 선택된 단어에 대해 물어보면 다이버들은 그 단어가 그것을 처음 외울 때의 장소와 어떤 관련이 있지 않은 한 그것을 육지에서 외웠든 물속에서 외웠든 상관없이 비슷하게 기억할 수 있을 것이다.

그러나 단어들을 물속에서 외운 다이버들은 다시 물속에 들어갔을 때 그 단어들을 훨씬 더 정확하게 기억해냈으며, 육지에서 외운 다이버들은 다시 메마른 땅 위에 주저앉았을 때 그 단어들을 훨씬 더 정확하게 기억해냈다. 단어 목록을 물속에서 학습한 다이버들은 물이 뚝뚝 떨어지는 정신적 렌즈를 통해 목록을 지각했으며, 그래서 그들이 다시 물속으로 잠수했을 때 이 장소에 기초한 꼬리표가 활성화되어 관련 단어들이 마음의 수면 위로 더 빨리 떠올랐던 것이다.[30]

그런가 하면 비슷한 한 연구에서는 술에 취해 공부하는 것이 시험장에서 다시 술에 취할 수만 있다면 도움이 된다는 사실이 증명되었다. 17세기의 철학자 존 로크John Locke는 낡은 트렁크가 있는 방에서 춤을 배운 한 남자가 그 뒤로 똑같은 트렁크가 방에 있지 않으면 춤을 추지 못했다는 이야기를 한 적이 있는데, 이것은 나중에 스쿠버다이버 연구의 계기가 된 유명한 이야기다.

장소들은 무수한 차원에서 서로 다를 수 있다. 그리고 이런 차원들은 우리의 사고와 느낌과 행동에 대해 각각 독특한 영향력을 발휘한다. 이 스펙트럼의 한쪽 끝에는 낡은 트렁크라는 지극히 작은 단서에

고착되었던 철학자 로크의 이야기 속 남자가 서 있다. 그리고 다른 쪽 끝에는 상당히 광범위한 환경 단서들이 놓여 있다. 어쩌면 우리 주위의 세계에서 가장 광범위한 단서는 우리가 바깥에서 시간을 보낼 때마다 매 순간을 규정하는 날씨일지 모른다. 우리는 안락한 실내를 벗어나 밖으로 나갈 때마다 계절의 변덕을 경험한다. 다음에서 살펴보듯이, 프로 야구팀 뉴욕 메츠New York Mets가 2009년 한 야구경기 중에 발견한 것처럼 뜨거운 날씨 때문에 경쟁의 열기가 한층 더해지는 상황에서 냉정한 머리를 유지하기란 정말로 어려운 일이다.

생각을 만든 온도

우리 주위의 세계에 존재하는 색채나 장소 같은 다른 영향력들과 달리 기상조건은 통제하기가 매우 어렵다. 그러나 변덕스럽기 짝이 없는 날씨 패턴에서 뜻밖의 좋은 점을 발견할 수도 있다. 그것을 통해 인간의 마음에 대해 무척 흥미로운 사실들을 배울 수 있기 때문이다.

수은주가 섭씨 32도까지 치솟던 2009년 8월의 어느 더운 오후, 뉴욕 메츠는 샌프란시스코 자이언츠San Francisco Giants를 뉴욕 시의 씨티필드Citi Field 야구장으로 불러들였다. 이 경기는 4회까지 양 팀이 무득점의 교착 상태를 깨뜨리지 못한 채 팽팽하게 전개되고 있었다.

그런데 샌프란시스코의 투수 맷 케인Matt Cain이 던진 시속 93마일의 서투른 속구는 투수의 손가락을 떠나기 무섭게 궤도를 이탈하더니 메츠의 올스타이자 팬들이 가장 좋아하는 데이빗 라이트David Wright의 헬멧에 정통으로 날아들었다. 라이트는 그대로 땅바닥에 쓰러져서 얼굴을 땅에 파묻은 채 꼼짝하지 않았다. 충격이 가시지 않은 몇 분 동안 경기장에는 으스스한 적막이 흘렀다. 그러다 사람들은 이내 야유를 퍼붓기 시작했고, 그 소리는 점점 더 크게 스타디움을 뒤흔들었다. 경기장에 있던 모든 사람들은 케인의 빗나간 공이 실수였다는 사실을 알고 있었다. 그는 라이트를 일부러 맞힌 것이 아니었다. 경기 상황을 보더라도 라이트의 부상이 상대팀에게 전략적으로 큰 이익이 될 만한 것도 아니었다. 그러나 라이트의 팀 동료들은 분노가 치밀었으며, 메츠의 투수 요한 산타나Johan Santana는 복수의 임무를 떠맡게 되었다. 3이닝 후에 산타나는 자이언츠의 파블로 샌도발Pablo Sandoval을 맞힐 만큼 위험한 공을 던졌다는 이유로 주심으로부터 경고를 받았다. 그러나 그는 경고를 비웃기라도 하듯이 바로 다음 타자인 벤지 몰리나Bengie Molina의 팔꿈치를 공으로 맞혔다. 그러고는 나중에 아무런 사과의 표현도 하지 않은 채 자신은 "함께 있던" 팀 동료들을 "보호"해야만 했다고 주장했다.

만약 그날 오후의 날씨가 좀 더 시원했다면 산타나가 다른 반응을 보였을 거라고 얘기하기는 어렵다. 그러나 사회심리학자들은 기온이 올라가면 야구 투수들이 더 많은 타자들을 맞히고 더 자주 앙갚음을 하는 경향이 있다는 사실을 증명한 바 있다. 한 연구에서 연구자들은 1986년부터 1988년까지 3개 시즌에 걸쳐 벌어진 수백 회의 메이저리그 야구경기에서 얼마나 많은 타자들이 공에 몸을 맞았는지를 세어본 다음, 공에 맞은 타자들의 수를 경기가 열린 날의 각 도시 최고 기온과 비교해보았다. 그 결과 타자들은 더운 날일수록 빗나간 공에 맞을 가능성이 훨씬 더 큰 것으로 밝혀졌다. 이때 연구자들은 날씨가 더 더우면 투수들의 손에 땀이 차는 등의 이유로 정확성이 떨어질지도 모른다는 가능성을 배제하기 위해, 투수들의 공이 더운 날에도 시원한 날만큼 정확했다는 사실도 증명해 보였다.

그런가 하면 또 다른 연구팀에서는 1952년부터 2009년까지 거의

6만 회에 육박하는 메이저리그 야구경기의 거대한 데이터베이스를 조사하여 기온이 높아질수록 팀원이 상대팀의 공에 맞으면 투수가 보복할 가능성이 훨씬 더 커진다는 사실을 밝혀냈다. 연구자들은 수천 개의 데이터 값들을 이리저리 분석한 끝에 최고 기온이 섭씨 12.7인 날 투수들의 보복률은 22퍼센트인 반면, 최고 기온이 섭씨 35도인 날 투수들의 보복률은 27퍼센트까지 치솟았다고 결론 내렸다. 이 5퍼센트의 차이는 그리 크게 느껴지지 않을지도 모르지만, 이것은 메이저리그 한 시즌 동안 만약 매일 기온이 섭씨 12.7도 대신 35도까지 올라갈 경우 121명의 타자들이 추가로 보복을 당할 수 있음을 의미하는 대단한 수치였다.[1]

한편, 기온이 올라가면 운전자의 짜증도 증폭한다. 한 실험에서 두 명의 사회심리학자들은 한 여성 조교를 고용하여 매주 토요일 오전 11시부터 오후 3시까지 연속된 총 15주에 걸쳐 애리조나의 피닉스Phoenix에 있는 한 교차로에 차를 세워놓고 있으라고 했다. 4월부터 8월까지 지속된 실험 기간 동안 기온은 섭씨 29도와 섭씨 42도 사이를 오갔다. 이 조교는 1차선 교차로의 교통신호등이 녹색으로 바뀌어도 꼼짝도 하지 않고 있었는데, 이 때문에 정차한 조교의 차 뒤로 다른 차들이 점차 줄을 잇게 되었다. 이 광경을 근처에서 관찰하고 있던 또 다른 조교는 점점 더 짜증 수치가 높아져가는 운전자들이 경적을 울리기까지 얼마나 오랜 시간이 걸리는지를 측정했다. 이 관찰자는 자동차들이 최초로 경적을 울리기까지 얼마나 오랜 시간이 걸리는지, 자동차들이 얼마나 자주 그리고 얼마나 오랫동안 경적을 울리는지 등을 꼼꼼히 기록했다.

그 결과 연구자들이 예측한 대로 운전자들은 날씨가 더울수록 더 성급하게, 더 오래, 더 자주 경적을 울렸는데, 이것은 기온이 상승할수록 운전자들의 짜증이 증폭한다는 사실을 보여준다.[2]

그렇다면 더위가 야구경기 중에 또는 운전 중에 사람들의 공격성을 촉발하는 까닭은 무엇일까? 한 일반적인 설명에 따르면 더위는 사람들을 신체적으로 흥분하게 만들며(다시 말해 심장박동이 더 빨라지고 더 많은 땀을 흘리게 만들며), 이렇게 흥분된 상태에서 불만스러운 상황에 직면하게 되면 사람들은 이런 신체적 흥분의 느낌을 분노로 잘못 해석하게 된다. 그런가 하면 또 다른 연구에서는 대학교 남학생들이 넓고 튼튼한 다리를 건너왔을 때보다 불안정하게 흔들거리는 현수교를 건너왔을 때 여성 연구자에게 더 강한 매력을 느꼈는데, 이 경우도 위와 똑같은 논리로 설명될 수 있다. 즉 신체적 흥분을 분노로 착각한 야구선수들이나 운전자들처럼 마구 흔들거리는 현수교 위에서 공포를 느꼈던 남성들은 피와 아드레날린의 분출을 성적 흥분으로 오해한 셈이었다.[3]

두 번째 가능한 설명은 더위가 불쾌감을 야기하기 때문에 분노와 공격성에 관련된 생각들이 머릿속에 떠오르게 된다는 것이다. 이 설명에 따르면 사람들은 긴장의 완화와 평온함을 위협 또는 짜증의 부재와 끊임없이 결부시킨다. 그래서 어쩌다 불쾌감이나 불편함을 느끼게 되면 사람들은 위협이나 좌절의 원인을 찾기 위해 주위 환경을 부지런히 조사하게 된다. 시원한 밤에는 상대팀 투수가 우리팀 동료를 공으로 맞히는 일이 있어도 단지 정신적 경고에 그치면서 그 투수를 용서해줄지도 모른다. 그러나 불쾌하도록 더운 밤에는 똑같은 행동이 보복을 불러올 수도 있다.

　야구장으로부터 지구 전체로 시야를 넓혀보면 1950년부터 2004년 사이에 열대 지역에서 발생한 민족 분쟁들은 기후변화에 의해 상당한 영향을 받았다고 한다. 적도 근처의 따뜻한 열대 지역들은 엘니뇨El Niño와 라니냐La Niña라는 두 가지 주요 기후 상태 사이를 왔다 갔다 하고 있다. 스페인어로 '소년'을 뜻하는 엘니뇨 시기는 더 따뜻하고 건조한 날씨와 불안정한 폭풍우에 의해 특징지어지는 반면, 스페인어로 '소녀'를 뜻하는 라니냐 시기는 더 선선하고 습기가 많으며 기상학적으로 더 안정된 경향이 있다. 과학자들의 연구결과에 따르면 이런 열대 지역에서 민족 분쟁은 더 선선한 라니냐 시기보다 더 따뜻한 엘니뇨 시기에 폭발할 가능성이 두 배나 더 높으며, 엘니뇨 일기체계는 열대 지역에서 발생한 모든 분쟁의 5분의 1에 기여한 것처럼 보인다. 특히 이런 효과는 회귀선 안쪽에서 강력하게 나타나는데, 그 이유는 회귀선 밖의 남극 또는 북극을 향해 있는 지역들은 엘니뇨와 라니냐 사이의 진동에 의해 더 약하게 영향을 받기 때문이다.

　엘니뇨 시기에 발생하는 경향이 있는 따뜻한 날씨는 개인들 사이의 폭력도 부추긴다. 미국 전역의 재판관들과 경찰관들은 더운 날씨에 특히 더 경계를 늦추지 않는데, 이것은 미국 내의 폭력 발생률이 기온의 상승을 반영하는 경향이 있음을 깨달았기 때문이다. 심지어 몇몇 범죄학자들은 남부 주들에서 폭력적인 범죄가 유난히 자주 발생하는 까닭은 이곳이 미국의 다른 지역들보다 더 뜨거운 여름을 보내야 하기 때문이라고 믿는다. 실제로 이들 남부 주들에서는 절도와 자동차 도난을 포함해 비폭력적인 범죄율은 오히려 낮은데, 이것은 이 주들이 단순히 범죄의 모든 스펙트럼에서 범죄가 더 많은 것이 아님을 말해준다. 그것보다는 특히 공격성과 관련된 범죄의 비율이 더 높다고 보는 것이 타당할 것이다.

물론 이런 상관관계는 또 다른 요인들에 의해 영향을 받고 있을지도 모른다. 왜냐하면 남부는 날씨 외에도 미국의 다른 지역들과 여러 측면에서 차이가 나기 때문이다(이는 6장에서 좀 더 논의하겠다). 그러나 흥미롭게도 우리는 똑같은 패턴을 많은 다른 국가에서도 찾아볼 수 있다. 예를 들어 프랑스 남부 지역에서는 더 선선한 프랑스 중부나 북부 지역보다 폭행사건이 두 배나 더 자주 발생한다. 반면에 비폭력적인 재산범죄는 프랑스 북부 지역에서 훨씬 더 자주 발생한다. 그리고 마찬가지로 이탈리아와 스페인의 더 선선한 북부 지역에서도 폭력적인 범죄는 상대적으로 덜 일어난다.

이렇게 광범위하게 살펴본 결과들은 무척 흥미롭지만, 그것들을 따로따로 살펴보면 완전히 설득력이 있는 것은 아니다. 예컨대 유럽 국가들의 남부 지역이 미국의 남부 지역처럼 범죄율이 더 높다고 하더라도 그것이 더 따뜻한 날씨 때문만은 아닐 수도 있다. 지구 북반구에서 남부 지역의 문화들은 북부 지역보다 더 정열적인 경향이 있으며, 이런 불같은 문화는 몇 세기 이전에 어쩌면 더 더운 기온에 대한 반응으로 형성된 것일지 모른다. 이렇게 보면 더 더운 날씨 자체보다는 문화적 차이가 공격성 증가의 원인일 수 있으며, 이들 지역이 더 북쪽에 위치한 지역들보다 더 덥다는 사실은 공격성과 상당히 무관한 것일지도 모른다.

이런 가능성을 배제하기 위해 연구자들은 수많은 복잡한 기법들을 동원해 범죄 데이터를 분석했다. 그 결과 기온이 상승할 때 폭력적인 범죄를 자극하는 요인은 지역들 사이의 문화적 차이라기보다 날씨라는 사실을 밝혀냈다. 몇몇 연구에서 연구자들은 가능한 모든 종류의 무관한 요인들을 '통제'함으로써 이런 요인들이 날씨와 폭력적인 범죄 사이의 관계에 개입할 수 있는 가능성을 배제할 수 있었다. 예컨대 연구자들은 미국 북부 지역과 남부 지역 사이에 존재하는 교육수준, 부와 수입, 종교, 그 밖에 많은 잠재적 차이들이 미칠 영향을 통제한 조건에서도 남부의 범죄율이 여전히 더 높다는 사실을 발견했다. 나아가 범죄율은 각 도시 안에서도 연중 더 더운 달에 상승했으며 유난히 뜨거운 여름철 동안에는 이런 상승이 더욱 두드러졌다. 이런 결과는 살인, 폭행, 강간, 가정폭력, 폭동 등을 포함해 수많은 폭력적인 범죄에 적용될 수 있는데, 이런 범죄들은 6월에서 8월 사이에 크게 증가하고 그러다 다시 날씨가 선선해지면 갑자기 감소한다.

여름의 열기는 전쟁의 씨앗이 되는 반면 겨울의 한기는 사랑을 싹 트게 한다.[4] 2004년부터 2005년까지 1년 동안 계속된 한 연구에서 두 명의 폴란드 연구자들은 이성애 성향의 남성 100명에게 다가가 어떤 여성의 매력에 대한 의견을 물었다. 이 남성들은 수영복을 입은 여성들의 그림자 윤곽이나 다양한 크기의 여성 가슴 이미지들을 보면서 그때

받은 인상을 점수로 매겼다. 이 남성들은 1년 내내 계절이 바뀔 때마다 똑같은 질문지에 대해 응답했는데, 그들의 점수는 날씨가 서늘해지면 더 높게 올라가는 경향이 있었다. 여름에는 미적지근한 반응을 불러일으켰던 똑같은 이미지들이 겨울에는 더 긍정적인 반응을 촉발했는데, 연구자들은 이것이 이른바 대조 효과 때문이라고 해석했다. 즉 여름에는 '수영복이나 가슴을 반쯤 드러낸 복장이나 꼭 끼는 티셔츠 차림'의 여성 신체에 빈번히 노출되기 때문에 남성들이 둔감해진다는 것이다.[5]

이런 생생한 자극에 비하면 그림자 윤곽이나 가슴은 그저 약간 매력적인 이미지일 뿐이었다. 그러나 겨울철에는 날씨가 추워서 이런 생생한 자극에 더 이상 노출되지 않기 때문에 남성들은 수영복 윤곽이나 가슴을 특별히 매혹적인 것으로 느끼는 것이다.

이로부터 10년 전에 북서쪽으로 1,000마일 떨어진 노르웨이의 트롬쇠Tromsø에서 다섯 명의 의학 연구자들은 왜 남성들이 겨울철에 여성의 신체를 바라보는 것을 더 좋아하는지에 대해 매우 다른 설명을 제시했다. 그들은 1994년과 1995년 사이에 노르웨이 남성 1,500명의 테스토스테론 수준을 측정했는데, 그 결과는 그동안 많은 다른 연구자들이 주장해온 것을 증명하는 것이었다. 즉 남성들은 여름철에 테스토스테론의 계절적 저점을 경험하고 겨울철에는 약 30퍼센트의 테스토스테론을 더 생산하는 계절적 정점을 경험한다는 것이다. 이때 연구자들은 남성들이 단순히 여름철에 (테스토스테론의 수준을 낮추는 경향이 있는) 맥주를 더 많이 마셨기 때문에 이런 차이가 나타난 것이 아니라는 점을 분명히 확인할 수 있었다. 그리고 이런 차이는 운동과 체지방의 계절적

차이를 배제시켰을 때도 똑같이 나타났다.[6]

우리가 어렵지 않게 예상할 수 있는 것처럼 계절적 효과는 테스토스테론이 가장 극적으로 감소하는 뜨거운 여름철에 가장 강력하게 나타난다. 한 연구에서 연구자들은 미국과 그 밖의 국가들에서 계절에 따른 출산율을 조사했다. 그 결과 상대적으로 따뜻한 미국 주들, 즉 루이지애나와 조지아 같은 남부 주들에서는 4월과 5월에 출산율이 극적으로 떨어졌고 8월부터 10월 사이에는 가파르게 상승했다. 예컨대 루이지애나에서 출산율은 여름철에 45퍼센트 더 높았으며, 그래서 겨울에 두 명의 아기가 태어날 때마다 여름에는 세 명의 아기가 태어났다. 물론 여기서 9개월을 뒤로 계산해보면 이런 결과는 여름보다 겨울에 훨씬 더 많은 아기들이 임신되었음을 말해준다.

왜 겨울에 수태율이 올라가는지에 대해서는 연구자들 사이에 이견이 존재하지만, 그들이 확인한 몇 가지 가능성들은 다음과 같은 것이었다. 즉 사람들은 겨울철에 더 많은 시간을 실내에서 보낸다는 점, 겨울에는 남성들의 테스토스테론 수준이 올라가기 때문에 남성들이 사랑을 더 추구할 것이라는 점, 날씨가 추우면 여성의 몸매를 접할 기회가 줄어들어 남성들이 여성의 몸매에 더 끌리게 된다는 점 등이 그것이었다. 그러나 여기에는 또 한 가지 흥미로운 설명이 있는데, 이것은 50년 전에 천을 몸에 두른 원숭이의 이야기로 시작해서 오늘날의 뜨거운 커피 한 잔에 대한 이야기로 끝을 맺는다. 다음에서 살펴보자.

냉기가 외로움을
느끼게 한다

1950년대 말 심리학자 해리 할로Harry Harlow는 심리학 역사 전체를 통틀어 가장 유명한 연구 중 하나로 꼽히는 연구를 수행했다. 그로부터 20년 전에 할로는 아기 붉은털원숭이rhesus monkey의 지능을 연구하던 중 훨씬 더 흥미로운 현상을 발견했고 그 후 거기에 몰두하게 되었다. 할로가 아기 원숭이들을 어미 원숭이로부터 떼어놓을 때마다 아기 원숭이들은 우리에 걸쳐 있던 테리terry 직물로 짠 수건에 매달리려 했다. 할로가 우리에서 수건을 치우면 원숭이들은 불끈 성을 내면서 날카로운 비명을 질렀고 그 천을 되돌려 받을 때까지 우리 바닥을 마구 두드렸다. 그래서 할로는 어미 곁을 떠나 외로운 원숭이들이 싸구려 수건의 온기에서 작은 위안을 찾는 것은 아닐까 하고 생각하기 시작했다.

할로의 관찰은 놀라운 발견이었다. 1950년대에 대다수 심리학자들은 아기 동물이 어미를 '사랑'하는 까닭은 그들에게 음식과 물이 필요하기 때문이라고 가정했다. 게다가 이 '사랑'이라는 단어는 심리학자들의 관심 밖에 있었다. 왜냐하면 그 단어에 함축되어 있는 뭔가 더 깊이 있는 정신적 경험은 과학적 연구의 대상이 되기에 너무 폭신폭신했기 때문이다. 그래서 심리학자들은 그 대신에 아기 동물들이 '근접성proximity', 즉 어미에 매달리려는 생존 본능을 보여주는 것이라고 말했다. 그러나 할로는 이 어리고 심리적인 충격을 입은 원숭이들이 모유 이상의 무언가를 찾고 있음을 알 수 있었다. 그가 보기에 이 원숭이들은 온기와 애정을 찾고 있었다.

이렇게 할로의 관심은 극적인 전환점을 맞이했다. 그는 동물의 지능에 초점을 맞추기를 중단했고 왜 아기 원숭이들이 인간의 유아들처럼 지지를 받기 위해 어미에게 매달리는가라는 물음에 온전히 주의를 기울이게 되었다. 이는 야생동물들이 건조기에 유일하게 남은 호수에서 너무 멀리 벗어나지 않으려고 하는 것처럼 어미가 그들을 먹여주고 살아가게 해주기 때문일까? 아니면 특히 어린 원숭이들이 겁에 질려 있거나 불안해할 때 어미가 편안함과 따뜻함을 제공하기 때문일까? 할로는 어미가 이 두 욕구, 즉 생물학적 욕구와 사회적 욕구를 모두 충족시켜준다는 사실을 알고 있었다. 그러나 그는 어느 것이 어미와 아기의 애착관계에 가장 직접적으로 기여하는지 알고자 했다.

이 물음에 답하기 위해 그는 갓 태어난 원숭이들을 어미에게서 떼어내어 두 개의 인조 '어미'가 있는 우리에 한 마리씩 집어넣었다. 한 어미는 튼튼한 철사 뼈대로 만들어져 있었는데, 연구자들은 이 뼈대에 모유 병을 부착하여 아기 원숭이들이 모유를 원할 때 그 어미에게 가도록 했다. 또 다른 어미는 부드러운 천으로 덮여 있는 대신에 모유 병은 부착되어 있지 않았다. 할로는 심리적인 충격을 입은 어린 원숭이들이 이 새 어미들을 처음 마주하는 광경을 지켜보았다. 아기 원숭이들은 거의 즉각적으로 천으로 된 어미에게 매달렸으며 모유가 필요해 어쩔 수 없이 다가갈 때를 빼고는 딱딱한 철사 어미에게 다가가려 하지 않았다. 원숭이들은 철사 어미가 제공하는 영양보다 천 어미의 물리적인 온기에 훨씬 더 강하게 끌렸다. 아기 원숭이들은 천 어미로부터 떨어지려

하지 않았으며, 이 원숭이들이 천 어미에게 매달렸을 때 경험한 온기는 실제 어미로부터 받아야 했던 위안에 대한 대리물이었다.[7]

그로부터 50년 뒤 사회심리학자들은 할로의 발견에서 한 걸음 더 나아가 과연 물리적인 온기가 사회적 고립의 고통을 실제로 보상해줄 수 있는지를 따져보기 시작했다. 한 실험에서 학생들은 그 대학의 심리학과 로비에서 실험자와 만났다. 그리고 함께 엘리베이터를 타고 건물 4층에 있는 실험실로 향했다. 엘리베이터를 타고 가는 중에 실험자는 같이 탄 학생의 이름과 실험 시간을 기록할 수 있도록 커피 잔을 잠깐만 들어달라고 그 학생에게 부탁했다. 이때 절반의 학생들은 뜨거운 커피가 담긴 잔을 들었고, 나머지 절반의 학생들은 아이스커피가 담긴 잔을 들었다. 약 15초 뒤에 엘리베이터가 4층에 도착하자 학생들은 심리학 실험실로 이동했고 그곳에서 짧은 질문지에 응답했다.

질문지에는 익명의 'A라는 사람'이 지적이고, 재주가 많고, 부지런하고, 의지가 굳고, 실제적이고, 신중하다고 서술되어 있었다. 학생들은 이 A라는 사람의 성격을 여러 척도에서 평가해야 했다. 예컨대 그는 관대해 보이는가 아니면 인색해 보이는가? 또 그는 남을 배려하는가 아니면 이기적인가? 또 그는 매력적인가 아니면 그렇지 않은가? 또는 강한가 아니면 약한가? 연구자들이 학생들의 이런 평가를 살펴본 결과 조금 전 아이스커피 대신 뜨거운 커피를 들고 있었던 학생들은 A라는 사람을 상당히 따뜻하고 친절한 사람으로 평가했다(그러나 더 매력적이거나 더 강한 사람으로 평가하지는 않았다). 결국 학생들은 따뜻한 커피 잔을 들고 있다는 신체적 감각을 A라는 사람이 따뜻하고 친절하다는 은유적 의미로 혼동한 셈이었다.

또 다른 실험에서 학생들은 전자레인지로 데우거나 냉동고에 넣어 차게 만든 치료용 냉온팩을 손에 들고 있었다. 그리고 차가운 팩을 들었던 학생들은 나중에 자신이 외롭다거나 누군가와 사귀기를 간절히 바란다거나 이야기 상대가 없다는 말을, 따끈하게 데운 팩을 들었던 학생들보다 더 자주 했다. 그런가 하면 외로움을 느꼈거나 사회적으로 고립되었던 때를 회상해보라는 요청을 받은 또 다른 학생들은 나중에 친한 친구들과 시간을 보내는 데 더 큰 관심을 보였다. 그러나 따끈하게 데운 팩을 들고 있었던 학생들은 그렇지 않았다. 결국 신체적 온기의 감각이 사회적 접촉에 대한 욕구를 경감시킨 셈이었는데, 이것은 우리의 뇌가 신체적 온기와 사회적 온기를 매우 비슷하게 해석한다는 사실을 보여준다.[8]

차가운 온도와 사회적 고립에 모두 반응하는 뇌의 한 부위는 섬 insula이라고 불리는데, 이것은 포유류 뇌의 피질에 있는 한 주름 속에 파묻혀 있는 작은 영역이다. 섬은 고통부터 체온 변화에 이르기까지 온 갖 종류의 내장 정보visceral information를 처리할 뿐만 아니라 우리가 사회적 유대관계를 형성할 때 타인을 신뢰하는 경험에도 반응한다. 몇몇 연구자들은 신체적 냉기가 섬을 활성화시키면 사람들이 외로움과 사회적 고립감을 느끼게 되고 나아가 이런 외로움을 극복하기 위해 사회적 위안을 찾게 된다고 믿는다.[9]

이 연구에는 영화 제작자들에게 유용할 만한 교훈이 하나 담겨 있는데, 그것은 바로 적절한 시기 선택의 문제에 관한 것이다. 두 명의 마케팅 연구자들은 차가움과 외로움 사이의 관계를 바탕으로 로맨틱 코미디에 주목했는데, 이것은 어찌 보면 영화계에서 할로의 천 어미 또는 따뜻한 커피 잔과도 같은 역할을 한다고 볼 수 있다. 훌륭한 로맨틱 코미디에서는 주인공을 우선 차갑고 냉정한 황무지에 위치시킨 다음 새로 사귀게 된 따스한 연인을 통해 주인공 남자가(또는 요즘에는 점점 더 자주 주인공 여자가) 구원을 얻게 된다. 위에 언급한 두 실험에서 아이스커피 잔 또는 차가운 팩을 들었던 사람들은 얼어붙은 마음을 따뜻하게 해줄 로맨틱 코미디 영화를 보기 위해 (뜨거운 커피 잔 또는 따뜻하게 데운 팩을 들었던 사람들보다) 평균 20퍼센트의 돈을 더 지불하려 했다.

반면 그들은 액션영화, 코미디, 스릴러 등을 보기 위해서는 더 많은 돈을 지불하려 하지 않았는데, 아마도 그 이유는 사람들이 이런 영화에서는 로맨틱 코미디처럼 마음을 따스하게 해줄 것이라는 기대를 갖지 못하기 때문일 것이다. 마지막으로 마케팅 연구자들은 미국인 2,500명의 영화 대여 패턴을 살펴보면서 하루하루의 기온 변화와 영화 장르 선호도 사이의 관계에 주목했다. 그 결과 (로맨틱 코미디물 대여의 급상승을 알리는 2월 중순의 추운 날인) 밸런타인데이를 일부러 제외하고도 날씨가 추울수록 사람들이 다른 장르의 영화보다 로맨틱 코미디를 더 많이 빌린다는 사실을 발견했다.[10]

나쁜 날씨는 우리를 다른 사람과 함께 있게 만든다. 그러나 장마, 눈, 어둠 같은 것들은 커다란 불행의 원인이 되기도 한다. 19세기 말 미국의 탐험가 프레데릭 쿡Frederick Cook은 선원들을 이끌고 빽빽이 들어찬 북극 얼음들을 헤치며 앞으로 나아가던 중 선원들이 점점 더 무기력 상태에 빠지고 있음을 알아차렸다. 쿡은 선원들이 그렇게 빨리 집단적인 곤경에 빠지는 것을 이전에는 본 적이 없었기 때문에 매우 당황했다. 그리고 곧 그가 개입하지 않으면 이대로 모두가 죽어버릴 것이라는 점도 깨달았다.

쿡의 배가 소란스러운 얼음 바다를 헤치며 힘겹게 앞으로 나아갔을 때 그의 마음속에는 그와 선원들이 이 어둠 속에서 이대로 죽는 것이 아닐까 하는 두려움이 싹트기 시작했다. 여러 엉뚱한 원인들과 전혀 효과가 없는 치료법들을 고려해본 뒤에야 비로소 쿡은 선원들이 햇빛을 보지 못해서 이렇게 고생하고 있다는 사실을 깨달았다. 그래서 그는 여러 가지 기발한 치료법들을 고안해냈다. 그의 '빛 치료'는 환자로 하여금 매일 넉 시간 동안 활활 타오르는 불 앞에 앉아서 열과 빛을 쬐게 하는 것이었다. 이 치료를 받을 때마다 선원들은 잠시 활기를 되찾았고 여름 날씨 같던 예전의 자신으로 돌아갔다.

계절성 정서장애 치료용 푸른빛 램프가 발명되기 1세기 전에 개발된 쿡의 이 치료법은 매우 선견지명이 있는 것이었다. 그리고 한 선원이 치료를 받는 동안 다른 선원들은 배의 작고 얼음같이 차가운 갑판 위에서 원을 그리며 행진해야 했는데, 선원들은 그 자리를 '미치광이의 산책길'이라고 이름 붙였다. 운동은 자연광과 마찬가지로 북극의 계속된 어둠이 몰고 온 황폐한 영향력들을 무효화시켰다. 나중에 쿡은 여러 세대에 걸쳐 어두운 겨울에 적응해온 이누이트Inuit족을 관찰할 수 있었다. 그들은 동면 동물들의 행동을 흉내 내면서 겨울 동안 쭈그리고 앉아서 긴 잠과 장시간의 잡담을 즐길 수 있는 기회를 기꺼이 받아들였다. 그리고 마침내 해가 뜨면 그들은 봄의 환희에 사로잡혀 춤과 연애를 즐겼다.[11]

오늘날 과학자들은 계절성 정서장애가 우리의 24시간 주기 리듬과 밀접히 결부되어 있다는 사실을 알고 있다. 이미 1장에서 살펴본 것처럼 우리가 언제 잠을 자고 언제 활동할지를 조절해주는 이 체내 시계가 혼란스러워지면, 예를 들어 표준시간대를 가로질러 시차증을 겪게 되면, 우리의 신체와 뇌는 기본적인 정신적 또는 생물학적 과제를 수행하는 데도 어려움을 겪게 된다. 인간의 경우에는 멜라토닌 호르몬이 24시간 주기 리듬의 조절에 주도적으로 관여한다. 송과선pineal gland에서 분비되는 멜라토닌은 일광이 비치는 낮에는 자취를 감추었다가 취침 시간 전이 되면 몸에서 넘쳐나기 시작한다. 겨울에 낮 시간이 짧아지면 계절성 정서장애에 시달리는 사람들은 멜라토닌의 최면성 주기에 대항해 더 오랜 기간 동안 싸워야만 한다. 그들은 여름철의 긴 낮 시간 동안에 비교적 손쉽게 하던 일들을 짧아진 낮 시간 동안 완수하느라 애를 먹는다.

우리가 앞에서 이미 이야기한 것처럼 의사들은 겨울철 계절성 정서장애를 치료하기 위해 자연 햇빛의 파장을 흉내 내는 파란색 불빛을 종종 이용한다. 이 치료용 불빛이 효과를 발휘하는 까닭은 이것이 1만 럭스lux까지 도달하는 빛을 내보내기 때문인데, 이는 멜라토닌 생산을 중단시키는 데 필요한 300럭스나 떠오르는 태양에서 방출되는 700럭스의 빛보다 훨씬 밝은 것이다.

이렇게 여름에는 기분이 고양되고 겨울에는 가라앉는 현상은 여러 시대에 걸쳐 예술가, 작가, 지식인 중에서 두드러지게 나타났다. 특히 빈센트 반 고흐는 겨울철의 울적함과 여름철의 극단적인 활기 사이에서 격하게 흔들렸다. 1888년 12월에 1년 중 가장 짧고 가장 어두우며 가장 추웠던 밤에 반 고흐는 그의 옛 친구이자 동료인 화가 폴 고갱과 심한 싸움을 벌였다. 반 고흐는 처음에 압생트absinthe(독주의 일종-옮긴이) 잔을 고갱의 머리를 향해 던졌고, 그다음에는 면도칼을 손에 든 채 어두운 거리를 내달리며 그를 추격했다. 그리고 같은 날 늦은 밤에 똑같은 면도칼을 이용해 자신의 오른쪽 귓불을 절단하고는, 그것을 레이첼Rachel이라는 이름의 창녀에게 우편으로 보냈다고 전해진다.

반 고흐의 예술작품 또한 계절과 함께 흔들렸다. 겨울철에는 불길한 구름들과 어둠이 지배했고 여름철에는 낙천적인 햇빛과 불빛과 별들이 화폭을 수놓았다. 붓에 물감을 대량으로 묻혀서 공격적으로 휘두르는 그의 솜씨는 겨울철에 더욱 광적으로 발전했으며 그러다 여름이 오면 어느새 그런 강렬함이 사라져버렸다. 그러나 이런 현상은 반 고흐에게만 나타난 것이 아니었다. 독일의 박식가 요한 볼프강 폰 괴테는 자신을 포함한 "특출한 인물들은 대기의 해로운 영향에 가장 크게 시달린다"고 불평했다. 작곡가 헨델과 말러도 계절의 지배를 받았으며, 그래서 그들이 작곡한 대작들 중 대부분이 심신을 쇠약하게 만드는 겨울철의 침울함과 광적인 여름철의 흥분이 다소 잦아드는 봄과 가을에 주로 만들어졌다.[12]

계절성 정서장애와 마찬가지로 날씨가 우리에게 미치는 가장 강력한 효과들 가운데 많은 부분은 동물의 생물학적 과정에 기초한다. 날씨가 인간에게 상당한 영향력을 발휘하는 데 비해 몇몇 하등동물들은 날씨의 변화에 더 잘 적응하여 인간보다 더 빠르고 극적으로 반응한다. 2004년의 대서양 허리케인이 특별히 왕성했던 계절에 과학자들은 플로리다 서해안의 여러 만을 따라 상어들의 움직임을 추적했다. 2004년 8월 허리케인 찰리Charley에서 시작된 바람과 비가 플로리다 주민들을 해안에서 몰아내기 훨씬 전에 상어들은 멕시코만의 더 깊고 안전한 물속으로 떼를 지어 피신했다. 이를 관찰한 뒤 크게 당황했던 과학자들은 상어들이 닥쳐올 폭풍우의 조기 경보 역할을 한 기압의 신속한 하락에 반응했다는 사실을 알아냈다.[13]

그런가 하면 또 다른 연구자들은 개, 꿀벌, 새, 코끼리 등에게도 비슷한 행동을 발견했는데, 이런 동물들은 허리케인, 열대 폭풍우, 심지어 지진이나 쓰나미가 닥치기 전에 기압이 떨어지면 피난처나 더 높은 고지를 찾는다. 이에 비해 인간은 그렇게 기민하지 못하다. 그러나 여러 연구에 따르면 사람들은 날씨가 변할 때 놀라울 정도로 무질서한 반응들을 광범위하게 보인다.

폭풍이나 강풍이 어느 지역으로 휘몰아치면 전하를 띤 입자들이나 이온들이 대기로 유입된다. 20세기 전체에 걸쳐 몇십 년 동안 몇몇 관찰자들은 (캘리포니아의 산타애나Santa Ana, 태평양 연안 북서부의 치누크chinook 바람, 이탈리아의 열풍, 이스라엘의 샤라브sharav 같은) 강풍이 발생하면 인간의 행동에 이상한 변화가 생긴다고 주장해왔다. 레이먼드 챈들러Raymond Chandler는 1938년에 발표한 비정한 탐정소설이자 그의 대표작 중 하나인 《붉은 바람Red Wind》에서 사악한 산타애나 계절풍을 26번이나 언급한다. 그리고 이 바람은 늘 싸움으로 끝나는 술 파티들과 남편의 목을 조각용 칼로 베려는 아내들에게 원인을 제공하는 명실상부한 등장인물이 되어버린다.

유럽 알프스산맥의 주민들은 그 지역에 부는 푄foehn 바람을 흔히 편두통부터 정신병까지 다양한 질병들과 결부시킨다. 그리고 독일의 아스피린 약병에는 이 약이 '푄 질병Foehnkrankheit'을 치료할 수 있다는 광고가 때때로 붙어 있다. 산허리를 타고 내려가면서 기온을 몇 시간 만에 섭씨 28도까지 상승시키는 푄 바람은 비교적 온화한 중유럽의 기온에 큰 영향을 미친다. 아돌프 히틀러Adolf Hitler의 친구 하인리히 호프만Heinrich Hoffman은 1931년 9월 18일 저녁에 벌어진 선거운동에서 히틀러의 두통이 푄 바람 때문이라고 주장하기도 했다.[14] 그리고 그날은 히틀러의 조카딸 겔리 라우발Geli Raubal이 가슴에 자해 총상을 입은 채 시체로 발견된 날이기도 했다.

1960년대 초 독일의 연구자들은 알프스산맥의 푄 바람과 독일 공장들에서 발생한 사고 및 상해 비율 사이의 관계를 조사했다. 그들은 날씨를 여섯 개 국면으로 나누었는데, 그중에서 세 국면은 비교적 평온한 날씨였고 나머지 세 국면은 푄 바람, 폭풍, 폭풍 후의 회복기에 각각 발생하는 소란들과 연관되어 있었다. 이 소란스러운 세 국면 동안 뮌헨의 한 자동차 전시회장에서는 사람들이 여러 시각적 단서들에 대해 더 느리게 반응했고, 한 중장비 공장에서는 사고율이 특별히 더 높았으며, 또 다른 산업공장에서는 노동자들이 치료를 받기 위해 공장 진료실을 더 많이 찾았다. 거의 3만 명에 이르는 독일 전시회장 방문객들과 산업 노동자들의 행동을 관찰한 뒤에 이 연구자들은 푄 질병이 실재하는 현상이며 대기 변화가 지연된 반응시간부터 신체 질병에 이르기까지 다양한 증상들의 원인이라고 결론 내렸다.[15]

그로부터 20년 뒤에 두 명의 미국 연구자들은 정확히 무슨 이유로 계절풍이 사람들에게 그렇게 극적인 영향을 미치는지 밝혀내고자 했다. 틀림없이 바람 안에 있는 어떤 것이 두통이나 그 밖의 질병들을 일으켰을 것이다. 그러나 이 연결고리를 확립하기 위한 역학 자료에는 많은 의문점들이 그대로 방치되어 있었다. 바람과 폭풍은 대기 속의 전기적 성분들을 변화시키므로, 연구자들은 밀폐된 실험실에서 전하 이온들이 주의 깊게 공기 중으로 방출될 때 사람들이 어떻게 반응하는지를 조사해보기로 마음먹었다. 그들은 이 양이온들이 실험 참가자들의 중추신경계 활동을 방해하여 세로토닌 5-HT 라는 신경전달물질의 생산이 증가하고 그러면 이것이 다시 과잉활동hyperactivity과 공격성을 촉진할 것이라고 예측했다.

실험을 위해 거의 100명에 가까운 사람들이 모여들었으며, 이들은 세 개의 이온 생성기가 갖춰진 밀폐된 방 안에서 각각 90분씩을 보냈다. 각 실험 참가자는 이 방에 두 번씩 들어갔는데, 한번은 생성기들의 스위치를 켜서 공기 중의 양이온 밀도를 서서히 높임으로써 점점 가까이 접근하는 폭풍의 대기 효과를 흉내 냈다. 그리고 또 다른 한번은 생성기들의 스위치를 껐는데, 이것은 방 안이 양이온들로 채워지지 않았다는 점만 빼고는 앞의 폭풍조건과 동일한 조건이었다. 90분 동안 참가자들은 정서적 또는 정신적 기능을 측정하기 위해 고안된 여러 검사와 과제를 수행했다. 그리고 이 수행들을 분석한 결과 연구자들은 양이온들이 실험 참가자들을 더 긴장되고 피곤하게 만들었으며 나아가 덜 사교적이고 덜 행복하게 만들었음을 발견했다. 그리고 이 연구자들에 따르면 이런 해로운 반응들의 결합이 어째서 바람과 날씨의 변화가 자살, 우울, 과민, 범죄, 산업사고, 자동차사고 등과 연결될 수 있는지를 설명해준다.[16]

그러나 연구자들이 더 최근에 발견하기 시작한 것처럼 우리의 마음을 무디게 만드는 것은 변덕스런 날씨만이 아니다. 세계적인 인적 자원 기업인 머서Mercer 사에서는 매년 전 세계의 주요 도시들을 대상으로 삶의 질을 평가한다.[17] 이 평가는 39개의 상이한 척도들을 결합한 것인데, 여기에는 범죄부터 음식점의 질, 정치적 안정성 등이 포함된다. 그리고 이 척도들 가운데 가장 중요한 것은 기후다. 기후조건은 햇살이 눈부신 도시들을 더욱 온화하게 고양시키는 반면, 겨울이 길고 춥거나 비가 많이 내리는 도시들을 어지럽히는 작용을 한다. 그래서 머서

사에서는 따뜻하고 해가 잘 드는 도시들을 춥고 비가 많이 내리는 도시들보다 더 좋게 평가한다. 그런데 몇몇 연구자들은 역설적으로 햇살이 눈부신 도시들 위에 보이지 않는 먹구름을 드리웠다. 다음에서 살펴보자.

궂은 날씨가 경계심을 부른다

긴 여름휴가를 보내고 나면 머릿속에 뿌연 정신적 안개가 끼는 것과 마찬가지로 햇빛이 밝게 빛나는 날들이 계속되면 정신이 흐리멍덩해진다. 몇몇 사람들은 이것이 터무니없는 주장이라고 생각할지 모른다. 햇빛이 밝게 빛나는 날들이 정신적 마비를 가져온다니, 이게 도대체 말이 되는 소리인가? 그러나 이는 실제로 증거가 있는 얘기다.

한 연구에서 사회심리학자들은 오스트레일리아의 시드니에서 한 작은 잡지가게를 떠나는 쇼핑객들에게 느닷없이 기억검사를 해줄 것을 요청했다. 쇼핑객들이 그 가게로 들어가기 전에 연구자들은 열 개의 작은 장식품들을 가게 계산대 위에 올려놓았다. 네 개의 플라스틱 동물, 한 개의 장난감 대포, 한 개의 돼지저금통, 네 개의 성냥갑 자동차 등이었다. 연구자들은 가게를 떠나는 쇼핑객들에게 이 열 개의 품목을 최대한 많이 기억해보라고 했다. 그리고 또 다른 열 개의 품목이 뒤섞여 있는 스무 개 품목의 목록 중에서 이 열 개의 품목을 골라보라고도 했다. 연구자들은 이 실험을 두 달 동안 14일에 걸쳐 오전 11시부터 오후 4시 사이에 실시했다. 이때 어느 날은 맑고 화창했고, 또 어느 날은 흐리거나 비가 내렸다. 실험 결과 쇼핑객들은 햇빛이 밝게 빛나는 날보다 비가 내리는 날에 이 품목들을 세 배나 더 많이 기억해냈다. 그리고 스무 개 품목의 긴 목록 중에서 이 열 개의 품목을 고를 때도 거의 네 배나 더 정확했다.[18]

연구자들의 설명에 따르면 어두침침한 날씨는 우리의 기분을 가라앉혀서 우리가 더 깊고 분명하게 생각하게 한다. 인간은 슬픔을 피하려는 생물학적 성향을 지니고 있다. 그래서 기분이 울적할 때면 기분전환의 기회를 찾게 되고 자신을 울적하게 만들 수 있는 온갖 것들에 맞서 자신을 보호하기 위해 경계심을 늦추지 않는다. 반면에 행복은 모든 것이 잘되고 있으며 주변에 긴급한 위협 요인이 없다는 신호를, 따라서 굳이 주의해서 깊이 생각할 필요가 없다는 신호를 우리에게 보낸다. 비 오는 날의 쇼핑객들이 열 개의 자질구레한 품목들을 더 정확히 기억해낸 까닭은 우리 마음의 바로 이런 대조적인 접근법들 때문이다. 비 오는 날이면 쇼핑객들은 뭔가 부정적인 기분이 들게 되고, 그러면 잠재의식이 이것을 극복하기 위해 주변을 이리저리 둘러보면서 답답하고 우울한 기분을 떨쳐내고 기분을 더 밝게 해줄 뭔가가 없는지 찾게 만든다.

사실 이런 접근법의 작동방식은 조금만 생각해봐도 쉽게 알 수 있는 것이다. 기분이라는 것은 우리 주위의 무언가를 고칠 필요가 있지는 않은지 우리에게 말해주는 만능 관측도구와도 같다. (커다란 슬픔, 심한 고통을 안기는 상해, 분별력을 잃게 만드는 분노 같은) 중요한 정서적 장애물이 우리 앞을 가로막고 있으면, 우리의 정서적 경고등에 빨간불이 들어와 우리로 하여금 뭔가 행동을 취하지 않으면 안 되게끔 만든다. 반면 평상시에는 고요한 바다 위를 미끄러지며 나아가듯 (가게 계산대 위에 놓인 자질구레한 것들을 포함해) 세상의 많은 것들을 무시하고 그냥 지나쳐도 아무 상관이 없다.

날씨가 궂으면 우리의 경계심이 깨어나는 것과 마찬가지로 금융 전문가들도 비가 오는 날에는 일부러 흥분을 가라앉히고 투자를 삼가는 경향이 있다. 1990년대 초엽에 한 경제학자는 1927년부터 1989년 사이에 뉴욕 시의 날씨 상황에 대한 데이터와 주식거래 데이터를 모두 끌어모았다. 이 경제학자는 주식 거래자들도 다른 모든 사람들이 그렇듯 날씨가 화창한 날에는 더 행복하고 더 낙천적인 경향이 있을 것이기 때문에, 날씨가 흐린 날보다 맑은 날에 주식시장의 시세가 더 올라갈 것이라고 예측했다. 데이터를 분석한 결과 실제로 주식 거래자들은 날씨가 화창한 날에는 황소같이 달려들어 거의 닥치는 대로 투자했고 따라서 시세는 계속 올라갔다. 그리고 주말이 끝난 것을 슬퍼하는 마음 때문에 보통 시세가 내려가는 월요일에도 날씨가 화창할 때는 수익률이 평소의 18모毛(즉 1퍼센트의 100분의 18) 대신 겨우 5모 떨어지는 현상을 보였다.

여기서 한 발 더 나아가 두 명의 재정학 교수들은 전 세계 26개 금융시장이 흐린 날보다 맑은 날에 더 큰 수익을 올렸다는 사실을 입증했다. 이런 결과는 헬싱키, 쿠알라룸푸르, 시드니, 빈 등의 여러 금융시장

에서 확인되었는데, 모두 날씨가 화창하면 시세가 위로 살짝 올라가는 경향을 보였다.[19]

한편 궂은 날씨와 관련해 우리가 할 수 있는 일은 그리 많지 않다. 그러나 몇몇 연구자들은 정부의 정책 수립자들이 일광절약시간 제도를 고집함으로써 햇빛과 관련된 문제들을 더욱 악화시킨다고 주장한다. 일광절약시간 제도는 봄철에 시계를 한 시간 더 빨리 가게 해서 봄철과 여름철에 우리가 일광 속에서 깨어 있는 시간이 더 늘어나도록 만든다. 이 제도가 인기를 끄는 이유는 무엇보다 사람들이 여름철 해질 무렵의 온기를 거의 저녁 때까지 즐길 수 있기 때문이다. 그래서 미국의 50개주 대부분을 포함해 세계 여러 곳에서 일광절약시간 제도를 채택하고 있는데, 이것은 프랭클린 루스벨트가 전시戰時에 대통령직을 수행했던 1942년부터 1945년 사이에 확고하게 자리를 잡았다. 당시 루스벨트는 국민들의 애국심에 호소하면서 미국인들이 일광 속에서 깨어 있는 시간을 늘리고 전기 조명에 의존하는 시간을 줄이면 소중한 연료자원을 그만큼 절약할 수 있을 것이라고 주장했다. 그러나 수십 년의 연구결과에 따르면 실제로는 이 제도가 오히려 과소비를 부추기고 있다. 왜냐하면 하루 중 야간보다 주간에 전력 소모가 훨씬 심한 에어컨이나 냉각장치 등을 사용하면서 보내는 시간이 더 늘어났기 때문이다.

더 최근에 연구자들은 인체 시계를 1년에 두 번씩 바꾸는 것 자체가 상당한 비용을 초래하며, 특히 봄철에 수면시간이 1시간 줄어들 때 그 폐해가 심각하다고 지적했다. 일광절약시간 제도가 개시된 날에는 수천 명의 운전자들이 지역적인 시차증에 시달리며 일해야 하는데, 그에 따라 사고율도 7퍼센트나 오르기 때문이다. 더 심각한 것은 일광절약시간 제도에 반대하는 한 연구자가 주장한 것처럼 일광절약 지역의 학생들이 자연적인 생체리듬에서 이탈한 채로 1년 중 7개월을 보내게 된다는 사실이다. 이 연구자가 인디애나 주에서 일광절약시간을 준수하는 군에 있는 학생들의 대학입학시험 점수를 비교한 결과, 이 학생들은 1년 내내 표준시를 따르기로 결정한 군들의 학생들보다 16점이나 낮은 점수를 받은 것으로 밝혀졌다.

인디애나는 학교들이 군의 경계선에 의해 분리되어 있는 몇 개 안 되는 주들 가운데 하나다. 그래서 이 지역의 학생들은 채 몇 마일도 안 되는 거리를 사이에 두고 상이한 두 개의 표준시간대가 존재하는 상황에서 1년 중 7개월을 보내야 한다. 교육정책을 수립하는 사람들은 특정 집단의 학생들이 불공정한 불이익을 받아서 발생하는 대학입학시험 점수의 아주 작은 간격들을 메우기 위해 매년 수백만 달러를 지출한다. 이런 사람들에게 일광절약시간 제도의 폐지는 비교적 적은 비용으로 상당한 효과를 거둘 수 있는 해결책이 되지 않을까 싶다.[20]

인간은 핵에너지를 제어할 수 있게 되었고 지구에서 120억 마일 이상 떨어진 곳까지 우주선을 보냈지만 아직도 날씨를 통제할 수 있는 방법은 발견하지 못했다. 세계의 일부 지역은 홍수로 허우적거리고 또 다른 지역은 가뭄에 시들어간다. 게다가 지구온난화의 여파로 토네이도와 허리케인은 점점 더 강력해지고 예측하기도 점점 더 어려워지고 있다. 우리 주위의 세계에 존재하는 색채나 장소 같은 다른 영향력들과 달리 기상조건은 통제하기가 매우 어렵다. 그러나 변덕스럽기 짝이 없는 날씨 패턴에서 뜻밖의 좋은 점을 발견할 수도 있다. 그것을 통해 인간의 마음에 대해 무척 흥미로운 사실들을 배울 수 있기 때문이다.

이제 우리는 홀로 있다는 것과 주위에 다른 사람이 있다는 것이 어떻게 다른지, 그리고 우리의 주위 환경에서 타인을 더하거나 빼면 우리의 행동이 어떻게 달라지는지를 여러 조건 속에서 살펴볼 것이다.

2부

차이를 낳는 우리 사이의 세계

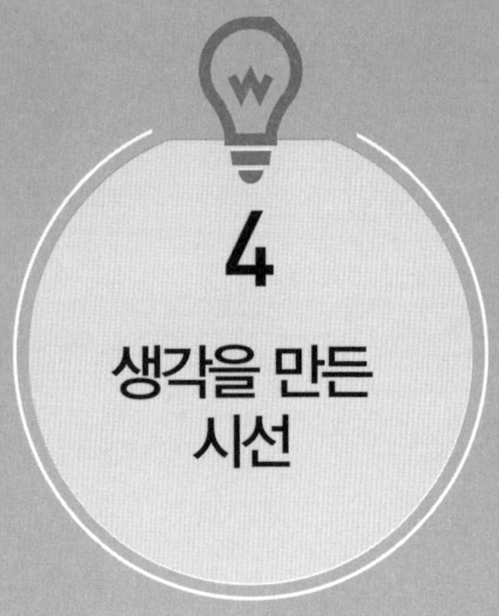

생각을 만든 시선

프랑스 철학자 장 폴 사르트르가 이미 60년 전에 지적한 것처럼, 우리는 누군가가 우리를 지켜본다고 상상하는 순간 자신의 행동에 스스로 주의를 기울이기 시작하면서 그런 행동에 대해 다른 사람들이 어떻게 반응할지를 상상한다.

남의 시선이
도덕성을 높인다

북부 잉글랜드 뉴캐슬대학의 심리학과 사람들은 수년 동안 주방에서 차나 커피를 만들어 먹으면서 계산대의 함에는 거의 돈을 넣지 않았다. 주방 벽에는 음료 이용자가 지불할 금액을 알려주는(차는 30펜스, 커피는 50펜스, 우유는 10펜스) 안내 문구가 붙어 있었지만, 차와 커피와 우유가 재빨리 줄어들 동안 요금함 속의 동전은 천천히 쌓일 뿐이었다. 이에 뭔가 조치가 필요하다고 느낀 심리학과 사람들은 이 문제를 해결하기 위해 자신들이 동원할 수 있는 최선의 수단을 사용하기로 했는데, 그것은 바로 타인의 개입에 대한 연구였다.

평소에 인간 행동을 탐구하던 그들은 사람들의 행동을 이끄는 도덕적 나침반이 타인의 감시를 받으면 훨씬 더 효과적으로 작동한다는 사실에 주목했다. 하지만 불행하게도 계산대에는 돈을 지불한 사람의 이름을 기록하는 장치가 따로 없었으며, 카메라를 설치하자니 그 비용도 만만치 않을 뿐더러 여러모로 지나친 조치인 것처럼 보였다. 그래서 연구자들은 지속적인 감시를 통해 규칙의 준수를 강제하는 대신, 사람들로 하여금 마치 누군가가 지켜보는 것 같은 느낌이 들도록 만드는 장치를 고안했다.

10주 동안 연구자들은 음료 가격표 위에 두 눈을 묘사한 그림과 꽃 그림 열 개를 번갈아 가면서 각각 일주일씩 붙여놓았다. 그런 다음 주말마다 우유 소비량을 측정해 커피와 차의 소비량 지표로 삼았고 동시에 요금함에 쌓인 돈의 액수를 계산해보았다. 그러자 놀라운 결과가 나타났다. 즉 꽃 그림이 벽에 붙어 있을 때는 우유 소비 1리터당 평균 15펜

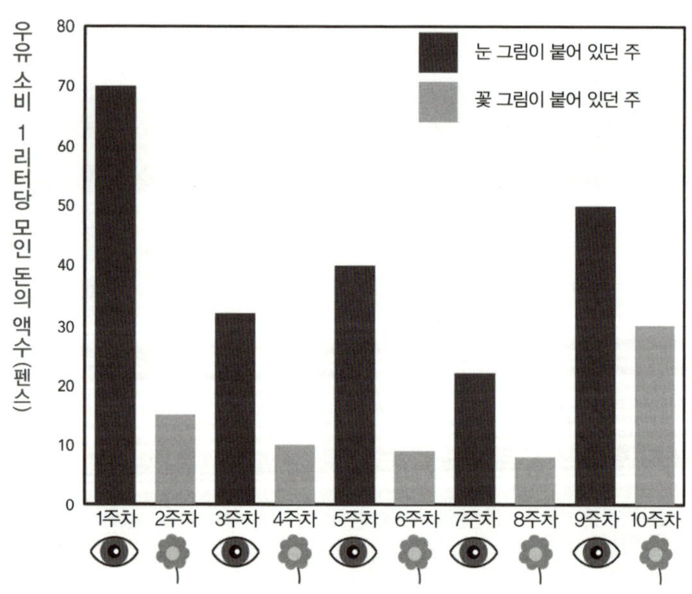

음료 이용자들은 가격표 위에 꽃 그림(옅은 회색 막대)이 붙어 있을 때보다 두 눈을 묘사한 그림(짙은 회색 막대)이 붙어 있을 때 무기명 요금함에 거의 세 배 더 많은 돈을 넣었다.

스밖에 모이지 않은 반면, 두 눈을 묘사한 그림이 벽에 붙어 있을 때는 우유 소비 1리터당 평균 42펜스가 모였다. 누군가가 지켜본다는 암시만 주었을 뿐인데도 사람들은 거의 세 배에 이르는 돈을 요금함에 넣은 셈이었다.[1]

뉴캐슬에서 남쪽으로 200마일 떨어진 웨스트미들랜즈 주의 경찰청은 이 연구결과에 흥미를 갖게 되었다. 이 경찰청은 영국에서 두 번째로 큰 도시인 버밍엄의 치안을 맡고 있는데, 이들에게 뉴캐슬대학의 연구는 적은 비용으로 효과적인 개입방법을 제시하는 것처럼 보였다. 그래서 이들은 수 개월 동안 '기세 작전Operation Momentum'이라는 캠페인을 벌이면서 "우리는 범죄자들을 예의 주시하고 있습니다"라는 표어와 함께 날카롭게 째려보는 눈을 묘사한 포스터들을 거리에 붙였다. 현지 경찰관들에 따르면 이 캠페인은 강도 행위를 17퍼센트 감소시키는 등의 큰 성과를 거두었다고 한다. 이에 경찰청은 곧이어 '기세 작전 2'라는 후속 캠페인을 벌이게 되었다.

프랑스 철학자 장 폴 사르트르Jean-Paul Sartre가 이미 60년 전에 지적한 것처럼, 우리는 누군가가 우리를 지켜본다고 상상하는 순간 자신의 행동에 스스로 주의를 기울이기 시작하면서 그런 행동에 대해 다른 사람들이 어떻게 반응할지를 상상한다. 우리는 다른 사람에 대해서보다 자기 자신의 도덕적 결함에 대해(예를 들어 차나 커피의 비용을 지불하지 않는 행위에 대해) 훨씬 더 관대하기 때문에, 혼자 있을 때는 아무 문제가 없는 것처럼 보이는 행동도 타인의 관점에서 볼 때는 도덕적으로 부적절한 것처럼 보일 수 있다. 오늘날 대다수 사람들은 하루 중 많은 시간을 타인과 어울리며 보낸다. 때문에 우리의 사고와 행동은 우리 주위에 있는 가족과 친구 또는 낯선 사람들의 시선을 반영하지 않을 수 없다. 이렇게 우리의 사고와 행동은 우리가 타인과 주고받는 일상적인 상호작용에 의해 여러모로 영향을 받고 있기 때문에, 만약 우리가 일주일이나 한 달 또는 일 년 동안 홀로 지내면 어떤 사람이 될까라는 물음은 상상조차 하기 어려운 것이다.

그러나 소규모 집단에서는 이런 가정이 일시적으로 또는 영원히 현실이 되는 경우가 가끔 있는데, 이것이 초래하는 결과는 우리의 경각심을 불러일으키기에 충분한 것이다.

인간은 고립된 세상에서
살 수 있을까?

정글에서 늑대 무리와 함께 자란 모글리Mowgli의 이야기를 다룬 러디어드 키플링Rudyard Kipling의 소설처럼 현실에서도 인간과 전혀 접촉하지 않은 채 자란 사람들이 종종 있다. 비록 확실한 증거가 뒷받침된 일은 드물지만 야생 아동들에 대한 이야기는 전설처럼 많이 전해진다. 예를 들어 마르코스 로드리게스 판토야Marcos Rodriguez Pantoja라는 소년은 스페인 남부의 산악지대에서 늑대와 함께 12년을 지내다가 열아홉 살 때 기적적으로 인간 세상에 모습을 드러냈다. 그런가 하면 로버트라는 우간다 소년은 1980년대 초에 대학살로 부모를 모두 잃은 뒤 긴꼬리원숭이 떼와 함께 3년을 살았다.

20세기에 일어난 가장 유명하고 충격적인 사례는 제니라는 이름의 한 소녀 이야기일 것이다. 로스앤젤레스에 살았던 이 소녀의 부모는 딸을 어두운 방 안 의자에 묶어둔 채 아이가 열세 살이 될 때까지 그냥 내버려두었다. 그러다 1970년 사람들에 의해 발견된 제니는 말을 하지 못했고 사람들과 눈을 마주치지도 않았으며 그 밖에 가장 기본적인 사회적 상호작용도 하지 못했다. 제대로 걷지도 못했던 제니는 팔을 앞으로 내민 채 불안정하게 발을 질질 끌었다. 또 말을 하는 대신 짐승처럼 코를 킁킁거리고 침을 내뱉듯이 소리를 냈다. 나중에 제니는 짧은 문장을 말하는 법을 배우기도 했지만 어린 시절에 겪은 사회적 고립의 폐해를 완전히 극복할 수는 없었다. 제니를 검사한 심리학자들이 지적한 것처럼 아이들은 유년기의 결정적인 시기에 사회적 기술과 언어적 기술의 대부분을 습득한다. 그래서 다른 사람들과 접촉하지 않은 채 자란 아이들은 이런 기술을 영영 습득하지 못하는 경향이 있으며, 어른이 되어 외국어를 배우려면 땀을 뻘뻘 흘려야 하는 것처럼 이런 아이들은 기본적인 사회적 상호작용을 배우는 데 큰 어려움을 겪는다.[2]

심지어 사회적 접촉이 풍부한 환경 속에서 자란 사람들도 오랜 기간 동안 홀로 지내면 사회적 상호작용에 애를 먹게 되는데, 이것은 그들의 '사회적 근육'이 규칙적인 훈련을 하지 않아 많이 쇠약해졌기 때문이다. 1950년대 중반에 사회심리학자 스탠리 샤흐터Stanley Schachter 는 다섯 명의 청년을 모집해 사회적 고립에 대한 작은 실험을 했다. 이 청년들은 탁자, 의자, 침대, 램프, 화장실 등이 갖춰진 안락한 독방에서 홀로 지내야 했다. 방에는 책이나 잡지, 텔레비전도 없었으며, 연구자가 문 앞에 음식을 놓고 갈 때도 이 청년들과 접촉하는 일은 전혀 없었다. 샤흐터는 실험에 앞서 청년들에게 독방에 머문 시간만큼 수고비를 지불할 것이며 원하면 아무 때나 실험을 그만둘 수 있다고 말했다. 그렇게 그들이 독방에 머문 채로 시간은 흘러가기 시작했다.

실험이 시작된 지 겨우 20분이 지난 시간, 한 청년이 방문을 미친 듯이 두드리며 꺼내달라고 외쳤다. 그 청년은 이 짧은 시간조차도 홀로 지내기 힘들어했고, 그렇게 독방을 나와 응분의 수고비를 받고 집으로 향했다. 그리고 남은 네 청년 가운데 세 명은 이틀을 버텼다. 그 가운데 한 명은 홀로 지낸 이 이틀이 자신의 생애에서 가장 힘든 날이었다며 다시는 이런 경험을 하지 않겠다고 맹세했다. 또 다른 사람은 샤흐터에게 시간이 지날수록 점점 더 불안해지고 분별력이 흐려지는 느낌이 들었다고 말했다. 세 번째 청년은 독방에 있는 동안 냉정을 잃지 않았지만 이틀이 지나자 자신을 꺼내달라고 요청했다. 그리고 마지막까지 남은 청년은 8일을 홀로 꿋꿋하게 버텼다.[3]

사회적 고립에 대한 사람들의 반응이 모두 똑같은 것은 아니다. 그러나 많은 사람들에게 사회적 고립은 분별력의 상실과 정신적 혼란을 야기하며 이런 느낌은 오랫동안 금식했을 때 밀려드는 배고픔과 목마름만큼이나 강렬한 것이다. 우주개발 경쟁이 한창이던 1960년대에 미셸 시프르Michel Siffre라는 젊은 프랑스 모험가는 자신의 모든 인생을 우주개발에 바치기로 마음먹었다. 그는 우주비행사가 단독 임무를 수행할 때 느끼는 고립감을 모의실험하기 위해 두 달 동안 지하 깊숙한 곳의 어두운 동굴에서 생활하겠다고 자발적으로 나섰다. 1962년 여름에 시프르는 프랑스와 이탈리아에 걸쳐 있는 마리팀알프스Maritime Alps의 지하 빙하동굴로 114.3미터를 내려갔다. 동굴은 습하고 추웠지만 그는 두 달 후 저체온증 외에 별다른 정신적 이상 없이 무사히 바깥세상으로 나왔다. 시간 감각이 없어졌다는 점과 잠시 미친 사람처럼 격하게 노래 를 부르고 트위스트 춤을 췄다는 점을 제외하면, 그의 사고는 여전히 또렷했으며 다음에는 더 큰 실험에 참여하고 싶다는 포부를 밝히기까 지 했다.

그로부터 10년 후 새로운 실험을 꿈꾸며 무수한 시간을 보내던 시 프르는 텍사스 주의 델 리오Del Rio 근처에 있는 동굴에서 6개월을 보내 게 되었다(이는 미국 항공우주국NASA에서 후원한 실험이었다-옮긴이). 따뜻하 고 비교적 안락한 이 두 번째 동굴에서 그는 잡지와 책을 읽고 과학적 실험들을 하면서 즐거운 시간을 보냈다. 그러나 79일째 되던 날 갖고 들어간 레코드플레이어가 고장 나고 잡지와 연구 장비에 곰팡이가 피 기 시작하면서 그는 점점 심각한 우울증에 시달리게 되었다. 그는 수도 없이 자살을 생각했으며 주위를 돌아다니던 생쥐 한 마리를 벗 삼아 삶 의 의지를 겨우 지탱했다. 시프르는 그 생쥐를 잡아서 냄비에 넣으려다 가 실수로 그만 죽이고 말았는데, 이에 대해 그는 "외로움이 물밀듯이 몰려왔다"고 일기장에 적었다. 결국 자진해서 동굴로 들어갔던 시프르 조차 사회적 고립의 파괴적인 영향을 피해갈 수 없었고, 마침내 동굴에 서 나왔을 때 그는 분별력을 잃고 매우 혼란스러워했으며 심각한 우울 증에 시달렸다.[4]

물론 시프르처럼 자발적으로 감금 상태를 경험하는 경우는 매우 드물기 때문에 이것을 섣불리 일반화하기는 어렵다. 그러나 일정 기간 동안 강제로 독방 신세를 져야만 하는 수많은 죄수들도 이와 비슷하게 분별력 상실과 정신적 혼란을 경험한다. 1980년대 초에 정신과 의사 스튜어트 그라시안Stuart Grassian은 매사추세츠 주의 한 감옥에서 짧게는 11일부터 길게는 10개월까지 독방 감금 상태로 지낸 수감자들을 조사했다. 그 결과 수감자들은 환각, 심한 우울증, 정신 혼란, 왜곡된 지각, 기억 상실, 편집증 등을 경험한 것으로 드러났다.[5]

그로부터 10년 후에 심리학자 크레이그 해니Craig Haney는 캘리포니아의 펠리컨베이Pelican Bay 주립교도소에 수용된 100명의 수감자들을 조사했다.[6] 그 결과 독방에서 수년을 보낸 죄수들은 출소 뒤 만성 무감각, 무기력, 우울, 절망 등의 복합 증세에 시달리는 경우가 많았다. 그들 중 80~90퍼센트가 "합리적인 이유도 없이 화를 냈으며" 정신적 혼란 증세를 보였고 사람들을 접촉하기를 꺼렸는데, 이것은 일반인의 경우에는 매우 드물게 나타나는 증상들이다. 그 밖에도 수십 개의 연구들이 비슷한 결론을 내고 있으며, 고립된 죄수들이 현실과 허구를 구별하는 데 어려움을 겪는다는 것을 보여주는 연구들도 많이 있다.

심리학자들은 사회적 고립의 영향을 독사에게 물려 온몸에 독이 퍼지는 과정에 비교하기도 한다. 사회적 고립은 제일 먼저 마음의 동요를 불러일으키는데, 이것은 외딴 곳을 헤매는 사냥꾼들이 '오두막 열병cabin fever'이라고 부르는 것과도 비슷한 흥분이다. 오두막 열병은 결코 유쾌한 것이 아니며 이 열병에 시달리는 사람은 오두막같이 좁은 데서 또 한 시간을 보내느니 차라리 심한 눈보라 속을 헤매려 한다. 사회적 고립 상태가 계속되면 마음의 동요에 이어 환각과 심한 불안, 더 심할 때는 정신병 증상들이 나타나면서 현실 감각을 완전히 잃게 된다. 만성적인 사회적 고립은 신체적으로 별다른 병이 없는 사람이 조기에 사망하는 주된 원인 중 하나이기도 하다.

장기간의 사회적 고립이 이렇게도 심각한 폐해를 끼치는 까닭은 무엇일까? 그 이유는 세계에 대한 자신의 해석을 다른 사람들의 해석과 비교함으로써 자신의 세계 해석을 확증할 수 있는 기회를 상실하기 때문이다. 만약 오랜 세월을 홀로 지내야 하는 처지라면 소를 잡아먹든 집에서 기르는 개를 잡아먹든 무슨 차이가 있겠는가? 만약 홀로 지낸다면 세련된 장식용 긴 가발을 걸치든 가죽 재킷이나 멋진 정장을 갖춰 입든 그것이 무슨 의미가 있을까? 우리가 살고 있는 사회적 환경을 고려하지 않는다면 이런 물음들에 대한 답은 아무 의미가 없는 것이다. 왜냐하면 이런 것들은 시대와 문화에 따라 다양한 사회적 규범이나 표준에 의해 전적으로 결정될 문제이기 때문이다.

물론 사람들은 중국인이든 미국인이든 상관없이 똑같은 소화기관을 가지고 있으며 18세기에 태어났든 21세기에 태어났든 상관없이 똑같은 감각기관을 가지고 있다. 그러나 사람들의 취향과 기호는 사회적 맥락에 따라 가지각색이기 마련이다. 예를 들어 앤 샤피로Anne Shapiro라는 미국 여성의 경우를 보자. 그녀는 1963년 존 F. 케네디 대통령이 암살되던 바로 그날에 혼수상태에 빠졌다가 그로부터 29년 뒤인 1992

년에 다시 깨어났다. 다시 깨어난 후 완전히 바뀌어버린 세상을 접했을 때 그녀가 어떤 느낌을 받았을지 한번 상상해보라. 이와 비슷하게 1963년에 29년 형을 선고받고 감옥생활을 시작한 사람이 나중에 만기가 되어 출소한다면, 그는 컴퓨터와 무선전화기와 컬러텔레비전이 넘쳐나는 아주 새로운 세상을 접하게 될 것이다. 이 세월 동안 사회적 접촉을 계속 유지해온 대부분의 사람들에게는 이런 변화가 점진적이고 감당할 만한 것이겠지만, 거의 고립된 상태에서 똑같은 세월을 보낸 사람들에게 이런 변화는 틀림없이 현실에 대한 새로운 이해를 요구하는 거대한 변화일 것이다. 이렇게 우리가 현실이라고 간주하는 것의 많은 부분은 우리 주위의 사람들에 의해 결정되는 사회적 표준의 직접적인 산물이라 하겠다.

진보의 시작은 흉내 내기로부터

몇몇 경우 현실에 대한 우리의 이해는 다른 사람들과 무관하게 이루어진다. 아래 물음들에 답을 해보자.

> 당신의 신체는 지금 쾌적한 상태인가 아니면 냉방 또는 난방 장치를 틀어야 더 쾌적해지겠는가?
>
> 당신이 지금 있는 방은 충분히 밝은가 아니면 등불을 켜야 더 쾌적해

지겠는가?

설령 당신이 문명사회에서 동떨어진 어느 오두막집에서 혼자 살고 있다 하더라도 이런 물음들에 답하는 데는 어떠한 어려움도 느끼지 않을 것이다. 왜냐하면 인간을 포함한 많은 동물들은 주위 온도가 쾌적한지 그렇지 않은지, 또 주위 환경이 사물을 보기에 충분히 밝은지 그렇지 않은지를 본능적으로 판단할 수 있기 때문이다. 그렇다면 다음과 같은 물음은 어떠할까?

당신 가정의 냉난방과 조명 장치를 가동하기 위해 사용하는 전기의 양을 고려할 때 당신은 환경 친화적인가?

이 세 번째 물음과 앞의 두 물음 사이에는 중요한 차이가 있는데, 그것은 바로 이 세 번째 물음의 경우 사회적 표준을 고려하지 않으면 답을 하기가 매우 어렵다는 점이다. 설령 당신이 작년 한 해 동안에 가정에서 5,000킬로와트시kWh의 전기를 사용했다는 사실을 알고 있다 하더라도 이런 양의 전기가 환경에 미친 영향을 과연 어떻게 평가해야 옳을까? 행동 규범과 관련된 많은 물음들이 그렇듯 비교 기준도 없이 이런 행동에 대해 평가를 내리기란 매우 어려운 일이다(미국 가정에서는 1년에 평균 1만 1,500킬로와트시의 전기를 소비하는데, 따라서 5,000킬로와트시는 상당히 적은 수치에 해당한다).[7]

과거 전기요금 청구서에는 기껏해야 각 가정의 사용량만 간단히 표시되어 있기 때문에 소비자들이 의미 있는 기준에 비추어 자신의 소비행동을 평가하기가 쉽지 않았다. 이런 상황에서 전력회사들은 앞서 뉴캐슬대학 심리학과가 마주친 것과 비슷한 종류의 장애에 직면해 있다. 바로, 전력회사들이 소비자들에게 지속적으로 피드백을 주기 어렵기 때문에 전기를 절약하도록 소비자들을 독려할 수단이 마땅치 않다는 점이다. 그래서 한 전력회사에서는, 감시하는 눈의 이미지를 적절한 장소에 붙여서 사회적으로 바람직한 행동을 독려한 심리학자들처럼, 소비자들로 하여금 자신의 행동을 스스로 돌아보도록 독려하는 값싸고도 효과적인 방법을 고안했다.

2007년 오랜 친구 사이인 두 사람이 버지니아에 오파워Opower8라는 회사를 설립했다. 이 회사에서는 전기 공급자와 소비자 사이의 소통을 원활하게 하기 위해 행동과학적인 도구를 활용했다. 2012년경 미국 22개 주에 걸쳐 50개 이상의 공기업들과 계약을 맺고 있던 이 회사는 매달 각 가정에 보고서를 보내 전력 소비량에 대한 기본 정보와 함께 전체 인구 대비 분석 수치까지 요약해 제공했다. 그중에서도 가장 중요한 부분은 지난달의 이웃 사용량과 비교한 수치였는데, 여기에는 각 가정이 이웃에 비해 얼마나 많은 에너지를 사용했는지에 대한 정보와 각 가정의 사용량을 '평균 이상', '양호함', '훌륭함' 등의 수식어로 평가한 결과가 포함되어 있었다.

이웃들보다 전기를 상당히 많이 절약해서 '훌륭함'이라는 평가를 받은 소비자에게는 두 개의 스마일 이미지가 상으로 수여되었고, '양호함'이라는 평가를 받은 소비자에게는 스마일 한 개가 수여되었다. 오파

위 사의 이런 전략은 이 회사가 전기를 공급하는 담당 구역에서 1인당 평균 2.5퍼센트의 전기절약 효과를 낳는 큰 성공을 거두었다. 이것은 이 회사의 서비스를 이용하는 전체 가구수를 고려할 때 미국 전역에 걸쳐 거의 10억 킬로와트시를 절약한 값에 해당하는 엄청난 양이었다.

오파워 사가 이런 성공을 거둘 수 있었던 까닭은 두 가지 결정적인 사실을 잘 이해했기 때문이다. 즉 첫째는 사람들이 다른 가정에서 얼마나 많은 전기를 사용하는지를 알지 않고는 자신의 전기 소비량을 제대로 평가할 수 없다는 사실이었다. 둘째는 사람들이 스마일 이미지같이 간단한 사회적 신호를 통해 암시된 가상의 사회적 칭찬이나 비판에도 민감하게 반응한다는 사실이었다. 최근에 이 회사는 소비자들이 '최고의 에너지 효율'이라는 타이틀을 걸고 친구들과 경쟁할 수 있도록 만든 아이폰용 앱을 발표하기도 했는데, 이것은 자신과 비슷한 처지의 에너지 소비자들이 실제 또는 가상으로 존재함으로써 경쟁을 촉발시켜 전기에 대한 소비 욕구를 스스로 억제하도록 만드는 효과를 낳을 수 있을 것이다.

오파워 사가 환경 변화를 위해 시도한 일은 아랍세계에서 〈누르 Noor〉라는 터키 연속극이 문화 변화를 위해 시도한 일과도 비교될 수 있다. 학식 있는 몇몇 사람들은 (아라비아어로 '빛'을 의미하고 또 이 드라마의 주인공 이름이기도 한) '누르'가 언젠가는 '이슬람 세계에서 우연히 발생한 문화혁명'의 시초로 간주될지도 모른다고 말한다. 2006년에 사우디아라비아의 텔레비전 방송국인 MBC에서 방송된 이 연속극은 누르라는 이름의 젊은 여성이 부잣집에 시집을 가서 생기는 여러 사건들을 다뤘다. 이 드라마가 방송되자마자 드라마의 등장인물들은 사우디아라비아 전역에 걸쳐 가족의 여러 성원들을 대표하는 인물로 간주되었고, 이런 현상은 아랍권의 다른 지역으로까지 신속히 확산되었다.

드라마에서 몇몇 등장인물들은 사우디아라비아에서 오랫동안 유지되어온 보수적인 규범들을 어기면서 저녁식사 때 포도주를 마시거나 혼전 성교를 즐기기도 했지만, 누르와 그의 잘생기고 진보적인 의식을 지닌 남편 모하나드Mohannad는 부부 사이의 성적 평등이 얼마나 바람직한 것인지를 시청자들에게 여실히 보여주었다. 모하나드는 결코 바람을 피우지 않았으며 늘 아내의 말에 주의를 기울이면서 아내가 패션 디자이너이자 결혼생활의 동등한 파트너로서 활동할 수 있도록 도움을 아끼지 않았다.

이 드라마는 아랍권의 여러 다른 방송국에서 방영되기 시작하면서 인간관계에 대한 사람들의 사고방식에 미묘한 변화를 불러일으켰다. 누르와 모하나드는 사우디아라비아에서 새로 태어난 아기의 이름으로 가장 인기 있는 이름이 되었으며, 이전에는 남편에게 절대 복종하던 아내들이 모하나드가 누르에게 했던 것처럼 자신을 존중해달라고 남편에게 요구하기 시작했다.

그사이 아랍에미리트연합국에서 이혼율이 10퍼센트 증가하자, 정부는 그 이유가 〈누르〉같이 여성의 지위 향상을 꾀하는 연속극들의 유행에 일부 기인한다고 믿게 되었다. 여러 인터뷰에 따르면, 많은 경우 결혼생활에 불만을 느낀 여성들에 의해 이러한 움직임이 시작되었다고 한다. 이들은 텔레비전 연속극에서 비슷한 장면을 시청한 후 불만족스러운 결혼생활에서 탈출할 힘이 자신들에게 있음을 깨달았다고 말한다. 그런가 하면 브라질에서는 또 다른 텔레비전 연속극을 통해 여성들이 피임법을 알게 되었다. 이로 인해 방송 위성신호가 미치는 지역에서는 출산율이 극적으로 떨어진 반면, 신호가 미치지 못하는 인접 지역에서는 출산율의 변동이 없었다.

〈누르〉를 시청한 사우디아라비아의 여성들처럼 우리는 모두 어떤 특정한 현실 속에서 태어났으며, 세계의 다른 지역에 존재하는 또 다른 형태의 무수한 대안적인 현실들에 대해서는 굳이 주의를 기울이지 않는다. 만약 다른 규범에 따른 삶의 가능성을 보여주는 사람들이 주변에 없다면 우리는 태어날 때부터 우리의 사고와 느낌과 행동을 지배해온 보이지 않는 울타리 안에서 계속 살아갈 것이다. 그러나 다행히도 우리는 본능적으로 다른 사람들을 흉내 내도록 프로그래밍되어 있기 때문에, 그것을 바탕으로 사회적 진보를 이루는 것이 가능하다. 우리는 다른 사람들의 행동을 흉내 내고 반영함으로써 기존의 문제를 새로운 시각에서 바라보게 되는 것이다.[9]

친밀해지려면 그 사람을 모방하라

1930년대 초엽에 심리학자 노먼 마이어Norman Maier는 사람들이 창의적 사고가 필요한 문제를 어떻게 해결하는지에 대해 관심을 가졌다. 그는 미시간대학에 있던 자신의 실험실에서 61명의 학생들에게 간단한 물리학 문제를 제시한 뒤 가능한 많은 해답을 찾아보라고 요구했다. 학생들에게 제시된 문제는 실험실 천장에 매달린 똑같은 길이의 두 끈을 서로 묶는 것이었는데, 실험실에는 두 끈 외에 집게, 연결선, 탁자와 의자, 막대기 같은 다른 물건들도 많이 놓여 있었다. 학생들은 한쪽 끈을 잡고 다른 끈이 있는 곳으로 걸어가려 했지만, 방 안에 있는 다른 도구들을 사용하지 않고는 두 번째 끈까지 도달할 수 없다는 사실을 곧 깨닫게 되었다. 이런 상황에서 몇몇 해결책은 매우 간단해서 대부분의 학생들은 큰 어려움 없이 답을 쓸 수 있었다. 예를 들어 첫 번째 끈을 두 끈 사이에 놓인 의자에 걸쳐둔 다음에 두 번째 끈을 첫 번째 끈이 있는 곳까지 가져오는 것이 가능했다. 또는 연결선을 이용해 한쪽 끈의 길이를 늘이거나 막대기를 이용해 한쪽 끈을 끌어오는 것도 가능했다.

그러나 마지막으로 남은 해결책은 훨씬 까다로운 것이어서 39퍼센트의 학생들만이 이 해결책을 발견할 수 있었다. 즉 방 안에 있는 작고 무거운 물체를 한쪽 끈에 매달아 그 끈을 추와 같이 흔들리게 만드는 것이었다. 그래서 추와 같이 흔들리는 끈이 다른 끈 근처로 접근했을 때 그 끈을 붙잡아 서로 연결하는 것이 가능했다. 대다수 학생들이 이 마지막 해결책을 찾지 못하고 있을 때 마이어는 은근히 힌트[10]를 주기도 했다. 이것은 사회적 학습에 대한 최초의 연구에 해당하는 것이었다. 마이어는 방 안을 왔다 갔다 하면서 때때로 어깨로 끈을 스치고 지나가 끈이 가볍게 흔들리게 했다. 그러나 힌트에 대해 말로 설명하지는 않았으며 학생들은 문제를 풀기 위해 계속 궁리해야 했다.

마이어의 이 은밀한 힌트를 본 학생들 가운데 3분의 2는 1분이 채 지나기도 전에 추를 이용한 해결책을 정확히 찾아냈다. 이때 거의 모든 학생들은 마이어의 어깨가 끈에 닿는 것을 보지 못했다고 주장했으며, 그 장면을 보았다고 말한 학생들도 그것이 해결책을 떠올리게 한 것은 아니라고 확신했다. 다시 말해 학생들은 모두 해결책이 다른 사람의 은밀한 힌트 덕분이 아니라 자신의 정신적 노력의 산물이었다고 확신한 것이다. 물론 마이어의 연구 초점은 사회적 모방이 아니라 문제 해결에 맞추어져 있었지만, 그는 사람들이 자신도 모르게 타인의 행동을 모방하면서 미묘한 단서를 바탕으로 학습할 수 있다는 결론을 내렸다.

타인의 행동을 일부러 원숭이처럼 따라 하는 것은 여러 문화권에서 금기시되고 있지만, 자신도 모르게 타인의 행동을 모방하는 일은 널리 퍼져 있는 현상이다. 예를 들어 영국의 축구감독 스티브 맥클라렌 Steve McClaren의 경우를 보자. 그는 2008년에 네덜란드의 축구팀 트벤테Twente의 감독직을 맡게 되었다. 그로부터 몇 달 뒤 경기를 앞두고 한 기자회견에서 맥클라렌은 유창한 영국식 억양으로 말하는 대신 네덜란드인처럼 떠듬거리는 말투로 이야기했다.[11] 그가 사용한 문법은 어딘가 정상이 아니었으며 영어가 모국어인 사람들이 보통 사용하는 단어들을 건너뛰곤 했다. 유튜브에 올라온 그의 인터뷰 영상에는 영국 팬들의 조롱하는 댓글이 수도 없이 달렸다.

그런가 하면 컴퓨터과학 분야의 한 연구에서는 길을 걸어가면서 휴대폰으로 통화를 하는 두 사람의 걸음걸이가 똑같아지는 경향이 있다는 것이 발견되었다. 이때 통화하는 두 사람은 아무런 시각적 피드백도 주고받지 않지만 상대방의 목소리가 올라갔다 내려갔다 하는 것을 자기도 모르게 감지하기 때문에 이런 현상이 생긴다고 한다. 또한 아기들은 태어난 지 9개월쯤 되면 다른 사람의 행동을 모방하기 시작하는데, 때문에 심리학자들은 사람들을 서로 연결시키는 사회적 접착제 역할을 하는 모방이 진화를 통해 인간에게 선천적으로 갖춰진 능력이라고 주장한다.[12]

심리학자들은 이런 모방 현상을 가리켜 '카멜레온 효과'라고 부르기도 한다. 카멜레온은 몸의 색깔을 변화시킴으로써 짝짓기나 싸움의 의도를 드러내는데, 인간의 모방 행동도 이와 비슷한 사회적 기능을 하는 것처럼 보이기 때문이다. 한 고전적인 연구에서는 두 학생이 실험실을 방문해 몇 분 동안 서로 상호작용이 필요한 간단한 과제를 수행했다. 이때 두 학생 중 한 명은 실은 사전에 특정한 행동방식을 반복하라는 지시를 받은 연구팀의 일원이었다. 이런 사실을 눈치채지 못한 다른 학생 앞에서 이 연구팀의 일원은 경우에 따라 계속 미소를 지어 보이거나 미소를 전혀 짓지 않았고, 또 다른 학생들 앞에서는 얼굴을 여러 번 손으로 비비거나 발을 계속 흔드는 행동을 보였다.

실험이 끝난 뒤 학생들은 상대방의 이런 미묘한 행동을 알아차리지 못했다고 말했다. 그러나 두 사람의 상호작용을 촬영한 비디오테이프에서는 많은 모방 행동이 관찰되었다. 즉 연구팀의 일원인 학생이 미소를 지어 보였을 때 상대편 학생들은 그렇지 않은 경우보다 세 배나 더 미소를 지었으며, 연구팀의 일원이 얼굴을 손으로 문질렀을 때는 그렇지 않은 경우보다 두 배나 더 자신의 얼굴을 손으로 문질렀다. 그리고 연구팀의 일원인 학생이 발을 흔들었을 때는 그렇지 않은 경우보다 두 배나 더 발을 흔들었다.

그런가 하면 또 다른 비슷한 실험에서는 연구팀의 일원인 학생이 상대편 학생의 행동을 따라하거나 또는 상대편 학생의 행동과 전혀 닮은 점이 없도록 중립적인 태도를 취했다. 이 실험이 끝난 뒤 학생들은 둘의 상호작용을 되돌아보면서, 상대방이 자신의 행동을 따라했을 때 상호작용이 더 원만하게 이루어지는 느낌을 받았다고 말했다. 이와 같이 사람들은 서로를 자연스럽게 모방할 뿐 아니라, 이런 모방은 낯선 사람들 사이에 사회적 유대감을 형성함으로써 그들이 장차 친구 사이로 발전할 수 있도록 하는 기초가 된다.[13]

사람들은 자신을 흉내 내는 사람에게 마음을 빼앗기기 쉽다. 왜냐하면 어떤 사람을 무의식적으로 모방한다는 것은 그 사람의 거동이나 태도를 따라할 만큼 그 사람을 가치 있게 여긴다는 분명한 신호이기 때문이다. 나아가 누가 나 자신을 흉내 내는 것을 지켜보는 일은 제삼자의 렌즈를 통해 나 자신의 행동을 평가해볼 수 있는 드문 기회이기도 하다. 이에 대해 사르트르는 기분을 들뜨게 만드는 동시에 두려움을 불러일으키는 경험이라고 묘사했다. 때때로 몇몇 사람들에게는 많은 관객 앞에서 어떤 행위를 벌이는 것만큼 흥분되는 일도 없지만, 대다수 사람들에게는 타인의 시선을 받으면서 서 있는 것만큼 고통스러운 일도 없다. 실제로 수천 명의 미국인들을 대상으로 한 여론조사에서 사람들이 가장 두려운 일로 꼽은 것은 청중 앞에서 연설하는 것이었으며,

그것에 비해 한참 못 미치는 두 번째 두려움은 죽음이었다.

우사인 볼트를
달리게 하는 것

지구상에서 살았거나 또는 살고 있는 1,000억 명 이상의 사람들 가운데 가장 빠른 사람은 아마도 우사인 볼트Usain Bolt일 것이다. 자메이카의 이 단거리 선수는 2008년 베이징 올림픽이 열리던 어느 토요일 저녁에 육상경기의 꽃인 100미터 달리기에서 세계신기록을 갱신했다. 볼트의 달리기는 그야말로 압도적인 것이었다. 결선에서 8등을 차지한 미국 선수 다비스 패튼Darvis Patton은 경기 후 가진 인터뷰에서 볼트와 나머지 선수들 사이에 넘을 수 없는 간격이 존재한다고 말했다. "접전도 아니었어요. 모두들 우사인 볼트를 따라가기 바빴죠. 그는 이미 전설이에요. 한마디로 놀라운 육상선수이고 돌연변이와도 같은 친구이지요."

이날 경기에서 볼트는 자신의 우월함을 뽐내기라도 하듯이 결승선을 20미터 앞에 두고 속도를 줄이면서 승리를 자축했는데, 심지어 이때 그의 한쪽 신발 끈은 제대로 묶여 있지도 않았다. 이에 대해 노르웨이의 한 천체물리학 연구팀은 경기가 끝나기도 전에 속도를 줄인 볼트의 행동을 애석해하면서 만약 그가 계속 빨리 달렸다면 9.69초에서 9.51초까지 기록이 단축되었을 것이라고 추측했다. 몇몇 유명한 과학자들은 인간이 언젠가는 100미터를 이론적으로 가능한 최소의 시간인

9.48초에 주파할 수 있을 것이지만 아마도 2500년도 이전에는 불가능할 것이라고 주장한 적이 있는데, 볼트의 이렇게 다시 계산된 시간은 이런 주장을 위협할 정도로 대단한 것이었다.

　보통의 육상선수들은 경기 전에 마치 참선을 하듯이 고요한 마음 상태를 유지하려고 애쓰는 반면, 볼트는 그를 '사랑하는 관중들' 앞에서 달리는 것을 즐긴다. 그리고 그의 경쟁자들이 근시안적으로 결승선만 뚫어져라 응시하는 동안, 볼트는 큰 경기를 앞두고 신나게 춤을 추곤 한다. 어쩌면 이렇게 군중의 시선을 즐기는 성향 덕분에 그는 큰 경기에서 그렇게 빨리 달리는 것일지도 모른다.

　사회심리학 분야에서 수행된 아마도 역사상 최초의 실험이었을 한 연구에 따르면, 사람들은 혼자 있을 때보다 다른 사람들과 함께 있을 때 더 빨리 달리고 힘도 더 세지는 경향이 있다. 1890년대 후반 인디애나대학에서 이 연구를 수행한 사람은 바로 자전거광이자 스포츠 애호가였던 노먼 트리플렛Norman Triplett이었다. 여러 번에 걸쳐 수행된 이 실험에서 트리플렛은 고정된 자전거에 올라탄 자전거 선수들에게 최대한 빨리 달려보라고 했다. 이때 자전거 선수들은 아무런 방해도 받지 않도록 실험실에 혼자 남겨진 경우도 있었고, 모터로 작동하는 자전거에 속도를 맞추어야 하는 경우도 있었으며, 다른 자전거 선수들이 있는 곳에서 페달을 밟은 경우도 있었다. 그 결과 트리플렛은 다른 자전거 선수들이 옆에서 밟고 있을 때 선수들이 페달을 더 빨리 밟는 경향이 있음을 발견했다. 예를 들어 한 자전거 선수의 경우 혼자 있을 때는 1.6킬로미터를 2분 49초에 주파한 반면, 네 명의 다른 선수들이 옆에서 페달을 밟고 있을 때는 2분 37초 만에 주파했다. 또한 이 선수는 혼자 있을 때 16킬로미터를 달리는 데 33분 17초가 걸린 반면, 여럿이 함께 달릴 때는 똑같은 거리를 달리는 데 2분이나 덜 걸렸다. 그러나 이런 결과가 그렇게 엄격한 조건 속에서 이루어진 것은 아니라고 생각한 트리플렛은 이런 효과가 엄격하게 통제된 실험조건 아래에서도 나타난다는 것을 증명하기 위해 새로운 실험을 고안했다.

트리플렛은 1897년에 자신의 연구를 완성하기 위해 여덟 살부터 열세 살까지의 어린 학생들 40명을 모집했다. 그는 학생들에게 낚싯줄에 매달린 작은 깃발이 16미터의 거리를 이동하도록 낚시 릴을 최대한 빨리 돌리라는 과제를 주었다. 이 과제는 단순했지만 학생들에겐 낯선 것이었다. 실험에 참가한 학생들 가운데 어느 누구도 이전에 낚싯대를 가지고 놀아본 적이 없었기 때문이다. 학생들은 이 과제를 혼자 있는 상황과 다른 아이들이 곁에 있는 상황의 두 조건에서 각각 한 번씩 수행했는데, 그 결과 다른 아이들이 곁에 있을 때 낚시 릴을 더 빨리 돌리는 것이 관찰되었다. 그래서 트리플렛은 사람들이 혼자 있을 때는 보통 가동되지 않는 "잠재 에너지가 관객에 의해 해방된다"고 결론지었다. 만약 그가 110년이나 먼 미래를 내다볼 수 있었다면 그는 아마도 우사인 볼트의 놀라운 기록이 천부적인 재능 때문만이 아니라 (결정적으로 중요한 또 다른 요인으로서) 그를 지지하고 그의 에너지를 해방시키는 관중이 곁에 있었기 때문이기도 하다고 말했을 것이다.[14]

그러나 과학의 이야기들이 언제나 간단명료한 것은 아니다. 20세기에 들어와 몇몇 연구자들은 트리플렛의 획기적인 연구결과에 의문을 제기했다. 몇몇 연구자들은 오늘날 '사회적 촉진social facilitation' 효과라고 불리는 트리플렛의 연구결과를 실험적으로 반복할 수 있었던 데 반해, 다른 연구자들은 오늘날 '사회적 억제social inhibition' 효과라고 불리는 정반대의 결과를 얻었다.

조지프 페신Joseph Pessin과 리처드 허즈번드Richard Husband는 실험 참가자들에게 혼자 있거나 또는 다른 사람들이 곁에 있는 상황에서 눈을 가린 채 간단한 미로를 학습하는 과제를 주었다. 눈을 가린 참가자들은 손가락으로 미로를 더듬으며 나아가다가 열 개의 막다른 길 중 하나를 만나면 되돌아가는 식으로 미로를 학습했는데, 이 실험에서 참가자들은 다른 사람들이 곁에 있을 때보다 혼자 있을 때 미로 학습을 더 빨리 완료했다.[15]

이렇게 사회적 촉진과 사회적 억제 사이의 일관되지 않은 연구결과는 수년간 지속되었는데, 그러다 마침내 사회심리학 밥 제이언츠Bob Zajonc가 해결책을 내놓았다. 그것은 과제의 성격에 따라 결과가 달라진다는 것이었다. 제이언츠의 해석에 따르면 관중은 우리의 본능적인 반응들을 더욱 강력하게 일깨운다. 때문에 이런 반응들을 억제하고 더 주의 깊게 고려한 대안을 선택하기가 그만큼 더 어려워진다. 우사인 볼트에게 달리기만큼 자연스러운 것은 없었으며, 트리플렛의 실험에 참가한 아이들의 경우에도 낚시 릴을 미친 듯이 돌리는 것은 특별한 사고나 주의를 필요로 하지 않았다. 반면에 미로를 학습하는 일은 까다롭고 주의 집중을 요구하는 과제였다. 아마도 페신과 허즈번드의 실험에서 미로를 학습한 사람들은 다른 사람들이 자신을 지켜본다는 사실을 의식해서 주의를 집중하기가 어려웠을 것이며, 혹시 관중 앞에서 실수를 저지르지 않을까 하는 두려움을 가지고 있었을 것이다.

제이언츠는 자신의 해석을 뒷받침하기 위해 인간 대신 72마리의 바퀴벌레를 실험대상으로 삼았다. 그의 연구팀은 두 가지 자그마한 경주 과제를 고안했는데, 이것은 바퀴벌레들이 불빛이 밝게 비치는 곳에서 더 어두침침하고 안락한 곳으로 황급히 달아나게 만드는 것이었다. 몇몇 바퀴벌레들은 불빛이 번쩍이는 상자의 한쪽 끝에서 어두침침한 목표 지점까지 일직선으로 내달리는 비교적 단순한 과제를 수행했다. 그리고 나머지 바퀴벌레들은 불빛을 피하기 위해 비교적 복잡한 미로를 통과해야 하는 좀 더 어려운 과제를 수행했다. 이때 일부 바퀴벌레들은 두 가지 과제를 홀로 있는 조건에서 수행했지만, 또 다른 바퀴벌레들은 연구팀이 만든 작은 객석 상자 안의 '바퀴벌레 관중' 앞에서 달리기를 해야 했다.

그 결과 바퀴벌레들은 연구팀이 예측한 대로 관중이 지켜보는 조건에서 일직선으로 훨씬 더 빨리 달려서 평균 23초나 더 빨리 어두운 목표 지점에 도달했다. 그러나 복잡한 미로를 지나야 했을 때 관중에 대한 바퀴벌레들의 반응은 매우 달랐다. 이 경우 바퀴벌레들은 혼자 있을 때 76초나 더 빨리 목표 지점에 도달했다. 바퀴벌레들이 단순한 과제를 더 빨리 수행하도록 부추겼던 관중이 복잡한 과제에서는 바퀴벌레들을 더 느리게 만든 요인이 된 것이다.[16]

제이언츠의 이론이 인간에게도 적용된다는 사실은 1980년대 초에 포켓볼을 잘 치는 사람과 못 치는 사람의 행동을 비교 관찰함으로써 증명되었다. 이 연구에서 포켓볼을 잘 치는 사람들은 공을 쳐서 포켓에 넣는 확률이 혼자 있을 때는 70퍼센트였던 데 비해 네 명의 구경꾼이 있을 때는 80퍼센트였다. 반면에 포켓볼을 잘 못 치는 사람들은 혼자 있을 때 36퍼센트의 성공률을 보인 데 비해 구경꾼이 지켜보고 있을 때는 25퍼센트밖에 성공하지 못했다. 포켓볼을 잘 치는 사람들은 구경꾼이 지켜보자 더욱 의욕이 생긴 반면, 포켓볼을 못 치는 사람들은 이미 쩔쩔매고 있는 상황에서 구경꾼까지 있으니 더욱 집중할 수가 없었던 것이다.[17]

말하자면 작가가 자신이 쓴 어색한 문장들을 다듬으려 하거나 어린 학생이 알쏭달쏭한 수학 문제를 풀려고 애쓰고 있을 때, 누군가 어깨 너머로 그것을 지켜본다면 그들에게 그것만큼 당황스러운 일도 없을 것이다.

경쟁률이 높으면 더 치열해질까?

모든 관중이 똑같지는 않다. 제이언츠와 트리플렛이 관심을 가진 관중은 거의 언제나 수동적인 관중이었다. 이런 관중은 어떤 사람의 과제 수행을 그냥 지켜보는 관찰자일 뿐이며 과제 수행의 성공이나 실패에는 직접 관여하지 않는다. 제이언츠의 미로 곁에 있던 바퀴벌레들이나 트리플렛의 실험에서 함께 페달을 밟은 자전거 선수들은 과제를 수행한 바퀴벌레나 사람과 결코 직접 경쟁하지 않았으며 상대를 이기려고 애쓰지도 않았다.

그러나 많은 경우 관찰자는 경쟁자이기도 하다. 이 경우에 관찰자가 상대를 관찰하는 까닭은 자신이 똑같은 과제를 수행하면서 경쟁하고 있기 때문이다. 우사인 볼트가 출발선에서 몸을 웅크리고 있을 때, 관중뿐 아니라 그의 왼쪽이나 오른쪽 레인에서 똑같이 웅크리고 있는 일곱 명의 다른 육상선수들 또한 그를 관찰하고 있다. 이런 상황에서 볼트가 일곱 명의 경쟁자 모두에게 주의를 기울이는 것과 가장 강력한 라이벌에게만 주의를 기울이는 것은 어떤 차이를 낳을까?

1997년 스타 육상선수 마이클 존슨Michael Johnson과 도노반 베일리Donovan Bailey가 '세계에서 가장 빠른 인간'이라는 타이틀을 걸고 경주를 해서 베일리가 존슨을 이겼을 때처럼, 막상막하의 두 사람이 경쟁을 벌이는 상황에서는 과제 수행에 어떤 차이가 생길까? 축구감독이 선수들에게 동기를 부여할 때 리그에 속한 모든 팀들에 주목하도록 하는 것이 좋을까 아니면 매번 한 팀에만 집중하도록 하는 것이 좋을까? 학생들이 작은 강당에서 소수의 다른 학생들과 함께 표준화된 시험을 치르는 경우와 커다란 강당에서 수백 명이 함께 모여 시험을 치르는 경우 중 어느 경우에 시험 성적이 더 좋게 나올까? 이는 운동선수부터 학생에 이르기까지 여러 집단의 사람들에게 중요한 물음임에 틀림없다.

우리는 아직 이런 모든 물음들에 대해 답할 수 있는 처지가 아니다. 그러나 심리학자들은 미국의 대학입학자격시험SAT 점수와 시험에 참가한 인원수 사이의 관계를 면밀히 조사한 바 있다. 그들은 미국의 각 주에서 2005년에 대학입학자격시험에 참가한 학생수를 계산한 뒤 그 수치를 해당 주에서 시험이 치러진 장소들의 수로 나누었다. 이 간단한 방정식을 통해 우리는 각 시험장에서 평균 몇 명의 학생이 시험을 치렀는지를 알 수 있다. 이렇게 수치들을 계산한 결과 한 시험장에 평균적으로 더 많은 학생들이 시험을 치렀던 주들의 시험 성적이 다른 주의 학생들보다 더 낮은 것으로 밝혀졌다. 다시 말해 학생들은 상대적으로 적은 경쟁자들과 함께 시험을 치렀을 때 더 높은 점수를 받았다. 그런데 이때 각 주들은 당연히 여러 측면에서 차이가 난다.

예를 들어 인구밀도가 높은 주들이 상대적으로 가난해서 더 적은 수의 시험장을 준비했기 때문에 점수가 낮은 것일 수도 있고, 아니면 단순히 더 시끄러워서 주의 집중이 안 되었기 때문에 점수가 낮은 것일 수도 있다. 이런 물음에 답하기 위해 심리학자들은 또 다른 연구를 수행했다. 즉 학생들에게 경쟁 관계에 있는 학생들의 수가 매우 많다거나 비교적 적다고 일러주면서 혼자 시험을 치르도록 한 것이다. 이 실험에서 10명의 다른 학생들과 경쟁한다고 믿은 학생들의 경우 한 문제를 푸는 데 28초가 걸린 반면, 100명의 다른 학생들과 경쟁한다고 믿은 학생들의 경우 똑같은 문제를 푸는 데 33초가 걸렸다.[18]

어찌 보면 이것은 뜻밖의 결과처럼 보인다. 사람들은 보통 경쟁이 심해질수록 더 많은 노력을 하지 않는가? 일단 그것은 사실인 것 같다. 그러나 경쟁이 너무 심해질 경우 사람들은 동기가 약해지고 때로는 완전히 자포자기 상태에 빠지기도 한다. 테니스 네트 저편의 상대방 또는 경기장 반대편의 상대팀에게 주의를 집중하는 일은 그리 어려운 것이 아니다. 그러나 토너먼트나 리그에 속한 모든 경쟁자에게 동시에 주의를 집중하는 일은 그보다 훨씬 더 어렵다. 우리의 경쟁심은 많은 부분 우리 자신의 능력을 다른 사람들의 능력과 견주어보는 정신적 비교에서 비롯한다. 그래서 우리는 이런 사회적 비교가 생생하고 풍부하며 자극적일수록 과제에 더 집중하는 경향이 있다. 압도적으로 많은 수의 굶주린 아이들을 대상으로 할 때보다 도움이 필요한 한 아이에게 초점을 맞출 때 사람들이 더 많은 돈을 자선단체에 기부하는 것도 비슷한 이유에서다. 즉 자신의 노력이 별다른 흔적도 남기지 못할 만큼 광대한 목적에 정신적, 정서적 에너지를 쏟기보다, 쉽게 상상해볼 수 있는 제한된 목적에 에너지를 쏟는 일이 훨씬 쉽고 더 보람 있게 느껴지기 때문이다.

경쟁자나 팀의 동료들이 곁에 있는 상황에서 의욕 없이 축 늘어진 사람을 보면 우리는 섣불리 게으르거나 약삭빠르고 기회주의적인 사람이라고 말하기 쉽다. 안타깝게도 이런 현상들을 앞에서 이야기한 논리로 이해하는 사람은 매우 드물다. 왜냐하면 이런 현상들 또는 효과들은 많은 경우 심리학의 섬세한 렌즈로 자세히 들여다보아야 비로소 이해될 수 있기 때문이다. 우리가 가장 납득하기 어려운 행동방식 중 하나는 혼자라면 서둘러 조치를 취했을 위급한 상황 앞에서도 여러 사람들이 떼로 몰려 있으면 그것을 무시하는 경향이 있다는 사실이다. 이런 일이 발생할 때마다 언론에서는 인간성이 땅에 떨어졌다는 둥 한탄의 소리를 내뱉곤 한다. 그러나 다음에서 살펴보듯이 통찰력이 뛰어난 몇몇 심리학자들은 이에 대해 더 설득력 있는 해석을 내놓았다.

용감한 개인과
비겁한 군중

2011년 4월 중순의 어느 날 아침 해가 뜨기 전에 뉴욕 시의 퀸스 구역에서 끔찍한 일이 일어났다. 사건의 발단은 다음과 같았다. 서로 아는 사이로 보이는 한 남자와 여자가 갈수록 더 심한 욕을 써가며 싸우고 있었다. 마침 그곳에 있던 휴고 알프레도 테일-약스Hugo Alfredo Tale-Yax라는 이름의 과테말라 출신 노숙자는 여성을 도우려고 싸움에 끼어들었다. 그런데 끝내는 그 여자와 싸우던 남성으로부터 몸통을 칼로 수차례 찔리는 사고를 당하고 말았다. 그 후 90분 동안 테일-약스는 피를 질펀하게 흘리며 길바닥에 쓰러져 있었는데, 길을 가던 수십 명의 행인들 중 어느 누구도 그를 도우려 하지 않았다. 사람들은 아예 못 본 척 그냥 지나가거나 사진을 찍거나 잠시 바라보다가 다시 제 갈 길을 갈 뿐이었다. 그러다 날이 밝아 마침내 소방관들이 도착했을 때 테일-약스는 이미 싸늘한 주검으로 변해 있었다.[19]

이런 사건을 접하면 사람들은 으레 인간의 본성에 대해 탄식을 내뱉으면서 과연 사람들이 언제 어떻게 인간성을 잃게 되는가라는 물음을 던지곤 한다. 과연 50년 전의 사람들은 더 선량한 시민들이었을까? 10년 전의 사람들은 어땠을까? 유독 뉴욕 시에 냉혹한 사람들이 많이 사는 것일까? 아니면 원래 착했던 사람들이 이 도시에 너무 오래 살다 보니 악해진 것일까?

이런 물음들 가운데 일부는 분명히 답할 수 있다. 위급한 사태에 개입하지 않고 그저 방관하는 행동은 단순히 금세기에 등장한 도덕적 타락의 산물이 아니다. 왜냐하면 비슷한 사건들에 대한 보도가 1960년 대에도 있었기 때문이다. 1964년에 퀸스 구역에 살았던 키티 제노비스Kitty Genovese라는 여성이 칼에 찔려 살해된 사건이 있었는데, 이는 당시 많은 언론의 주목을 받았고 뛰어난 몇몇 사회심리학자들의 관심을 끈 사건이었다. 이 사건의 자세한 내막은 분명치 않지만, 기본적인 사실은 확실하고도 암울한 것이었다. 새벽 3시 15분에 일을 마치고 집에 도착한 제노비스는 적어도 10여 명의 아파트 주민들이 똑똑히 보는 가운데 어느 괴한에게 칼로 찔렸다. 그러나 주민 중 어느 누구도 사건이 일어나는 동안 또는 그 후 반 시간 동안 경찰에 신고하지 않았으며, 결국 제노비스는 응급실로 향하던 구급차 안에서 숨을 거두고 말았다. 길에 쓰러진 테일-약스를 그냥 지나친 행인들처럼 반세기 전의 아파트 주민들도 이와 똑같은 행동을 했던 것이다.[20]

이렇게 볼 때 이런 현상은 굳이 새롭다고는 볼 수 없다. 그러나 왜 이런 현상들이 우리의 도덕적 나침반이 망가진 것처럼 보이게 하는지에 대한 설명은 아직 제시되지 않았다. 무관심하게 방관하는 태도에 대해서는 적어도 두 가지 설명이 가능하다. 하나는 우리의 도덕적 본성 자체에 뭔가 문제가 있다고 설명하는 것이고, 다른 하나는 도덕적 본성 자체는 문제가 없으나 우리가 제대로 반응하지 못하는 상황에 뭔가 특별한 것이 있다고 설명하는 것이다.

이 두 가지 설명에 대한 전문가들의 견해는 엇갈린다. ABC 방송국의 보도기자와 인터뷰를 한 심리학자 마이클 브래들리Michael Bradley는 우리의 도덕적 본성 자체에 뭔가 문제가 있다고 지적한다. "우리는 이렇게 거의 매일같이 폭력을 접합니다. 그리고 이제 우리는 이런 끊임없는 폭력의 경험 때문에 뇌에 실제로 변화가 일어나 사람들이 실제 폭력과 가상의 폭력을 구별하지 않게 되었음을 알고 있습니다. 우리가 폭력이나 고통에 대해 예전처럼 도덕적으로 반응하지 않도록 우리의 뇌가 실제로 재구성되고 있는 것이죠." 즉 예전에는 확실히 반응을 불러일으키던 것이 이제는 더 이상 우리의 폭력 탐지 레이더에 걸리지 않기 때문에 사람들이 폭력에 반응하려면 더 많은 것이 필요하다는 얘기다. 브래들리는 이와 같이 폭력적인 비디오게임, 영화, 텔레비전 프로그램 등의 영향으로 실제 폭력에 대한 사람들의 감수성이 둔해졌기 때문에 공개 장소에서 누가 칼을 휘둘러도 그것이 예전처럼 강하게 와 닿지 않는다고 주장한다.

이 설명은 그럴듯해 보이긴 하지만, 왜 무관심하게 방관하는 일이 폭력적인 미디어의 등장 이전에도 있었는지, 그리고 여러 연구에서 밝혀진 것처럼 왜 구경꾼들이 상황의 차이에 상관없이 언제나 무관심한 것은 아닌지를 설명해주지는 못한다. 만약 사람들이 언제나 무관심하게 방관하는 것은 아니라면, 우리의 본성 자체에 문제가 있다기보다는 상황의 어떤 특성 때문에 우리의 개입 성향이 약해지는 것이라고 보는 편이 더 타당할 것이다.

이런 상황적 설명을 처음으로 제시한 사람은 사회심리학자 존 달리John Darley와 빕 라타네Bibb Latané였다. 달리와 라타네는 제노비스 살해사건에 대한 대대적인 언론보도를 보면서 기자와 해설자들이 사태를 너무 단순화한다고 생각했다. 그래서 그들은 뉴욕 시민들이 원래 비정한 사람들이라고 비난하는 대신 구체적으로 어떤 상황적 특성이 구경꾼의 사태 개입을 억지하는지를 찾아보기로 마음먹었다. 이때 그들은 그 사건을 그렇게 충격적이게 만든 바로 그 특징, 다시 말해 그렇게 많은 사람들이 사건을 목격했는데도 어느 한 사람 개입하지 않았다는 바로 그 점이 역설적이게도 방관자들의 무관심을 가장 잘 설명해줄 것이라고 가정했다.

그들의 가정을 이해하기 위해 다음과 같은 상황을 한번 상상해보라. 당신과 당신이 모르는 한 사람이 배가 좌초하는 바람에 황량하기 짝이 없는 한 섬에 남게 되었다. 섬에는 당신들 두 명 외에 어떤 인기척도 찾을 수 없다. 그런데 갑자기 그 낯선 사람이 모래 위에 푹 쓰러지더니 꿈적도 하지 않는다. 이런 상황에서 당신은 뭔가 조치가 필요하다는 강렬한 느낌을 받지 않겠는가? 만약 당신이 평균에 가까운 사람이라면, 아마도 쓰러진 사람을 어떻게든 도와야 한다는 강력한 동기가 마음속에서 솟구칠 것이다. 함께 난파를 당한 사람이 정신을 잃은 채 근처에 쓰러져 있는데 아무렇지 않게 평소와 같이 하루를 보낸다는 것은 상상하기조차 힘들 것이다.

그렇다면 이제 다음과 같이 약간 다른 상황을 상상해보라. 마찬가지로 황량한 섬에 이번에는 당신을 포함해 열 명의 사람이 남게 되었다. 당신들은 모두 서로 모르는 사이고 그중 의사 교육을 받은 사람은 한 명도 없다. 이번에도 함께 난파를 당한 다른 사람들 가운데 한 명이 갑자기 쓰러졌다. 이런 상황에서 그 사람을 도와야겠다는 동기가 얼마나 강렬하게 느껴지는가? 설령 당신이 돕지 않더라도 함께 난파를 당한 사람들 가운데 어느 누가 그를 돕지 않겠는가? 그리고 만약 그 섬에 100명의 사람들이 있었다면 어떠하겠는가? 이럴 때 쓰러진 사람을 도우려는 당신의 동기는 더 약해지지 않겠는가? 다음에서 달리와 라타네가 관찰한 것처럼 만약 당신이 도움을 줄 수 있는 유일한 사람이라면 당신은 그 사람을 도와야 한다는 책임감을 매우 강력하게 느낄 것이다. 그러나 이런 개인적인 책임감이 여러 사람들에게 나누어진 상황이라면 책임감은 훨씬 약해질 것이다.

1960년대 후반 달리와 라타네는 이런 책임분산의 원리를 증명하는 일련의 실험을 했다. 한 심리학 실험에서 뉴욕대학의 학생들은 대학에서 다른 학생들과 함께 지내면서 겪는 어려움에 대한 토의를 벌이기로 했다. 연구자는 학생들에게 이 토의가 서로 얼굴을 마주보면서 진행되는 것이 아니라 구내 통신장치를 이용해 진행될 것이라고 말했다. 이와 같은 조치는 학생들의 익명성을 보장하는 동시에 학생들이 자신의 생각을 솔직하게 털어놓고 혹시라도 곤란한 상황에 처하지 않도록 하기 위한 것으로 보였다. 학생들은 한 번에 한 사람씩만 말할 수 있었으며 다른 학생이 이야기를 시작하면 마이크가 바로 꺼졌다. 그리고 달리와 라타네는 토의 집단의 크기를 다양하게 설계하여, 어떤 학생들은 단둘이서, 또 다른 학생들은 셋이서, 나머지 학생들은 모두 여섯이서 토의를 벌이도록 했다. 이때 일부 학생들은 실험에 대해 아무것도 모르는 순진한 처지였던 데 반해, 다른 몇몇 학생들은 실험의 목적과 진행방식에 대해 미리 자세한 설명을 들은 상태였다. 이런 상황에서 학생들이 처음 의견을 주고받을 때는 토의가 평온하게 흘러갔다. 그런데 두 번째로 서로의 생각을 돌아가며 이야기하는 동안 한 학생이 갑자기 발작이 일어난 것처럼 큰 소리로 떠들면서 횡설수설하기 시작했다. 사실 이 학생은 연구자로부터 수당을 받고 2분 동안 다음과 같은 대본을 읽는 중이었다.

> 나는, 어, 음, 내 생각에 나는, 나는 도움이, 어, 만약, 만약 가능하다면, 어, 어, 누가 어, 어, 어, 어, 어, 어, 어 나를 좀, 어, 여기서 나를 좀 도와주면 좋겠는데, 왜냐하면, 어, 나, 어, 나는, 어, 어어어, 저, 저, 정말로 문제가 생겨서 그러는데, 어, 지금 당장 나를, 어, 누가 나를 좀 거들어주면 정말로, 정말로, 어, 어, 저, 저, 정말로, 정말로 좋겠는데. ⋯ 왜냐하면, 어, 그러니까, 어, 어, 왜냐하면 나, 어, 나, 어, 으으, 나한테 발작, 어, 어, 이 일어나서, 그, 그, 그래서 정말로 나를, 어, 누가 좀 도와주면, 어, 나를 좀 도, 도와주면, 으으, 어, 어, 어, 어, 어, 누, 누가 좀, 어, 어, 도와, 어, <u>으으으으으으,</u> (숨넘어가는 듯한 소리). ⋯ 죽을 것 같아, 어, 어, ⋯ 죽을 것 같아, 어, 도와줘, 어, 어, 발작이, 어, (숨이 넘어간 듯 조용해짐).

실험에 대해 아무것도 모르는 순진한 학생들은 이렇게 계속되는 발작 소리를 어리벙벙한 표정으로 숨죽여 들으면서 과연 도움을 주기 위해 나서야 할지 말아야 할지 결정해야만 하는 처지에 놓였다. 그리고 그들의 반응은 달리와 라타네가 예측한 것처럼 다른 학생들이 도울 것이라고 그들이 믿고 있는지 여부에 따라 극적으로 달랐다.

순진한 학생들이 발작으로 괴로워하는 학생과 단 둘이서 토론을 벌이는 상황에서는 85퍼센트의 학생들이 발작이 끝나기 전에 도움을 주기 위해 나섰다. 그들은 상대편이 곤란한 처지에 놓였다는 신호를 처음 후 도움을 주기 위해 나서기까지 평균 52초를 기다렸다. 반면에 또 다른 한 학생도 발작 소리를 듣고 있다고 믿은 학생들의 경우(세 명 집단)에는 62퍼센트만이 발작이 끝나기 전에 도와주려고 나섰으며, 그러기까지 그들은 평균 93초를 기다렸다. 그리고 끝으로 키티 제노비스나 휴고 알프레도 테일-약스의 비극을 그냥 무시했던 방관자들의 숫자에 좀 더 가까운 마지막 경우(여섯 명 집단)에는, 네 명의 다른 학생들이 도와줄 것이라고 믿은 학생들 중 겨우 31퍼센트만이 발작이 끝나기 전에 도와주려고 나섰다. 그렇게 나서기까지 그들은 자그마치 평균 166초, 다시 말해 거의 3분을 기다렸다. 이때는 발작을 일으킨 학생이 "죽을 것 같아"라고 괴롭게 외친 뒤 이미 조용해진 때였다. 이 실험에 참여한 대다수 순진한 학생들은 정말로 발작이 일어났다고 믿었다. 왜냐하면 많은 학생들은 발작이 시작되자마자 "큰일 났네, 발작이 일어났나 봐!"라고 외쳤기 때문이다. 그러나 다른 사람들이 도와줄 것이라고 생각하여 책임감이 분산된 경우 그들은 좀처럼 도와주려고 먼저 나서지 않았다.

이 실험의 가짜 발작과 현실에서는 상황이 정말로 위급한지 아닌지 판단하기가 애매할 수 있다. 테일-약스는 정말로 위급한 상황에 처해 있던 사람이 아니라 그저 몰골사납게 잠을 자고 있는 또 한 명의 노숙자처럼 보였을 수도 있지 않을까? 실제로 당시에는 수없이 많은 사람들이 그의 곁을 지나갔지만 어느 누구도 걸음을 멈추고 그를 자세히 들여다보지 않았다. 이와 관련된 두 번째 실험에서 달리와 라타네는 다른 사람들이 어떤 조치도 취하지 않고 가만히 있으면 사람들은 그것을 위급 상황이 아닌 것으로 해석한다는 사실을 보여주고자 했다. 이 실험에서 학생들은 건물 다른 쪽에서 진행될 실험에 참가하기에 앞서 대기실에 앉아서 질문지에 대한 답변을 작성했다. 이때 일부 학생들은 대기실에 혼자 앉아 있었으며 다른 학생들은 여럿이 함께 앉아 있었다. 그리고 몇 분 뒤에 연구자는 옆방의 연기 뿜는 기계를 작동시켜 연기가 환기통을 통해 대기실로 들어가게 했다. 대기실이 연기로 점점 가득 차자 학생들은 옆방에서 정체 모를 어떤 것 때문에 연기가 나고 있다는 사실을 반드시 알아차릴 수밖에 없었다.

이런 상황에서 대기실에 혼자 앉아 있던 학생들은 대기실에 연기가 점점 가득 차고 있다는 사실을 연구자에게 신속히 알렸다. 그러나 여럿이 함께 앉아 있던 학생들은 초조하게 서로를 곁눈질하거나 때로는 아예 아무런 반응도 보이지 않았다. 대기실에 연기가 자욱해서 무릎 위에 놓인 질문지를 읽어 내려가기도 어려운 판국에 네 명의 학생이 애써 태연하고 무관심한 척 앉아 있는 광경을 상상해보라. 달리와 라타네의 설명에 따르면 학생들은 이 상황이 정말로 위급한 상황인지 아닌지를 확실하게 판단할 수 없었다. 이럴 때 사람들은 매우 고전적인 궁지에 빠진다. 즉 비상사태가 아닌데 "비상!" 하고 외치는 바보가 되기를

누구도 원치 않기 때문에 방 안이 연기로 자욱해져도 모두 차분히 계속 앉아 있는 것이다.[21]

사람들이 일반 관중 앞에서 또는 달리와 라타네의 경우처럼 방관자들이 주위에 있을 때 어떻게 반응하는지를 이해하는 것은 매우 유용한 일이다. 하지만 이것은 인간에 관한 이야기의 절반에 지나지 않는다. 나머지 절반은 주위 사람들의 면면에 대한 것이다. 그들의 인상이 어떠한지, 남성인지 여성인지, 서로 사랑하는 사이인지 아니면 모르는 사이인지 등에 대한 것이다. 남자들은 예쁜 여자가 주위에 있을 때 어떻게 반응할까? 사람들이 사랑하는 연인의 사진을 바라보고 있을 때 고통을 더 잘 참는 까닭은 무엇일까? 무고한 백인이 손에 휴대폰을 들고 있을 때보다 무고한 흑인이 손에 휴대폰을 들고 있을 때 경찰관들이 그것을 총으로 오인할 확률이 더 높은 까닭은 무엇인가? 우리 주위의 사람들이 우리의 생각과 느낌과 행동에 어떤 영향을 미칠지를 더 정확히 알기 위해서는 그들의 이런 면면에 대해 더 자세히 따져볼 필요가 있다.

20세기 중엽에 미국의 젊은 심리학자 에이브러햄 매슬로Abraham H. Maslow는 자신의 인생에서 중요한 사람들과 그 사람들이 자신의 행동에 미친 영향을 점선으로 연결해보았다. 그 결과 매슬로는 그들이 자신에게 불러일으키는 욕구가 사람에 따라 매우 다양하다는 사실을 깨달았다. 그리고 이렇게 해서 매슬로의 유명한 '욕구 위계hierarchy of needs'가 탄생했다. 그러나 그의 이런 통찰은 그가 1920년대에 브루클린에서 가난한 유대인 가족의 아이로서 온갖 곤란을 겪으며 성장할 때부터 서서히 형성되고 있었다고 보아야 할 것이다.

5

생각을 만든 편견

대다수 동물들이 제한된 사회적 상호작용에 의존해 자신의 목표를 이루는 데 반해 인간은 때때로 의식적으로, 그리고 어떨 때는 자신도 모르게 사회적인 끈을 이용해 자신의 동기를 충족시킨다.

인간의 동기를
이끄는 힘

20세기 초반의 브루클린은 유대인들에게 결코 만만한 장소가 아니었다. 어린 매슬로는 학교로 가는 길에 건달들과 마주치기 일쑤였고, 다행히 건달들과 마주치지 않은 날이면 교실에서 유대인을 혐오하는 교사들과 실랑이를 벌여야 했다. 그렇다고 집에서도 딱히 더 좋을 것이 없었다. 왜냐하면 어머니와 사이가 좋지 않았기 때문이다. 몇 년 후 그는 어머니에 대해 자기도취적이고 편견이 심하며 친구도 없고 남을 사랑할 줄 모르며 단정치 못하다고 묘사했다. 어머니의 이런 성격적 결함들 때문에 어린 매슬로는 수년 동안 큰 고통을 감내해야 했다.

그러나 이런 곤경 속에서도 매슬로는 낙천적인 아이였다. 경제학자 밀턴 프리드먼Milton Friedman부터 세균학자 조너스 소크Jonas Salk에 이르기까지 유럽에서 미국으로 이주한 많은 1세대 유대인들이 그랬던 것처럼, 매슬로 또한 교육이 자신을 온갖 고통으로부터 해방시켜줄 것이라고 믿었다. 친구가 그리 많지 않았던 매슬로는 대부분의 시간을 실

내에서 독서를 하며 보냈으며 당시 새롭게 등장한 심리학이라는 학문
에 대한 관심을 점차 키워나갔다. 그리고 당시의 많은 심리학자들은 미
로를 달리는 쥐에 몰두해 있었지만, 매슬로는 이런 연구들이 별 가치가
없다는 것을 이내 깨닫게 되었다. 그래서 그는 다른 동물들과 달리 인
간 고유의 복잡한 현상들을 탐구하기로 마음먹었다.[1]

매슬로의 가장 큰 학문적 업적은 그가 1943년에 《인간 동기론Theory
of Human Motivation》이라는 대작을 발표하면서 모습을 드러냈다. 그는 이
책에서 인간을 움직이게 만드는 여러 목표와 동기에 관해 설명했는데,
여기에는 그가 어린 시절에 겪은 고난의 경험이 짙게 배어 있었다. 그
는 인간에게 공기, 음식, 물, 성욕 같은 가장 기본적인 생리적 욕구가
일단 충족되면, 그의 부모가 러시아 전제군주의 박해를 피하기 위해 수
년 전에 미국으로 건너온 것처럼 상해를 피하고 안전을 추구하려는 욕
구가 강해진다고 주장했다. 그리고 안전의 욕구가 어느 정도 충족되면
친구와 가족과 사랑을 추구하게 된다고 했는데, 이것은 매슬로가 어린
시절에 누리지 못한 사회적 평안에 대한 욕구였다. 그에 따르면 사람들
은 이런 기본 욕구들이 충족되었을 때 그다음 단계로 직장에서 성공을
거두고 사람들의 존경을 얻는 데 관심을 기울이게 된다. 그리고 그것마
저 이룬 사람들은 자기실현이라는 최종 동기에 몰두하게 된다.

매슬로는 단조롭고 평범한 일상생활의 족쇄로부터 사람들을 해방
시켜줄 원동력이 바로 교육이라는 사실을 믿어 의심치 않았다. 그리고
그는 알베르트 아인슈타인 같은 인물이 기본적인 하위 욕구들의 충족
을 바탕으로 창조적이고 지적인 열정을 추구하면서 도덕적인 투명함

까지 갖춰가는 과정을 존경 어린 눈으로 지켜보았다.

그로부터 70년이 지난 오늘날, 매슬로가 주장했던 욕구의 위계가 정확히 어떤 구조를 지니고 있는지에 대해서는 여전히 논란이 많지만, 그가 언급한 동기들이 인간의 다양한 행위를 이끄는 힘이라는 데는 별로 이견이 없다. 이 70년의 세월 동안 수천 명의 연구자들은 자신의 창조적이고 지적인 열정을 바쳐서 이런 동기가 어떤 방식으로 충족될 수 있는지를 밝혀내려고 애썼다. 그러면서 그들은 대다수 동물들이 제한된 사회적 상호작용에 의존해 자신의 목표를 이루는 데 반해 인간은 때때로 의식적으로, 그리고 어떨 때는 자신도 모르게 사회적인 끈을 이용해 자신의 동기를 충족시킨다는 사실을 알게 되었다. 이런 현상은 유성생식을 통한 유전자의 생존이라는 가장 기본적인 목표를 추구할 때도 나타나고, 다음에서 살펴보듯이 남성 체스선수가 예쁜 여성 체스선수를 상대하면 평소보다 훨씬 대담한 전술을 구사하는 경향이 있다는 데서도 나타난다.[2]

미녀 앞에서 남자가 무모해지는 이유

체스를 섹시한 스포츠라고 생각하는 사람은 아마 별로 없을 것이다. 그러나 바람둥이이자 프랑스의 체스 고수인 블라디슬라프 트카초프 Vladislav Tkachiev는 그의 동생 에프게니Evgeny와 함께 2005년에 세계체

스미인대회를 개최해 체스를 섹시한 스포츠의 반열에 올려놓았다. 이들은 전 세계의 유명한 여성 체스선수들로부터 그들의 가장 매혹적인 모습을 담은 사진을 받아, 남성 선수들로 구성된 심사위원단의 투표를 통해 여왕을 선정하기로 했다. 그러자 세계 각지에서 사진이 쏟아져 들어왔다. 세계 체스계의 고수인 러시아의 알렉산드라 코스티뉴크Alexandra Kosteniuk는 말들이 잔뜩 놓인 체스판 뒤에서 요염한 눈빛을 하고 있는 사진을 보내왔다. 라오라 하차트리안Laoura Hachatrian은 거의 나체에 가까운 사진을 보내오는 바람에 그의 남자친구가 사진 아래쪽을 모자이크로 처리해야 한다고 주장할 정도였다. 배우 리브 타일러Liv Tyler를 꼭 빼닮은 나탈리아 포고니나Natalia Pogonina는 기타 뒤에서 입을 삐죽 내밀고 있는 사진을 보내왔다. 사진을 보낸 사람들 중에는 슈퍼모델이자 에스토니아 전국체스리그의 위원장을 맡기도 했던 카르멘 카스Carmen Kass도 포함되어 있었다. 그는 크리스천 디오르Christian Dior의 자도르J'Adore 향수 모델이기도 했으며 유럽의회의 의원 후보로 나서기까지 한 인물이었다.

어찌 보면 체스 같은 두뇌스포츠에서 경기 상대방의 신체적 특성은 별로 중요치 않을 것이다. 그러나 이것은 실제로 체스선수의 실력에 어마어마한 영향을 미친다. 전문가들도 인정하듯이 컴퓨터를 상대로 체스를 두는 것과 인간을 상대로 체스를 두는 것은 매우 다른 일이다. 블라디슬라프 트카초프 같은 고수도 전설적인 체스선수 개리 카스파로프Garry Kasparov를 상대했을 때는 얼굴이 하얗게 질리면서, 그가 자신보다 "1미터는 더 커 보였다"고 말할 정도였다. 실제로 두 사람의 키는 거의 같았다. 그렇다면 남성 체스선수들이 카르멘 카스나 알렉산드라 코스티뉴크 같은 체스계의 여신을 상대할 때는 어떤 일이 일어날까? 체스선수들은 지독히 합리적이다. 그러나 그렇다고 해서 그들의 유전자가 매슬로의 최하위 동기를 향하여, 즉 유성생식을 통한 유전자의 생존을 향하여 끊임없이 작동하고 있지 않다는 얘기는 아니다. 일부 수컷 동물들은 짝짓기 상대를 찾기 위해 죽음을 불사하고 싸우기까지 한다. 그러나 남성 체스선수들이 비슷한 목표를 추구하면서 사용하는 전술은 그보다 훨씬 미묘하다.

이성애 성향의 모든 남성들이 그런 것처럼 남성 체스선수들도 예쁜 여자라는 자극에 노출되면 남성호르몬인 테스토스테론의 분비가 왕성해지고, 그러면 일련의 생물학적 반응들이 촉발되어 매슬로가 말한 성적 동기를 추구하게 된다. 이 가운데 나타나는 한 가지 경향이 바로 매력적인 이성에게 좋은 인상을 심어주기 위해 위험을 감수하는 것이다. 이는 남성이 위험한 내기에 큰돈을 걸 정도로 자원이 풍부하다는 것을 과시하는 신호다. 그래서 유럽의 몇몇 경제학자들은 과연 평소에는 중요한 경기에서 신중에 신중을 기하는 남성 체스선수들이 매력적인 여성 선수를 만나면 실제로 더 모험적인 전략을 구사하는지 살펴보았다.

이 연구자들은 수백 개에 이르는 체스경기 자료를 수집하여 남자 선수들이 토너먼트에서 미녀 선수들을 만났을 때 무슨 일이 일어났는지를 조사했다. 표본에 포함된 선수들은 1997년부터 2007년까지 왕성하게 활동한 25세부터 34세까지의 뛰어난 체스선수들이었다. 각 선수의 매력도는 별도의 성인 집단이 선수들의 공식 얼굴사진을 평가하는 식으로 측정되었고, 경기 중의 모험도는 모험을 싫어하는 무승부의 횟수와 우세를 확보하기 위한 초반 작전의 모험도를 바탕으로 측정되었다. 무승부가 모험을 싫어하는 성향과 관련이 있는 까닭은 두 명의 능숙한 체스선수가 시합을 벌이면 패배의 위험이 적고 승리의 희망도 매우 적은 무승부로 시합을 유도하기가 그리 어렵지 않기 때문이다. 그리고 몇몇 초반 작전들은 다른 초반 작전들보다 더 모험적인 것이 사실이다.

통계에 따르면 경기 초반부터 일부 말을 희생해야 하고 다른 말들도 노출시키는 위험한 모라 작전Morra gambit을 구사하는 선수들은 그 시합에서 겨우 20퍼센트의 무승부를 기록하고 45퍼센트의 패배를 맛보게 된다. 반면에 약한 졸들로 중요한 말들을 보호하면서 더 안전하게 두는 알라핀 작전Alapin gambit을 구사하는 선수들은 그 시합에서 35퍼센트의 무승부를 기록하고 겨우 33퍼센트의 패배를 맛보게 된다. 그런데 이 경제학자들의 조사에 따르면 남성 체스선수들은 매력적인 여성 선수가 체스판 저편에 앉아 있었을 때 초반에 더 모험적인 작전을 구사했으며 무승부를 집요하게 피했다. 그러나 미녀의 매력에 홀딱 빠진 이 남성들에게는 불행한 일이지만, 모험적인 작전에는 대가가 따르기 마련이다. 왜냐하면 이 남성들은 평정심을 잃지 않은 상대 선수보다 훨씬 많은 패배를 맛보아야 했기 때문이다.[3]

도대체 왜 남성 체스선수들은 (그리고 더 나아가 일반 남성들은) 예쁜 여자가 곁에 있으면 일이 손에 잡히지 않는 것일까? 이 물음에 대한 대답은 유럽에서 수천 마일 떨어진 오스트레일리아 브리즈번의 한 스케이트보드 공원에서 수행된 기발한 연구에서 찾을 수 있다. 이 연구의 출발점은 단순하면서도 놀랍기 짝이 없는 한 통계 수치였다. 즉 남성은 여성보다 온갖 종류의 사고를 통해 죽을 확률이 세 배 반 이상이나 더 높다. 진화심리학의 관점에서 볼 때 남성들이 사고로 죽을 확률이 더 높은 까닭은, 수컷 사자나 코끼리가 우세한 지위를 점하기 위해 서로 목숨을 걸고 싸우듯, 남성들은 여성에게 좋은 인상을 심어주기 위해 위험을 마다하지 않기 때문이다. 진화론에 따르면 우리의 수컷 조상들은 암컷 조상들의 호감을 얻기 위해 서로 경쟁했으며, 거기에서 승리한 수컷들이 짝짓기를 했고 새끼를 낳았다. 다시 말해 오늘날 이 지구상에 살고 있는 약 30억 명의 남성들은 상대적으로 약하고 가난하며 불안에 떨던 다수의 다른 수컷들보다 우월했기 때문에 자손을 낳을 수 있었던 운 좋은 수컷 세대들의 자손인 셈이다. 이런 정황을 근거로 두 사회심리학자들은 오늘날의 남성들이 매력적인 여성을 만나면 그만큼 더 모험적으로 행동할 수밖에 없을 것이라고 추론했다. 그리고 이것은 유럽의 경제학자들이 남성 체스선수들 사이에서 발견한 효과와 똑같은 것이었다.

이 심리학자들은 체스 전문가들의 행동을 조사하는 대신 스케이트보드를 즐기는 남성들에게 주목했다. 연구자들은 브리즈번의 한 공원에서 스케이트보드를 타던 약 100명의 남성들에게 다가가 다양한 난이도의 묘기를 보여달라고 부탁했다. 어려운 묘기는 성공하면 그만큼

뿌듯한 마음이 들겠지만 다칠 수도 있기 때문에 더 위험한 것이기도 하다. 그래서 스케이트보드를 타는 사람들은 이런 위험을 최소화하기 위해 묘기를 부리다가도 괜히 크게 다치기 전에 묘기를 중단하곤 한다. 이 실험에서 스케이트보드를 타는 남성들은 처음에는 남성 연구자가 보는 앞에서 묘기를 부렸으며, 나중에 그들 중 일부는 18세의 매력적인 여성 연구자가 보는 앞에서 똑같은 묘기를 한 번 더 부렸다. 그들이 쉬운 묘기를 부릴 때는 연구자의 성별에 상관없이 대부분 침착하게 묘기를 선보였으며 실수하거나 중간에 그만두는 일은 거의 없었다. 그러나 그들이 어려운 묘기를 시도할 때는 상황이 매우 달랐다. 즉 남성들은 매력적인 여성 연구자가 보는 앞에서 어려운 묘기도 대부분 성공적으로 완수했지만, 그러기까지 훨씬 더 많은 실수를 저질렀으며 중간에 그만두는 경우는 훨씬 적었다. 매력적인 여성의 존재 때문에 남성들은 좀 더 기꺼이 위험을 감수했고 실수할지언정 좀처럼 중간에 포기하려 들지 않았던 것이다.

남성들의 묘기 시범이 끝난 직후에 연구자는 그들의 침을 수거해 분석해보았는데, 이것은 테스토스테론의 수준을 측정하기 위해 흔히 사용되는 방법이었다. 그 결과 연구자들이 예측한 대로 매력적인 여성 앞에서 묘기를 부린 남성들은 남성 연구자 앞에서 묘기를 부린 남성들보다 테스토스테론 수준이 상당히 높았으며, 이 수준이 높을수록 실수를 저지른 비율도 높았다. 짝짓기 행동의 논리로 풀이하자면 매력적인 여성 연구자 때문에 이 불운한 남성들의 짝짓기 본능이 활성화되어 테스토스테론의 분비가 촉진되었고, 이것은 다시 묘기를 중단하고픈 마음을 약화시켜서 결국에는 실수로 이어지게 했던 것이다. 물론 이렇게 실수를 저지른 남성들도 결국에는 어려운 묘기들을 성공적으로 완수했는데, 이렇게 볼 때 남성들은 매력적인 여성 관객에게 좋은 인상을 심어줄 수만 있다면 이따금 발생하는 작은 실수쯤은 달게 받아들일 자세가 되어 있음을 알 수 있다.[4]

이 실험에 참가한 남성들이 아름다운 여성 때문에 영향을 받았다는 것은 틀림없는 사실이다. 그러나 그 영향이 단순히 주의집중의 방해 같은 것이 아니라 성적 동기에 기초한 것이라는 사실을 어떻게 알 수 있을까? 2006년 말 세 명의 심리학자들은 바로 이 문제를 탐구하기 위해 알부케르케Albuquerque라는 남성용 클럽에서 상반신을 드러낸 채 춤을 추는 18명의 댄서들을 면접 조사했다. 이 논문의 앞부분에서는 랩 댄스lap dance(누드 댄서가 관객의 무릎에 앉아 추는 선정적인 춤-옮긴이)와 돈의 관계, 클럽 안의 분위기, 클럽의 대표적인 단골들 등에 대해 설명하고 있는데, 그 이유는 저자들이 밝힌 것처럼 "학자들이 남성용 클럽 문화에 익숙지 않을" 수 있기 때문이었다.

랩 댄서들은 대부분의 수입을 팁으로 벌어들였으며, 팁은 보통 10~20달러였다. 그러나 단골들의 팁은 훨씬 더 들쑥날쑥했다. 누구는 겨우 1달러의 팁을 지불하는가 하면 또 다른 누구는 20달러짜리 지폐 뭉치를 댄서에게 안기기도 했다. 또 댄서에게 특별히 끌리면 더 많은 팁을 주기도 했는데, 이것은 자신이 가진 자원을 과시해 여성을 감동시키려는 남성들의 진화적 유산과도 같은 것이다. 진화의 관점에서 볼 때 만약 남성이 임신할 수 없는 여성을 유혹하고 있다면 이런 허풍스런 행동은 낭비에 지나지 않을 것이다. 그러나 문제는 모든 여성이 아이를 낳을 수 있는 것은 아니라는 점이다. 게다가 임신할 수 있는 여성들도 실제로 수태할 수 있는 기간은 한 달에 6일에서 7일밖에 되지 않는다.

자신이 가진 자원을 지출하는 것은 상당한 비용을 요구하므로 남성들이 짝짓기 게임에서 성공을 거두려면 실제로 아이를 가질 수 있는 여성에게 자원을 지출할 필요가 있다. 따라서 연구자들의 예측에 따르면, 남성들이 임신할 수 있는 여성들에게 팁을 후하게 주기 위해 평소에 무의식적으로 자원을 비축한다고 가정할 때, 다시 말해 남성들이 매슬로가 말한 성적 동기를 적어도 이론적으로 충족시킬 능력이 있다고 가정할 때, 댄서들은 임신이 가능한 시기에 상대적으로 더 많은 팁을 받을 것이고 임신이 불가능한 월경기나 황체기에는 상대적으로 적은 팁을 받을 것이다. 그런가 하면 피임약을 복용 중인 댄서들은 생리주기의 변동에 상관없이 상대적으로 적은 팁을 받을 것이다. 댄서들은 60일간의 실험이 끝난 뒤 그동안 하루하루 올린 수입액을 보고했는데, 그 결과는 놀라운 것이었다. 5시간씩 교대근무를 하는 동안에 피임약을 복용하지 않은 여성들은 임신이 가능한 시기에 평균 335달러를 벌었고 임신이 불가능한 시기에는 260달러를 벌었으며 월경 중에는 겨우 185달러를 벌었다.

연구자들의 설명에 따르면 남성들은 미묘하게 '새어나오는 단서들'을 포착해 언제 댄서들이 가임기인지를 알아챘다고 한다. 그런가 하면 생리주기에 따른 이런 극적인 변동은 피임약을 복용 중인 댄서들 사이에서는 예상대로 나타나지 않았으며, 그들은 하루에 5시간씩 근무하면서 약 250달러의 비교적 적은 수입을 올렸다. 이런 연구결과는 매슬로가 말한 생존과 번식의 동기를 생물학적으로 충족시켜줄 수 있는 여성들과 함께 있을 때, 남성들이 더 허세를 부리고 자신의 자원을 기꺼이 소비하려 한다는 사실을 증명한다.[5]

매슬로의 주장에 따르면 기본적인 생존욕구들을 어느 정도 충족한 사람들은 동기의 위계에서 그다음 단계에 놓여 있는 안전의 욕구로 관심을 돌리게 된다. 주거와 안전은 인간의 포기할 수 없는 기본권인 듯하지만, 안전을 추구하는 인간의 동기는 암울한 부작용을 낳기도 한다. 우리 인간은 남에게 친절과 자비를 베풀 줄 아는 너그러운 동물이다. 그러나 우리는 남에게 편견을 갖고 남을 차별하는 못된 동물이기도 하다. 미국에서는 소수 민족이나 인종에게도 투표권과 평등권을 적어도 이론적으로는 보장하고 있다. 그러나 다음에서 살펴보듯이 소수 집단은 외지인을 멀리하던 과거의 잔재들 때문에 여전히 고통받고 있다.

선량한 흑인에게 총을 겨누지 마라

1964년에 마틴 루터 킹 박사는 노벨평화상을 수상하기 위해 노르웨이의 오슬로로 가는 길에 BBC 방송국의 밥 매켄지Bob McKenzie와 인터뷰를 가졌다. 인터뷰 중에 매켄지는 킹에게 까다로운 질문을 하나 던졌는데, 이에 대해 킹은 다음과 같이 낙관적으로 답변했다.

밥 매켄지: 법무장관 시절 로버트 케네디는 앞으로 대략 40년 안에 미국에서 흑인 대통령이 나올 수도 있을 것이라고 말했습니다. 선생님은 이것이 실현 가능하다고 생각하시나요?

마틴 루터 킹 : …저는 미래를 낙관합니다. 솔직히 말해 제가 지난 2년 동안 미국에서 목격한 몇몇 변화들은 정말 놀라운 것이었습니다. 저는 특히 시민권 법안의 이행 수준이 매우 놀랍게 변화했음을 목격했습니다. 이렇게 볼 때 저는 우리가 40년도 안 되어 흑인 대통령을 볼 수 있을 것이라고 생각합니다. 아마도 25년 안에 또는 그 전에라도 일어날 수 있다고 생각합니다.[6]

그로부터 45년 뒤에 버락 오바마Barack Obama는 미국의 첫 흑인 대통령이 되었고 노벨평화상까지 수상했다. 킹의 예측도 아주 크게 빗나간 것은 아니지만 케네디가 더 가깝게 맞힌 셈이다. 오바마의 대통령 당선은 미국에서 새 시대가 열렸음을 알리는 일이었다. 이에 대해 몇몇 사회평론가들은 이제 미국이 '탈인종post-racial' 국가가 되었다며 환호했는데, 그것은 너무 앞서간 것이다. 실제로 외인공포증xenophobia은, 다시 말해 차이에 대한 두려움은 인간 삶에서 뿌리가 깊은 한 요소다. 그리고 인종적 편견이 쉽게 사라지지 않는 까닭은 사람들이 차이를 개인적 안전의 장애물로 여기기 때문이기도 하다.

뿌리 깊은 외인공포증의 존재를 여실히 보여준 고전적인 예는 1960년대 후반에 사회심리학자 밥 제이언츠가 수행한 일련의 연구에서 찾아볼 수 있다. 제이언츠는 4장에서 이야기한 사회적 촉진 효과에 대한 연구결과를 발표하기 1년 전 미시간대학의 학생들에게 인근 대학을 졸업한 12명의 낯선 남성들의 사진을 보여주는 연구를 시작했다. 그는 이 실험의 첫 단계에서 모든 학생들에게 어떤 사진들은 스물다섯 번 보여주었고 어떤 사진들은 다섯 번에서 열 번 보여주었으며, 또 어떤 사진들은 겨우 한두 번만 보여주었고 또 다른 어떤 사진들은 전혀 보여주지 않았다. 그런 다음 이 사진들에 나오는 남성에 대해 얼마나 호감을 느끼는지를 물어보았는데, 학생들은 이전에 더 자주 본 사진의 남성들에게 더 강력한 호감을 나타냈다. 즉 그들은 스물다섯 번 본 사진의 남성들이 한 번만 본 사진의 남성들보다 30퍼센트나 더 호감이 간다고 했다. 이것은 친숙할수록 안전하게 느끼고, 안전하게 느낄수록 인간의 본능적인 성향인 외인공포증이 사라지기 때문이다.

차이에 대한 두려움은 인간의 내면에 뿌리 깊이 자리하고 있지만, 차별의 방식은 세월이 지나면서 달라졌다. 마틴 루터 킹이 활동하던 1960년대에는 부유한 백인들을 위한 버스, 학교, 음식점과 열등한 존재로 간주된 흑인들을 위한 버스, 학교, 음식점이 분명하게 구별되어 있었던 데 반해, 오늘날에는 인종차별이 훨씬 더 미묘하게 이루어진다.

흑인 남성들이 미국 사법제도에 의해 아직도 차별을 받고 있는가라는 중요한 물음을 살펴보기로 하자. 일련의 정교한 사회심리학 실험들을 통해 밝혀진 것처럼 흑인 형사피고인들은 설령 노골적인 차별을 받는 것은 아닐지라도 여전히 불이익을 당하고 있다. 관련된 한 실험을 살펴보자. 여기서 연구자들은 백인 대학생들에게 50명의 흑인 또는 50

명의 백인 남성의 얼굴 사진들을 매우 빨리 보여주었다. 사진들은 화면에서 순식간에 나타났다가 사라졌기 때문에 학생들은 그것이 흑인 남성인지 백인 남성인지를 구별할 수 없었을 뿐만 아니라 사람 얼굴을 보았다는 사실조차 눈치챌 수 없었다. 그런데도 '식역하 예비subliminal priming'라고 불리는 이 과정은 사람들의 사고방식에 상당한 영향을 미쳤다. 사람들이 이미지의 내용을 알 수 없을 때조차 이런 이미지는 의식적 자각의 수준 바로 아래에 잠재해 있으면서 사람들의 사고와 행동과 느낌에 영향을 미치는 것이다.[7]

이 실험에서 학생들은 흑인 또는 백인 얼굴의 이미지 자극에 노출된 다음 물체를 알아맞히는 과제를 수행했다. 이때 몇몇 물체들은 총과 같이 범죄와 관련이 있는 것들이었고, 다른 물체들은 범죄와 관련이 없었다. 처음에는 각 물체가 어지럽고 뿌연 이미지로 제시되었는데, 이것은 텔레비전 수상기의 수신 상태가 좋지 않을 때 나타나는, 눈이 내리

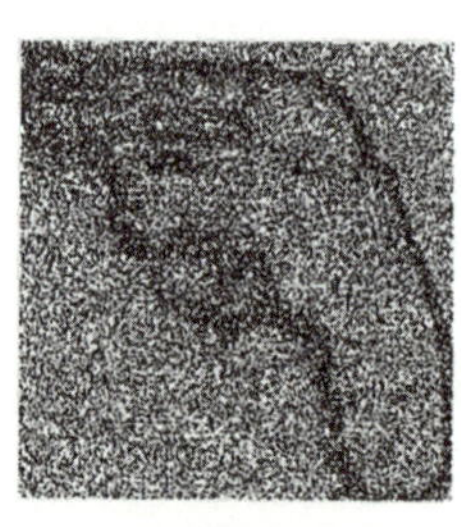

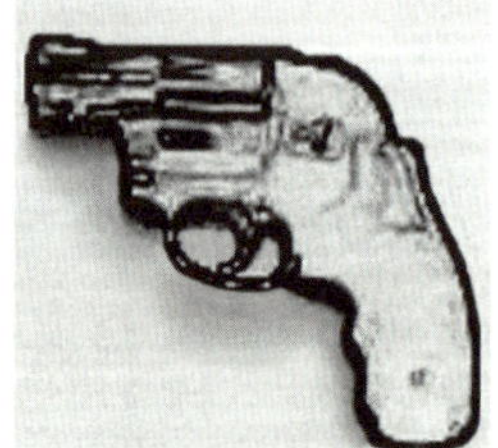

<table>
<tr><td>첫 번째 영상</td><td>20번째 영상</td><td>41번째 영상</td></tr>
</table>

인종과 물체 파악에 관한 실험에 사용된 총의 희미한 이미지. 이 이미지는 영상이 바뀔 때마다 조금씩 선명해졌다.

는 듯한 흑백 이미지와도 비슷한 것이었다. 아래 그림에서 볼 수 있는 것처럼 이 희끄무레한 이미지는 영상이 바뀔 때마다 조금씩 선명해져서 마침내는 물체의 정체가 확실히 드러났다. 이런 상황에서 학생들은 흑인 얼굴이라는 예비자극을 받은 경우에 영상이 평균 19번 바뀌자 범죄와 관련된 물체들을 알아맞힐 수 있었다. 반면에 백인 얼굴이라는 예비자극을 받은 경우에는 똑같은 물체를 알아맞히기까지 영상이 26번 이상 바뀌어야 했다(그리고 이런 예비효과는 범죄와 관련이 없는 물체를 알아맞힐 때는 나타나지 않았다. 이때는 예비자극이 흑인 얼굴이었든 백인 얼굴이었든 상관없이 물체를 알아맞히기까지 영상이 약 23번 바뀌었다). 이런 연구결과에 비추어볼 때 사람들에게 흑인 남성의 얼굴을 제시하는 것은 설령 그것이 알아차리지 못할 정도로 짧은 순간이었다고 하더라도 그 사람들로 하여금 바깥세상에서 범죄를 더 잘 지각하도록 예비시키는 듯하다.[8]

이 연구결과가 충격적인 까닭은 사람들의 마음속에서 흑인 남성과 범죄가 강하게 연관되어 있는 것처럼 보이기 때문이다. 그러나 이런 심리적 연관 때문에 흑인 남성들이 실제 세계에서 정말로 불이익을 당하는가 하는 의문은 여전히 남는다. 이에 답하기 위해 위의 실험을 수행했던 연구자들은 1979~1999년까지 필라델피아에서 사형이 구형된 재판들에 대한 기록을 살펴보았다. '죽어 마땅한 외모Looking Deathworthy'라는 자극적인 제목을 단 논문에서 그들이 분석한 결과에 따르면, 피해자가 백인일 경우 전형적인 흑인 외모의 흑인 남성들은 전형적인 흑인 외모가 아닌 흑인 남성들에 비해 사형 선고를 받은 비율이 극적으로 높았다. 즉 전형적인 흑인 외모의 남성들은 모든 재판의 58

퍼센트에서 사형 선고를 받은 반면, 전형적인 흑인 외모가 아닌 흑인 남성들은 모든 재판의 24퍼센트에서만이 사형 선고를 받았다. 나아가 연구자들은 피고와 피해자의 사회경제적 지위처럼 이런 차이를 부풀릴 수도 있는 다른 요인들의 효과를 세심하게 제거해보았는데, 결과는 크게 다르지 않았다.[9]

이런 충격적인 결과에 비추어볼 때 안전에 대한 우리의 욕구와 이로 인해 생기는 차이에 대한 두려움 때문에 흑인 피고들을 차별하는 사법제도가 발전했다고 해석할 수 있다. 간단히 말하자면 특정 상황 속에서 '더 흑인처럼' 생긴 흑인 남성은, 똑같은 범죄를 저질렀지만 '덜 흑인처럼' 생긴 흑인 남성보다 33퍼센트나 많이 사형을 받는다는 얘기다. 이와 같은 불평등의 사례들은 소수 집단에 대한 우리의 숨겨진 무의식적인 태도가 겉으로 드러난 태도와 달리 매우 천천히 변화한다는 슬픈 진실을 보여준다. 이런 추한 태도와 편견은 많은 경우 우리 마음속에 꽁꽁 숨어 있기 때문에 우리는 우리 자신이 그런 것을 지니고 있다는 사실조차 깨닫지 못할 때가 많다.

2000년대 초에 사회심리학자들은 대학생들에게 '흑인은 원숭이와 같다'라는 고정관념에 대해 알고 있느냐고 물었다. 그러자 겨우 9퍼센트의 학생들만이 이 고정관념에 대해 알고 있다고 답했다. 그러나 이런 언어적 반응만으로 만족하지 않은 연구자들은 더 사악한 진실을 드러낼 또 다른 연구들을 수행했다. 그 결과 학생들이 의식적으로 이 고정관념에 대해 알고 있든 아니든 상관없이 학생들의 의사결정은 흑인과 원숭이 사이의 연상 작용에 의해 뚜렷이 좌우되었다. 그 한 연구에서 원숭이 이미지의 예비자극을 의식 수준 아래에서 제시받은 학생들은 나중에 백인 얼굴보다 흑인 얼굴을 더 주시했다. 이 학생들에게 경찰이 체포에 반항하는 흑인 남성을 때리는 장면을 보여주자, 이들은 원숭이 이미지에 노출되지 않았던 학생들이나 비슷한 상황에서 경찰이 백인 남성을 때리는 장면을 본 학생들에 비해 그 장면이 정당하다고 판단하는 경향이 더 강했다.

사람들은 원숭이 이미지를 아주 짧게 보여준 것만으로도 흑인 얼굴에 더 주의를 기울이게 되었는데, 이것은 사람들이 이 두 개념을 연관시키고 있음을 보여주는 분명한 증거다. 그리고 똑같은 원숭이 이미지를 아주 짧게 보여준 것만으로도 흑인에게 폭행을 가하는 경찰에 대한 사람들의 반감이 약화되었는데, 이것은 걱정스러운 일이 아닐 수 없다. 이 두 번째 결과가 특히 염려되는 까닭은 사람들이 마음속으로 어떤 사람을 동물과 연관시키고 있으면 그 사람을 존중하기가 쉽지 않기 때문이다.

이 점을 확실히 보여준 한 연구에 따르면 신문 기사에서 사형이 구형된 흑인 피고에 대해 보도할 때는 사형이 구형된 백인 피고에 대해 보도할 때보다 유인원, 원숭이, 고릴라 등의 단어들을 네 배나 더 사용했다고 한다. 그리고 연구자들이 더 깊이 추적해본 결과 최종적으로 사형 선고를 받은 흑인 피고들은 사형 선고를 면한 흑인 피고들보다 신문 기사에서 두 배나 더 원숭이와 관련된 단어들로 묘사되었다. 불행하게도 우리는 이렇게 잠재된 편견으로부터 자유롭게 판단을 내릴 수 있는 처지에 있지 않은 것이다. 미국은 지난 세기를 거치면서 많은 변화를 이루어냈다. 특히 민주적인 선거를 통해 버락 오바마를 두 번씩이나 미국 최고의 지위에 올리지 않았는가? 그러나 흑인과 범죄, 동물적인 비유 사이의 연관은 여전히 존재하고 있다.[10]

물론 인종차별과 외인공포증이 미국 안에서만, 그리고 흑인에 대한 태도에서만 나타나는 것은 아니다. 런던은 2005년 7월 한 달 내내 테러 공격을 받았다. 7월 7일에는 52명의 사람들이 조직적인 자살공격의 희생양이 되었으며, 2주 후인 7월 21일에는 또 다른 네 명의 자칭 테러리스트들이 수십 명을 살해할 수 있는 폭탄을 터뜨리려다 실패한 사건이 발생했다. 달아난 '중동인 외모'의 이 네 남자를 체포하기 위해 런던 경찰청은 사상 최대의 수색작전을 펼쳤다. 수색작전이 시작된 다음 날 비극적인 사건들이 잇달았으며 결국에는 한 남자가 네 명의 폭파미수범 가운데 한 명으로 오인되어 살해되는 일까지 발생했다. 이런 비극은 사람들이 편견 때문에 세상을 있는 그대로 지각하지 못한다는 것을 이해하지 않고서는 좀처럼 이해하기 힘든 것들이다.

7월 22일 아침에는 경찰이 집을 나서는 한 남자를 추적했다. 나중에 발표된 보고서에 따르면 그 남자는 춥지도 않은 날씨에 수상하게도 두툼한 재킷을 입고 있었으며 폭파범들과 관련이 있는 건물에서 살고 있는 것으로 보였다. 시간이 지나면서 점점 더 많은 경찰관들이 그 남자를 추적했고, 그 남자가 버스에서 내려 지하철역 쪽으로 달려가자 경찰관들은 다른 선택의 여지가 없다고 믿었다. 목격자들의 증언에 따르면 여러 명의 경찰관이 그 남자를 따라 지하철을 탔으며 그를 모퉁이로 몰아 바닥으로 밀친 뒤 아주 가까운 거리에서 그 남자의 머리에 일곱 발의 총을 쏘았다고 한다.

이 사건의 피해자는 27세의 브라질 출신 전기기술자 쟝 사를 드 메네제스Jean Charles de Menezes였으며, 그의 친구와 가족들은 그가 착하고 가정적인 남자였다고 증언했다. 메네제스는 중동인이 아니었을 뿐만 아니라 그를 추적한 경찰관들이 묘사한 것처럼 '몽고인의 눈'을 가지고 있지도 않았다. 폐쇄회로 TV에 찍힌 장면을 보면 그는 수상할 정도로 두툼한 재킷을 입고 있지도 않았으며 오히려 온화한 아침 날씨에 적당해 보이는 얇은 데님 재킷을 입고 있었다. 그가 지하철을 향해 과연 달려갔는지에 대해서는 목격자들의 진술이 엇갈리지만, 대중교통을 이용하는 사람이 지하철을 향해 달려가는 것은 흔히 있는 일이다. 이렇게 애매모호한 정황들은 하나하나 따져보면 사실 아무것도 아닌 일인데, 같은 정황 속에서 경찰관들은 숨겨둔 폭탄을 터뜨리기 일보직전인 한 남자를 쫓고 있다는 확신에 차 있었던 것이다. 이 사건에 대해 경찰당국은 여러 번에 걸쳐 감사를 실시했지만 결과적으로 징계처분을 받은 경찰관은 한 명도 없었다. 이 사건은 결국 검시관의 조사를 토대로 죽음의 원인이 의심스럽긴 하지만 불법은 아니라는 판결로 끝을 맺었다.

우리가 편견에 사로잡히는 이유 중 하나는 우리와 다른 사람들이 우리의 안전을 위협할 확률이 더 높다고 믿기 때문이다. 그러나 이런 편견은 종종 우리를 잘못된 길로 이끌고, 이런 잘못 때문에 때때로 비극적인 결과가 초래되기도 한다. 쟝 사를 드 메네제스의 죽음이 보여주는 것처럼 우리는 잘못된 편견에 사로잡혀 경솔한 판단을 내리곤 한다. 특히 애매한 상황에 처했을 때, 예를 들어 수상하게 두툼한 재킷 안에 폭탄이 감춰져 있지는 않은지, 또는 왜 저 사람이 출발하는 기차를 향해 달려가는지 등에 대해 재빨리 판단을 내려야 할 때, 우리는 편견에 기대어 기존 신념을 확증하는 방향으로 이런 상황의 애매함을 해소하는 경향이 있다.

때로는 실제 사건보다 관련 연구가 앞서가기도 하는데, 메네제스의 비극이 일어나기 몇 년 전에 수행된 한 연구가 바로 그런 경우다. 콜로라도대학과 시카고대학의 사회심리학자들은 잠재적인 위험인물에게 총을 쏘아야 할지 말아야 할지를 결정할 때 경찰관이 직면하는 어려움을 설명하기 위해 긴장감 넘치는 컴퓨터게임을 고안했다. 이 게임에 참가한 학생들 또는 성인들은 컴퓨터 앞에 앉아서 화면에 나타나는 젊은 남자의 사진들을 보면서 총을 쏘아야 할지 말아야 할지를 신속히 결정해야 했다. 이때 사진 속 남자는 무기를 손에 들고 있기도 했고 지갑이나 휴대폰처럼 전혀 위험하지 않은 물건을 손에 들고 있기도 했다. 위험인물이면 재빨리 총을 쏘고 선량한 시민이면 역시 재빨리 그냥 보내주는 사람이 이 게임의 승자였다. 승자에게는 상금이 수여될 예정이었기 때문에 사람들은 이 실험과제를 열심히 수행했다.

그런데 연구자들이 이 게임에 첨가한 중요한 요소가 하나 있었다. 바로 사진 속 남자들 중 몇몇은 흑인이고 몇몇은 백인이라는 점이었다. 이 게임은 결코 만만한 것이 아니었으며 사람들은 총을 쏴야 할지 아니면 거두어야 할지 결정하느라 애를 먹었다. 그러나 사람들이 특히 애를 먹은 경우는 연구자들이 예측한 대로 사진 속 장면이 사람들의 편견과 일치하지 않을 때였다. 마치 메네제스의 사건을 예언하기라도 하듯 사람들은 지갑이나 휴대폰을 들고 있는 선량한 흑인 남성을 쏘거나 무장한 백인 남성을 그냥 보내주기를 밥 먹듯이 했다. 또한 그들은 이런 경우에 훨씬 느리게 반응했는데, 이것은 그들의 편견과 화면 이미지 사이의 갈등을 해소하는 데 커다란 정신적 노력이 필요했음을 말해준다.[11]

그런가 하면 몇 년 뒤에 오스트레일리아 시드니의 두 심리학자는 이슬람교도의 터번을 머리에 쓴 남성들의 사진에 대해서도 똑같은 현상이 나타난다는 사실을 보여주었다. 이 실험에서 커피 잔이나 물병을 들고 있는 젊은 남성의 사진을 본 학생들은 그 남성이 아무것도 쓰고 있지 않을 때보다 머리에 터번을 쓰고 있을 때 더 자주 총을 쏘았다.

콜로라도대학의 저격수 찾기 컴퓨터게임에 사용된 사진들.[12]

2001년 9월 11일의 테러사건 이후로 더욱 강해진 편견이 그들로 하여금 터번을 쓴 선량한 시민에게까지 총을 쏘도록 부추긴 것이었다.[13]

편견이 생기는 이유 중 하나는 사람들이 낯선 것과 다른 것을 선천적으로 싫어하기 때문인데, 이 둘은 모두 매슬로가 말한 안전의 욕구를 위협하는 것들이다. 때문에 우리는 특정 집단의 사람들을 대할 때 그들이 '친절하다', '짐승 같다', '게으르다', '뻔뻔하다', '허세가 심하다', '공격적이다', '위험하다' 등의 성격 특성을 연상하게 된다. 이런 연상은 때로는 낯선 위협으로부터 우리를 안전하게 보호해주는 역할을 하지만 때로는 다른 사람들에게 해를 입히기도 한다. 그리고 이런 연상은 한쪽으로 치우친 사형 판결부터 함부로 방아쇠를 당기는 일까지 다양한 형태의 못된 행동들의 근원이 되기도 한다.

상상만으로도 고통이 줄어든다

안전에 대한 욕구가 종종 암울한 결과를 낳는 데 반해 매슬로가 그다음 위계로 언급한 사랑과 우정의 욕구는 그보다 훨씬 밝은 것이다. 매슬로는 결코 평탄치 않은 어린 시절을 보냈지만 사회적 연결의 힘에 대해 낙관적인 견해를 견지했다. 그는 스무 살 때 사촌누이인 베르타Bertha와 결혼했는데, 그로부터 15년 뒤에 그의 욕구 위계에서 사회적 제휴social affiliation는 중심적인 지위를 차지하게 되었다. 매슬로는 말로 표

현하기 어려운 사랑의 힘에 대해 그저 막연하게 이해하고 있었지만, 60
년이 지난 오늘날 과학자들은 사랑의 경험을 떠받치는 생물학적 과정
에 대해 훨씬 깊이 이해한다고 믿는다. 그 결과 뉴욕의 한 회사에서는
'리퀴드 트러스트Liquid Trust'라는 '사랑의 호르몬'을 시장에 내놓기까지
했다.

베로 랩스Vero Labs는 뉴욕 시에 근거를 둔 회사로, 회사 웹사이트
에 실린 그들의 신조에 따르면 '인간관계의 촉진과 고양을 돕는 혁신적
제품을 연구하고 개발하는 데 헌신'하고 있다. 이 회사에서 내놓은 리
퀴드 트러스트라는 제품은 바로 비강 분무제다. 베로 랩스 사의 설명
에 따르면 이 제품은 간단한 세 단계를 통해 인간관계를 고양시킨다고
한다. 1단계, 사용자는 중요한 모임이나 행사에 앞서 리퀴드 트러스트
스프레이를 옷 위에 뿌린다. 2단계, 그러면 이 사용자를 접하는 사람들
은 무의식적으로 리퀴드 트러스트를 흡입하게 된다. 3단계, 이제 그 사
람들은 자신도 모르게 그 사용자에 대해 강한 신뢰감을 갖게 된다.[14]

공상과학 영화에나 나올 법한 이야기처럼 들리겠지만, 실제로 사
람들 사이의 신뢰를 합성하는 일은 적어도 이론적으로 가능한 이야기
다. 사람들 사이의 친밀감을 촉진하는 리퀴드 트러스트의 메커니즘은
과학에 근거한 것이라고 주장되며, 이를 지지하는 사람들은 그 효과가
실제로 발생된다고 믿고 있다. 이 제품에 함유된 유일한 주요 성분은
옥시토신인데, 이것은 어머니로 하여금 갓 태어난 아기를 돌보도록 부
추기는 화학물질로 알려져 있다. 옥시토신은 어머니가 아기를 낳고 젖
을 먹이는 행동에 결정적인 역할을 할 뿐만 아니라, 최근 연구에 따르

면 사람들 사이의 신뢰를 촉진하고 낯선 사람을 불신하는 본능적 성향을 억제함으로써 사람들 사이에 친밀한 관계가 형성되도록 작용하는 듯하다. 베로 랩스 사의 웹사이트에서 제품 사용자들의 사용후기를 볼 수 있는데, 'G'라는 닉네임의 한 시간제 바텐더는 리퀴드 트러스트를 사용한 뒤로 팁을 다섯 배나 더 많이 받게 되었다고 밝혔다.

옥시토신이 그렇게 간단하게 효과를 발휘하는 것은 아니라는 사실을 뒷받침하는 증거는 많지만, 어쨌든 이 호르몬이 강력한 효력을 발휘한다는 점에 대해서는 의심의 여지가 없어 보인다. 한 고전적인 연구에서 연구자들은 취리히대학의 남학생들 코 안에 소량의 옥시토신 또는 아무 작용도 하지 않는 가짜 약을 스프레이로 뿌렸다. 두 스프레이는 모두 아무런 냄새도 없었으며 둘의 유일한 차이는 옥시토신이라는 호르몬의 유무였다. 학생들은 스프레이를 흡입한 뒤에 그들이 낯선 사람을 얼마나 신뢰하는지 측정하기 위해 고안된 경제 게임을 벌였다. 이 게임은 학생들에게 얼마의 돈을 나눠주는 것으로 시작되었는데, 학생들은 이 돈을 지금까지 한 번도 본 적이 없는 낯선 사람에게 줄 수도 있었고 주지 않을 수도 있었다. 그런데 낯선 사람에게 돈을 건네면 그 돈은 세 배로 불어났고, 이때 낯선 사람은 자신에게 돈을 주었던 학생에게 늘어난 돈의 일부 또는 전부를 돌려줄 수도 있고 돌려주지 않을 수도 있었다. 낯선 사람이 돈을 모두 혼자 차지하려는 못된 사람일 수도 있으므로 그에게 돈을 주는 것은 일종의 모험이었으며, 따라서 학생들은 낯선 사람을 신뢰해야만 그 사람에게 돈을 건넬 수 있었다.

실험 결과 옥시토신을 흡입한 학생들은 가짜 약 스프레이를 흡입한 학생들보다 17퍼센트 더 많은 돈을 낯선 사람에게 건넴으로써 그 사람에 대해 더 높은 신뢰감을 드러냈다. 옥시토신을 조금 흡입했을 뿐인데 낯선 사람을 본능적으로 의심하는 성향이 약화되고 그 사람을 더 신뢰하게 된 것이다.

소량의 옥시토신을 코로 흡입한 것만으로도 낯선 사람에 대한 신뢰가 촉진된다면, 훨씬 더 많은 양의 옥시토신이 산모의 뇌 안에서 자연스럽게 퍼질 때 무슨 일이 일어날지를 상상하기란 그리 어렵지 않다. 아기에게 젖을 먹이는 산모의 경우 스트레스 경험이 극적으로 줄어들어서 강한 물리적 스트레스 요인에 노출되어도 코르티솔이 거의 분비되지 않는다. 코르티솔은 보통의 경우 스트레스에 대한 반응으로 쉽게 분비되는 호르몬이다. 나아가 아기에게 젖을 먹이는 산모는 평소보다 더 차분해지고 사람들에게 더 적극적으로 반응하며 불안해하거나 초조해지지 않으며 갓 태어난 아기를 보호하고 아기와 정서적 유대관계를 맺는 데도 더 적극적이다.[15]

이렇게 볼 때 옥시토신은 (그리고 더 나아가 리퀴드 트러스트는) 불신이 일상화된 현대의 해악들을 극복하게 해줄 만병통치약인 것처럼 보인다. 그러나 이 호르몬이 언제나 따뜻하고 친절한 반응만을 촉진하는 것은 아니다. 옥시토신에 대한 초기 연구들은 대부분 신생아나 사랑하는 연인에 대한 반응에 초점을 맞추었기 때문에 이 호르몬이 아무 때나 사랑과 애정을 불러일으키는 것처럼 보였다. 그러나 최근에 친분이 상대적으로 덜한 사람들을 대상으로 옥시토신의 효과를 살펴보았더니, 매우 다른 결과가 나왔다. 즉 옥시토신은 내집단in-group의 성원들에 대해서는, 다시 말해 자신과 인종, 민족, 국가, 종교 등이 같은 사람들에 대해서는 긍정적인 반응을 촉진한 반면, 외집단out-group에 속하는 사람들에 대해서는 비교적 약하거나 심지어 부정적인 반응을 불러일으키기도 했다.

최근의 한 실험에서 소량의 옥시토신을 흡입한 네덜란드 학생들은 그렇지 않았을 때보다 네덜란드인의 이름들에 대해서는 긍정적인 단어들을 더 빨리 연결시켰고 독일인이나 아랍인의 이름들에 대해서는 부정적인 단어들을 더 빨리 연결시켰다. 또 다른 실험에서는 학생들에게 철학의 고전적인 딜레마를 과제로 주었다. 즉 폭탄을 터뜨리면 동굴에 갇힌 익명의 다섯 명을 구출할 수 있는 대신 동굴 입구에 갇힌 한 사람이 죽게 되는데, 이런 상황에서 당신이라면 어떻게 하겠는가라는 것이었다. 이 실험에서 몇몇 경우에는 입구를 가로막고 있는 사람이 마르틴Maarten같이 전형적인 네덜란드인 이름을 가지고 있었고 다른 경우에는 전형적인 아랍인 이름(모하메드Mohammed)이나 독일인 이름(마르쿠스Markus)을 가지고 있었다.

실험 결과 가짜 약을 흡입한 학생들 가운데 동굴 입구를 가로막고 있는 사람을 희생시킬 수밖에 없다고 답한 학생들의 비율은 그 사람이 마르틴이든 모하메드든 마르쿠스든 크게 다르지 않았다. 그러나 옥시토신을 흡입한 학생들 가운데 마르틴을 희생시켜야 한다는 의견은 모하메드나 마르쿠스를 희생시켜야 한다는 의견보다 적게 나왔다. 이것은 옥시토신 때문에 학생들이 자신과 같은 네덜란드인의 생명을 아랍인이나 독일인의 생명보다 더 소중히 여기게 되었음을 뜻한다. 결론적으로 말해 옥시토신은 무차별적으로 애정을 촉진하기보다 내집단 성원에 대한 애정을 촉진했으며 외집단 성원에 대해서는 그렇지 않았다.[16]

사랑하는 연인은 내집단 성원 가운데서도 최고의 상대이며 특히 매슬로가 말한 사회적 제휴의 동기를 충족시켜줄 수 있는 사람이다. 그러나 연인이 늘 곁에 머물면서 적시에 옥시토신 분비를 촉진시켜줄 수는 없는 노릇이다. 그러나 다행인 것은 연인이 반드시 물리적으로 곁에 있어야만 심리적인 진통제로 작용할 수 있는 것은 아니라는 사실이다. 옛날 영화에서 흔히 볼 수 있는 것처럼 전쟁터로 나가는 군인들에게 가장 소중한 것은 연인의 사진이다. 최근 연구에 따르면 힘든 시기에 연인의 사진을 바라보는 것은 사람들을 더 현명하게 만든다고 한다.

한 실험에서 UCLA의 한 신경과학자는 여성들이 오랫동안 사귀어온 연인의 사진을 보면 고통을 더 효과적으로 이겨낼 수 있는지 조사했다. 이 실험에서 연구자는 연인과 6개월 이상 사귀어온 28명의 여성들을 대상으로 팔뚝에 고통스러울 만큼만 뜨거운 탐침을 이용해 '열 자극'을 가했다. 열 자극을 가하는 동안에 몇몇 여성들은 사랑하는 연인의 사진을 보고 있었고, 또 다른 여성들은 자신과 같은 민족의 남성이면서 연인만큼 매력적인 낯선 사람의 사진을 보고 있었다. 또 다른 여성들은 의자 같은 물체나 컴퓨터 화면의 작고 검은 모양을 보고 있었다.

실험 결과 열 자극은 언제나 약간 고통스러울 정도로 가해졌지만, 사랑하는 연인의 사진을 보고 있던 여성들은 다른 여성들보다 그 자극을 5퍼센트 덜 고통스러운 것으로 평가했다. 나아가 연인의 사진은 연인의 손을 실제로 잡고 있을 때보다도 약간 더 효과적으로 고통을 무디게 해주었다. 이것은 사회적 지지를 상상하는 것만으로도 살면서 사회적 지지를 실제로 받는 것만큼 고통이 효과적으로 무뎌질 수 있음을 시사한다.

사랑하는 연인의 사진이 강력한 진통제로 작용하는 까닭은 그것이 뇌의 두 주요 부위를 활성화하기 때문이다. 복내측 전전두엽 피질 ventro-medial prefrontal cortex, VMPFC이라고 불리는 첫 번째 부위는 뇌의 앞쪽 눈 바로 위에 위치한다. 이 부위는 최근에 많은 신경과학자들의 관심을 받음에 따라 이곳의 다양한 기능이 점점 더 많이 밝혀지고 있다. 고통의 감소와 관련해 이 부위에서는 안전하고 위험하지 않다는 신호가 나오는데, 이것은 옥시토신 호르몬과도 비슷하게 신체적 고통을 어느 정도 무효화시키는 작용을 한다. 그러면 뜨거운 탐침이 닿은 곳의 신체적 경험에는 차이가 없지만, 복내측 전전두엽 피질에서 마치 모든 것이 정상이라고 속삭이듯 신호가 나오기 때문에 고통의 감각이 무뎌진다. 또한 사랑하는 연인의 사진은 뇌의 보상중추 역시 활성화시키는데, 그러면 우리의 주의가 고통스러운 경험으로부터 다른 곳으로 쏠리게 된다. 이렇게 복내측 전전두엽 피질과 보상중추가 함께 활성화되어 안전감을 유도하고 위험이 없다는 신호를 보내며 전반적인 행복감을 자아냄으로써 내부의 고통을 줄이게 된다.[17]

사랑과 애정과 우정의 중요성을 강조한 매슬로의 견해는 올바른 것이었다. 그 이유는 이것이 심리적 안녕에 중요할 뿐 아니라 더 깊은 생물학적 수준에서도 우리에게 영향을 미치기 때문이다. 옥시토신은 어머니와 아기 사이의 사회적 유대관계를 형성하는 데 필수적인 신뢰를 산출하며 때로는 서로 불신하고 적대적인 사람들로 하여금 불가능에 가까운 화해에 이르도록 부추기기도 한다. 그런가 하면 사랑하는 연인을 바라보거나 연인에 대해 생각하는 것만으로도 신체의 고통을 무디게 만드는 뇌 부위들이 활성화된다. 매슬로는 사랑과 애정의 중요성을 논의한 뒤 욕구 위계의 다음 단계로 넘어가는데, 그것은 바로 도덕적인 고결함을 느끼고자 하고 우리 자신의 개인적인 잠재력을 실현하고자 하는 동기다.

거짓을 말할 땐
거울을 치워라

매슬로는 알베르트 아인슈타인이나 그 밖에 사람들의 존경을 받던 몇몇 동료와 친구 외에는 자기실현을 이룩한 사람을 찾는 데 애를 먹었다. 왜냐하면 그는 자기실현을 특징짓는 자기긍정과 도덕적 투명성 moral clarity을 경험하려면 일생을 바쳐야 한다고 믿었기 때문이다. 만일 매슬로가 그로부터 60년 후에 발표된 한 논문을 보았다면 틀림없이 깜짝 놀랐을 것이다. 왜냐하면 매슬로가 중년기의 성숙과 완성에 초점을 맞춘 반면, 이 논문을 발표한 연구자들은 어린 시절의 순진무구함이 도덕적 투명성을 보여주는 가장 순수한 상징 중 하나라고 주장했기 때문이다.

몇몇 실험에서 일부 참가자들은 어린 시절의 즐거운 기억들을 최대한 자세히 끌어모았다. 여기에는 친구와 재미있게 놀던 기억, 자전거를 배웠던 기억 등이 포함되었는데, 이런 기억들은 모두 어린 시절에 대한 따뜻한 이미지를 형성했다. 그리고 다른 참가자들은 어린 시절 대신 고등학교 시절의 즐거운 기억들을 최대한 자세하게 끌어모았다. 이때 연구자들은 고등학교 시절의 기억도 어린 시절의 기억만큼 즐거운 것이겠지만 사춘기에 접어들면서 점점 사라지는 순수함의 느낌은 더 이상 찾아보기 어려울 것이라고 추측했다. 나중에 연구자들은 실험 참가자들에게 실험의 보수로 받은 돈 중의 상당한 액수를 일본의 지진 생존자들에게 기부할 생각이 없느냐고 물었다. 그러자 많은 참가자들이 후하게 기부금을 냈지만, 전체적으로 볼 때 어린 시절의 기억을 떠올렸던 사람들이 훨씬 더 많은 액수를 기부했다. 즉 그들은 받은 돈의 40퍼센트를 기부한 반면 고등학교 시절의 기억을 떠올렸던 사람들은 24퍼센트밖에 기부하지 않았다.

또 다른 연구에서는 어린 시절을 회상했던 사람들이 실험이 공식적으로 종료된 뒤에 연구자의 일을 더 기꺼이 도와주었다. 그리고 그들은 다른 사람의 부도덕한 행동에 대해서도 더 비판적인 태도를 취했다. 이것은 순수했던 어린 시절을 회상함으로써 그들 자신의 도덕적 기준이 더 높아졌기 때문이라고 해석할 수 있다.

연구자들은 또한 이런 차이가 순수하고 착한 것에 대한 생각 때문에 생긴다는 점을 증명하려고 했다. 이번에 연구자들은 모든 학생들에게 단어 조각을 완성하는 과제를 주었다. 예를 들어 'P_R_', 'M_

R__', 'V_RT__'의 세 단어 조각을 보여주면서 가장 먼저 머릿속에 떠오르는 단어를 적어보라고 했다. 연구자들은 어린 시절의 예비자극에 의해 순수함에 주목했던 학생들이 'PORE(작은 구멍)', 'MURKY(탁한)', 'VORTEX(소용돌이)' 같은 단어들보다 'PURE(순수한)', 'MORAL(도덕적인)', 'VIRTUE(덕)'라는 단어를 머릿속에 더 잘 떠올릴 것이라고 예측했다. 결과는 맞아떨어졌다. 어린 시절의 기억에 주의를 기울였던 학생들은 단어 조각의 65퍼센트를 순수함과 관련된 단어들로 완성한 반면, 고등학교 시절의 기억에 주의를 기울였던 학생들은 단어 조각의 42퍼센트만을 순수함과 관련된 단어들로 완성했다. 그런가 하면 또 다른 연구에서는 어린 시절을 자신의 인생 중 힘들었던 시기로 기억하고 있는 사람들에게도 이런 결과가 나타났다. 이렇게 볼 때 매슬로가 자기실현의 상태를 묘사하면서 언급한 도덕적 투명성을 그들에게 선사한 것은 어린 시절의 즐거움이었다기보다는 어린 시절의 순수함이었다.[18]

어린 시절이 도덕성을 고양하는 까닭은 그것이 우리로 하여금 도덕의 문제가 복잡해지기 이전의 시기를 되돌아볼 수 있게 해주기 때문이다. 성인이 되면서 우리의 도덕적 결정은 상반된 원리들의 절충과 타협이라는 부담을 떠안게 된다. 도둑질이 나쁘다는 것을 아는 아이라면 아주 가난한 사람이 병든 아내를 위해 약을 훔치는 행위를 용서치 않을 것이다. 그러나 어른들에게 이런 문제에 대한 판단은 훨씬 더 복잡할 수밖에 없다. 이럴 때 사람들은 흔히 무엇이 정말로 옳은지를 판단하기 위해서는 자신의 내면을 들여다보라고 말한다.

실제로 연구자들은 사람들이 자신의 거울상을 바라보면 더 정직해진다는 사실을 발견했다. 못된 짓을 하면 거울에 비친 우리 자신의 상이 우리의 도덕적 타락을 심판한다는 얘기다. 오스카 와일드의 《도리언 그레이의 초상Picture of Dorian Gray》에서 잘생긴 청년 도리언은 점점 더 부도덕한 행위를 저지르면서도 젊음을 유지한다. 그러나 그의 다락방에 놓인 초상화는 신비하게도 마치 점점 더 타락해가는 도리언의 영혼을 반영하듯 점점 더 사악한 모습으로 변해간다. 도리언 그레이의 초상화처럼 거울 속에서 우리 자신을 응시하고 있는 상은 우리로 하여금 자신을 돌아보고 자신에게 몰두하게 만든다. 그리고 우리가 부도덕한 행위를 저지르면 우리의 거울상이 우리를 심판하는 것처럼 느껴진다.

1970년대 중반 두 명의 사회심리학자들은 대규모 대학에 다니는 학생들에게 5분 동안 사고의 복잡성을 측정하는 짧은 검사에 응해달라고 요청했다. 학생들은 철자가 뒤죽박죽인 단어들을 제대로 정리해야 했는데, 주어진 5분 안에 모든 단어들을 정리하기란 도저히 불가능했다. 연구자는 학생들에게 5분 뒤에 종이 울리면 작업을 즉시 중단해야 한다고 일러두었으며, 따라서 종이 울렸는데도 과제를 계속 푸는 것은 부정행위로 간주되었다. 이 검사를 받는 동안 몇몇 학생들은 커다란 거울을 마주보고 있었으며 자신이 이야기하는 소리를 녹음기로 듣고 있었다. 또 다른 몇몇 학생들은 철자 맞추기 과제를 푸는 동안에 자신의 모습을 볼 수 없었으며 다른 사람이 이야기하는 소리를 녹음기로 듣고 있었다. 이때 연구자는 한쪽에서만 보이는 유리를 통해 학생들을 관찰하면서 얼마나 많은 학생들이 종이 울린 뒤에도 과제를 계속 푸는지 살펴보았다. 그 결과 놀랍게도 거울로 자신의 모습을 볼 수 있었던 학생들은 7퍼센트만이 부정행위를 저지른 반면, 자신의 모습을 볼 수 없었던 학생들은 자그마치 71퍼센트가 부정행위를 저질렀다. 떳떳하지 못한 행동 앞에서 그들의 거울상이 감시자 역할을 할 수 있었다는 얘기다.

이 실험에서 학생들이 더 정직하게 행동한 까닭이 자신의 목소리를 들었기 때문인지 아니면 자신의 거울상을 보았기 때문인지는 분명치 않았다. 그러나 또 다른 연구에서 사람들은 그저 거울상을 쳐다보는 것만으로도 더 도덕적으로 행동한다는 사실이 밝혀졌다. 1990년대 후반 몇몇 사회심리학자들은 사람들이 실제 행동보다 더 도덕적으로 행동하는 것처럼 주장한다는 사실을 증명하고자 했다. 이때 그들이 사용한 방법은 간단했다.

연구자들은 학생들에게 두 가지 상이한 과제 중에서 어떤 것을 자신이 맡고 어떤 것을 자신이 모르는 다른 학생에게 맡길지 스스로 결정할 수 있다고 말했다. 이때 한 과제는 보수를 받을 수 있었기 때문에 매력적인 것이었고 다른 한 과제는 아무 보수도 없는 덜 매력적인 것이었다. 학생들은 이 두 과제에 대한 설명을 들은 뒤에 매력적인 과제를 자신이 맡을지 아니면 다른 학생에게 맡길지 결정해야 했다. 그런데 이런 상황에서 학생들이 매력적인 과제는 자신이 맡고 덜 매력적인 과제는 다른 학생에게 맡길 것이라는 점은 쉽게 예상할 수 있었다. 그래서 연구자들은 학생들에게 동전 던지기를 통해 누가 어떤 과제를 맡을지 결정하는 것이 더 공정하겠다고 제안했고, 학생들도 그 제안을 선뜻 받아들였다. 확률에 따르면 학생들이 동전 던지기를 공정하게 했다면 약 절반의 학생들은 매력적인 과제를 자신이 맡게 되고 나머지 절반의 학생들은 덜 매력적인 과제를 자신이 맡게 되는 결과가 나와야 할 것이다.

그러나 실제로는 모든 학생들이 동전 던지기를 했음에도 85퍼센트의 학생들이 자신이 매력적인 과제를 맡는 결과가 나왔다. 다시 말해 학생들은 자신이 원하는 대로 결정을 내렸으면서도 마치 그것이 공정한 결정인 것처럼 방어하는 데 동전 던지기를 이용한 셈이었다. 학생들이 동전을 던질 때 연구자는 그것을 옆에서 지켜보지 않았다. 이런 상황에서 동전 던지기의 결과가 마음에 들지 않으면 학생들이 그것을 어떻게 해석했을지 상상하기란 그리 어렵지 않다. 예컨대 한 번 동전을 던져 좋지 않은 결과가 나오면 3판 2승제로 결판을 내기로 마음을 바꿔먹을 수도 있었을 것이다.

얼마 뒤 연구자들은 같은 실험을 반복했는데, 이번에는 학생들을 큰 거울 앞에 서도록 했다. 자신의 거울상을 대면한 상태에서 동전을 던진 학생들은 완전히 공정하게 결정하여 가상의 다른 학생에게 매력적인 과제를 맡긴 비율이 정확히 50퍼센트에 이르렀다. 놀랍게도 학생들은 이 두 상황에서 모두 공정하게 결정을 내렸다고 주장했다. 그러나 동전 던지기의 결과를 그대로 따른 것은 거울 앞에 서 있을 때뿐이었다.[19]

우리가 매일 마주치는 사람들은 수없이 많은 차원에서 다양한 속성을 지니고 있지만 그들 중 많은 사람들은 우리가 매슬로의 욕구 위계에서 언급된 동기들을 충족하는 데 기여한다. 그들 중 몇몇은 우리에게 낯선 사람들이고 몇몇은 잘 아는 사람들이며 또 몇몇은 우리의 정체성과 아주 깊이 연관되어 있어서, 만약 그들이 없다면 우리는 지금과는 다른 사람이 될 것이다. 그들 중 몇몇은 우리와 인종, 민족, 종교, 언어 등을 공유하는 내집단의 성원들이고, 다른 몇몇은 우리와 다른 집단에 속한 사람들이다. 그리고 이런 사람들이 물리적으로 곁에 있거나 또는 잠시 우리의 마음을 점령하고 있을 때 우리의 사고와 행동과 느낌은 달라진다. 사람들과 그들의 성격 특성에 대해 우리가 마음속 깊이 지니고 있는 연상들은 쉽게 변하지 않는다. 이런 연상을 바탕으로 똑같은 사람을 만나도 그것이 야기하는 생물학적 반응은 매우 다양할 수 있다. 이런 반응 중 몇몇은 우리에게 유용한 것들이고, 또 다른 몇몇은 우리의 목표와 바람을 이루는 데 골치 아픈 장애로 작용한다. 이런 반응들의 영향력은 놀라운 것이며, 이것은 의식적 자각 수준 한참 아래에서 호르몬과 뇌의 작용을 통해 시작된다.

지금까지 두 장에 걸쳐 살펴본 사회적 상호작용들은 더 포괄적인 문화적 맥락에서도 관찰된다. 문화는 특정 견해, 가치, 목표, 관습 등을 공유하는 집단이다. 지구상의 거대한 지역들부터 스포츠 팀이나 뜨개질 동호회에 이르기까지 각각의 문화에는 저마다의 특징이 있다. 어떤 문화적 맥락은 우리를 따스하게 안아주면서 사회적 지지와 동지애를 제공하는가 하면 또 다른 문화적 맥락은 우리로 하여금 문화적으로 착색된 렌즈를 통해 세계를 바라보고 이해하도록 만든다. 이런 문화적 렌즈의 영향력은 온갖 사물과 사람들부터 수학, 명예, 예술 같은 추상적인 개념에 이르기까지 상상할 수 있는 거의 모든 것에 대한 우리의 사고방식에 영향을 미칠 정도로 심오한 것이다. 다음에서 자세히 살펴보자.

6

생각을 만든 문화

현대 서양철학의 토대가 된 고대 그리스의 철학자들은 사물을 맥락과 분리시켜 분석하는 경향이 강했던 반면, 고대 중국의 철학자들은 사물과 맥락의 관계에 훨씬 더 큰 관심을 기울였다. 그리고 수천 년이 지난 오늘날 이런 차이는 서양인과 동아시아인이 세계를 지각하는 방식의 차이로 계속 나타나고 있다.

아리스토텔레스와
공자의 눈

1800년대 말 독일의 정신과 의사 프란츠 뮐러–라이어Franz Müller-Lyer는
세계에서 가장 유명한 착시 하나를 고안했다. 이것이 인기를 끈 이유는
재현하기가 쉽고 거부하기가 매우 어렵기 때문이다. 이는 다음과 같은
간단한 질문으로 시작된다. 다음의 두 수직선 가운데 어느 것이 더 긴
가?

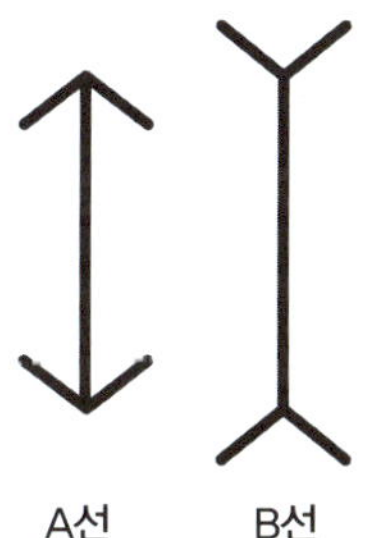

만약 당신이 뮐러–라이어가 검사한 수많은 사람들과 크게 다르지 않다면, B선이 A선보다
더 길어 보일 것이다. 그러나 뒤의 그림에서 알 수 있는 것처럼 실제로 이 두 선의 길이는
똑같다.[1]

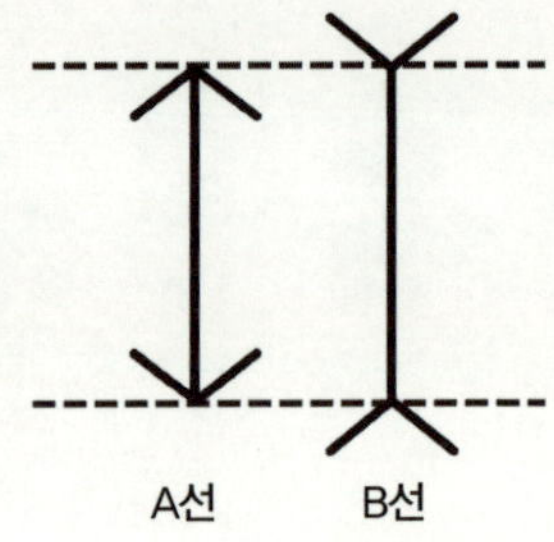

수십 년 동안 시각연구자들은 이 착시가 인간의 시각에 대해 뭔가 근본적인 것을 말해준다고 믿었다. 연구자들은 정상적인 시각을 지닌 사람들에게 이 착시를 보여줄 때마다 안쪽을 향한 화살이 달린 선이 바깥쪽을 향한 화살이 달린 선보다 언제나 더 길어 보일 것이라고 확신했다. 그러나 1960년대 이전까지 이 확신을 실제로 검증해본 적은 한 번도 없었다. 왜냐하면 그때까지 이 착각을 보았던 거의 모든 사람들은 위어드WEIRD였기 때문이다. 문화심리학자들이 만들어낸 이 위어드라는 용어는 '서양의Western 교양 있고Educated 산업화되었으며Industrialized 부유하고Rich 민주적인Democratic' 사회에서 살고 있는 사람들을 가리키는 약어다.[2]

이 오류가 수정된 것은 1960년대 초 세 연구자들이 15개의 상이한 문화적 집단에 속하는 2,000명의 사람들에게 이 착시를 보여주었을 때였다. 처음에는 이 착각이 몇몇 집단에서도 그대로 나타났다. 일리노이의 에번스턴Evanston에 사는 성인들은 B선이 A선보다 평균 20퍼센트 더 길다고 지각했으며, 근처 노스웨스턴대학의 학생들과 남아프리카공화국의 백인 성인들도 비슷하게 B선이 A선보다 13~15퍼센트 더 길다고 지각했다. 그 후 연구자들은 더 멀리 여행하면서 아프리카의 여러 종족들을 대상으로 검사를 실시했다. 그 결과 아프리카 남부의 부시맨족은 전혀 착각에 빠지 않았으며 두 선의 길이가 거의 같다고 지각했다. 마찬가지로 앙골라 북부의 수쿠Suku족과 코트디부아르의 베테Bete족에 속하는 사람들도 전혀 착각에 빠지지 않았거나 또는 B선이 A선보다 아주 조금만 더 길다고 지각했다. 이 뮐러-라이어의 착시는 수십년에 걸쳐 위어드 사회에서 살고 있는 수천 명의 사람들을 현혹시켰지만, 보편적인 것은 아니었다.

B선이 A선보다 길다는 느낌을 지울 수 없는 서양인들과 해부학적으로 똑같은 시각체계와 신경계를 가졌을 아프리카의 부시맨과 그 밖의 부족민들이 이 착각에 빠지지 않는 까닭은 무엇인가? 생물학적 차이가 없다고 가정할 때 답은 당연히 문화적인 것일 수밖에 없다. 서양의 대다수 사회와 달리 부시맨족, 수쿠족, 베테족이 사는 세계에는 직선이 매우 드물다. 그들의 집은 종종 짚으로 만들어졌고 둥그스레한 모습을 띠고 있으며 서양 가정의 실내를 특징짓는 명확한 선들을 찾아보기 어렵다. 마찬가지로 그들이 하루 종일 바라보며 지내는 풀밭과 나무와 물 등으로 이루어진 자연경관에서도 기하학적인 모퉁이 같은 것을 찾아보기란 결코 쉽지 않다.

그렇다면 이것이 왜 문제가 되는가? 기하학적으로 명확하게 구획된 실내에서 오랫동안 살아온 사람들은 3차원 원근법의 규칙에 따라 물체의 크기를 판단하는 데 익숙해진다. 예컨대 뒤의 그림과 같은 방안에서 두꺼운 검정색 선 A와 B로 표시한 두 벽 가운데 어느 것이 더

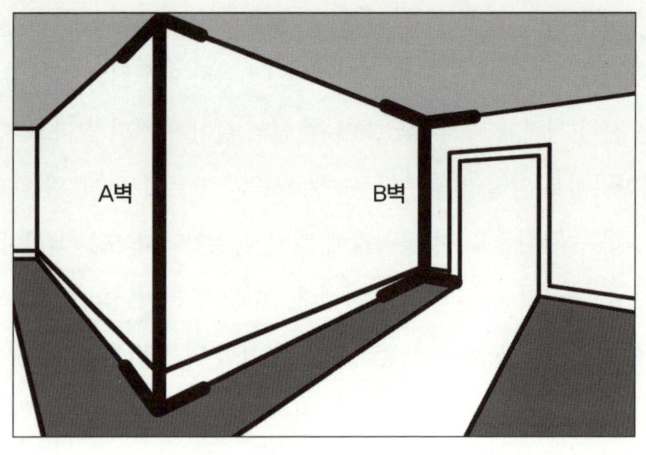

높으냐고 묻는다면 당신은 어떤 것을 택하겠는가?

만약 당신이 직각을 이루는 벽들로 둘러싸인 구조물 안에서 수년을 살아왔다면 당신은 별다른 주의를 기울일 필요도 없이 이 두 벽의 높이가 같음을 알 것이다. A벽이 당신에게 더 가까이 있으므로 눈 뒤의 망막에 더 큰 상으로 맺히겠지만, 당신은 원근법의 기본 원리에 이미 익숙하기 때문에 이런 차이를 자연스럽게 교정할 것이다. 이때 A벽이 방바닥이나 천장과 만나서 생기는 선들은 뮐러-라이어 착각의 A선과 비슷하고 B벽이 방바닥이나 천장과 만나서 생기는 선들은 B선과 비슷하다. 그래서 당신이 A선과 같은 모양을 보게 되면 당신에게 가까이 있지만 실제로는 보이는 것만큼 크지 않은 물체들을 자연스럽게 머릿속에 떠올리게 된다. 반대로 B선과 같은 모양은 멀리 떨어져 있지만 실제로는 보이는 것보다 더 큰 물체들을 머릿속에 떠올리게 만든다. 이렇게 당신의 머릿속에서 자동적으로 교정이 일어나기 때문에 (B벽이 보기보다 더 높은 것과 마찬가지로) B선은 실제보다 더 길어 보이고 (A벽이 보기보다 더 낮은 것과 마찬가지로) A선은 실제보다 더 짧아 보이는 것이다. 그런데 이런 직관은 문화적 경험과 결부되어 있으며, 부시맨족이나 수쿠족이나 베테족 사람들은 이런 기하학적 구조에 노출된 적이 거의 없기 때문에 이런 직관을 가지고 있지 않은 것이다.

이런 문화적 차이의 많은 부분은 수천 년을 거슬러 올라간다. 예컨대 현대 서양철학의 토대가 된 고대 그리스의 철학자들은 사물을 맥락과 분리시켜 분석하는 경향이 강했던 반면, 고대 중국의 철학자들은 사물과 맥락의 관계에 훨씬 더 큰 관심을 기울였다. 그리고 수천 년이 지난 오늘날 이런 차이는 서양인과 동아시아인이 세계를 지각하는 방식의 차이로 계속 나타나고 있다.[3]

한 실험에서 연구자들은 중국과 미국의 학생들에게 여러 장의 사진을 탐구해보라고 요청했는데, 이 사진들에는 배경 한가운데에 한 물체가 놓여 있었다. 예를 들어 한 사진에는 숲 속 개울가에 호랑이 한 마리가 서 있었고 또 다른 사진에는 높은 산맥을 배경으로 전투기 한 대가 날고 있었다. 나중에 연구자들은 학생들에게 또 다른 여러 장의 사진을 보여주면서 사진 전경에 있는 물체를 실험의 첫 번째 단계 때 본 적이 있느냐고 물었다. 그러자 대부분의 학생들은 전체 질문의 70퍼센트를 옳게 대답할 정도로 이 과제를 꽤 잘 수행했다. 그러나 한 가지 주목할 만한 예외가 있었다. 즉 연구자들이 물체를 다른 배경 속에서 제시하자(예를 들어 숲 대신 초원 위에 서 있는 호랑이를 제시하거나 높은 산맥 대신

구름 낀 하늘을 배경으로 날고 있는 전투기를 제시하자) 중국 학생들은 과제를
수행하는 데 꽤 애를 먹었다. 그들의 정확도는 60퍼센트 아래로 떨어
졌으며, 그들은 전경에 있는 물체를 이전에 보았는지 좀처럼 자신 있게
대답하지 못했다.

　　중국 학생들이 이렇게 어려워한 까닭은 그들이 이미지를 회상할
때 눈의 움직임을 조사해보자 분명하게 드러났다. 미국 학생들은 전경
에 있는 물체에 거의 모든 주의를 기울였으며 배경에 눈의 초점을 맞추
는 시간은 상당히 적었다. 다시 말해 미국 학생들은 아리스토텔레스의
눈으로 사물을 바라본 반면에, 중국 학생들은 공자의 렌즈를 통해 광경
을 바라보면서 전경의 물체만큼이나 배경에도 눈의 초점을 맞추었다.
그래서 특정 맥락 속에 있는 물체를 기억하고 있는 중국 학생들은 그
물체가 다른 배경 속에서 나타났을 때 당황한 반면, 미국 학생들은 아
예 처음부터 배경에 거의 주의를 기울이지 않았던 것이다.[4]

개성의 세계와 조화의 세계

문화적 유산은 물체뿐 아니라 사람과 사회적 상호작용의 지각에도 비
슷한 영향을 미친다. 미국인들보다 물체를 맥락 속에서 바라보는 데 더
익숙한 중국인들은 인간에 대해서도 삶 속에 다른 사람들과 긴밀하게
연관되어 있는 존재라고 믿는다. (미국, 캐나다, 서유럽, 오스트레일리아, 뉴

질랜드 같은 지역에 사는) 서양인들은 자신이 다른 사람과 뚜렷이 구별된다고 믿는 경향이 강하며 친구나 연인과 매우 가깝게 지낼 때도 자기 자신을 한 개인으로서 지각한다. '개인주의'라고 불리는 이런 철학적 신념은 (일본, 중국, 한국 같은) 동아시아인들의 '집단주의'에 대한 신념과 매우 다르다. 집단주의는 모든 사람이 서로 연결되어 있고 사람들의 정체성이 서로 뚜렷이 구별되지 않으며 사람들의 행위가 개인보다는 집단 전체의 안녕에 기여해야 한다는 신념이다. 물론 이 두 문화적 집단에 속하는 사람들은 모두 그들이 개인이자 동시에 한 집단의 성원이라는 사실을 인정하지만, 서양인들에게는 개인적 요소가 더 중요하게 다가오는 반면 동아시아인들에게는 집단적 요소가 상대적으로 더 큰 비중을 차지한다.

일련의 실험에서 연구자들은 미국과 일본의 학생들에게 어떤 만화를 보여주고는 거기에 등장하는 네 명의 남자 또는 여자 들을 배경으로 서 있는 한 남자의 감정을 해석해보라고 했다. 만화 속의 인물들은 다섯 명이 모두 똑같은 감정적 표현을 하고 있을 때도 있었고, 다음 장의 그림[5]에서처럼 정면에 있는 사람이 배경에 있는 나머지 사람들과 다른 표정을 지을 때도 있었다.

정면에 있는 사람이 행복한지, 슬픈지, 화가 났는지 등을 판단해보라고 하자 72퍼센트의 일본 학생들은 배경에 있는 사람들의 감정을 무시할 수 없다고 말한 반면, 미국 학생들은 28퍼센트만이 똑같은 반응을 보였다. 그리고 일본 학생들은 배경에 있는 네 인물이 다른 감정을 표현하고 있을 때, 정면에서 행복한 표정을 짓고 있는 사람을 덜 행복

하게 평가했고, 슬픈 사람은 덜 슬픈 것으로, 화가 난 사람은 덜 화가 난 것으로 평가했다. 호랑이와 전투기 사진을 보여주었던 실험과 마찬가지로 일본 학생들은 배경에 있는 네 사람의 얼굴을 바라보면서 많은 시간을 보낸 반면, 미국 학생들은 전경에 있는 큰 얼굴의 표정에 거의 전적으로 초점을 맞추었다.[6]

미국인들은 개인의 자유와 권리라는 가치를 당연한 것으로 여기지만, 동아시아인들은 집단의 안녕에 매우 큰 관심을 기울인다. 이에 몇몇 문화연구원들은 동아시아인들이 개인의 독특함과 독립보다 조화와 순종의 가치를 더 강조하는지 살펴보았다. 한 연구에서는 미국과 한국의 300개가 넘는 신문과 잡지의 광고에서 독특함과 순종의 가치가 얼마나 자주 언급되었는지를 분석했다. 이 가운데 몇몇 출판물들은 (예컨대 미국의 〈머니Money〉나 〈뉴욕타임스〉 그리고 한국의 〈한경비즈니스〉처럼) 경제나 시사에 초점을 맞춘 것이었고 다른 출판물들은 여성이나 젊은 층을 주요 독자로 삼고 있었다. 분석 결과 한국의 거의 모든 광고에서는 전통, 순종, 유행 따르기 등의 가치를 전면에 내세운 반면, 미국의 거의 모든 광고에서는 선택, 자유, 독특함 등의 가치를 강조했다. 한국의 한 광고에서는 "열 명 중 일곱 명이 이 제품을 사용하고 있어요"라고 주장했는데, 미국 소비자들에게 이런 말은 오히려 거부감을 불러일으킬 것이다. 그런가 하면 미국의 한 광고에서는 "인터넷은 만인을 위한 것이 아니다. 하지만 당신은 만인이 아니다"라고 말했는데, 이것은 한국 소비자의 집단주의 성향에는 오히려 거슬리게 들릴 수도 있을 것이다.[7]

또한 이런 광고들은 집단주의적이거나 개인주의적인 사람들의 실제 행동방식을 반영한다. 사회심리학의 역사를 통틀어 가장 유명한 연구 중 하나는 솔로몬 애시Solomon Asch가 1950년대 미국에서 수행한 인간 동조성 연구다. 애시는 1900년대 초에 폴란드에서 성장했으며 1920년에 부모의 손을 잡고 뉴욕 시의 브루클린으로 이주했다. 소년 시절 유월절을 맞아 식사 자리에 앉은 애시는 아버지에게 왜 아무도 앉지 않은 빈 의자 앞에 포도주 잔이 놓여 있느냐고 물었다. 그러자 아버지는 그 잔은 예언자 엘리야를 위한 것이라고 답했다. 바로 그 순간 어린 솔로몬은 잔에 담긴 포도주가 살짝 줄어들었다고 확신했다. 이렇게 어린 시절에 경험한 암시와 감응의 힘은 애시에게 인간의 동조성과 선전에 대한 평생의 학문적 관심으로 발전했으며, 특히 제2차 세계대전의 공포를 경험한 뒤 더욱 큰 관심을 가지게 되었다. 그 결과 애시는 인간 동조성의 한계를 시험하기 위한 연구를 설계하게 된 것이다. 그의 여러 실험들 가운데 한 표준적인 실험에서는 일곱 사람이 한 방에 둘러앉아 오른쪽의 어느 선이 왼쪽의 선과 길이가 같은지 판단하는 간단한 과제를 수행했다.

이것은 아주 쉬운 과제였다. 왜냐하면 답은 너무나도 빤하게 C선이었기 때문이다. 그러나 실험에는 이 과제를 그렇게 쉽지만은 않게 만드는 한 가지 장치가 있었다. 일곱 명 중에서 가장 마지막으로 답을 말해야 하는 사람만이 이 실험의 진짜 목적을 모르고 있는 순진한 참가자였다. 그는 나머지 여섯 명의 참가자가 실험자의 지시에 따라 B선이 정답이라고 한결같이 우기는 조연들이라는 사실도 전혀 눈치챌 수 없었다. 이런 상황에서 실험이 시작되자 여섯 명의 참가자들은 별 생각 없이 "B선이요"라고 말했고 곁에 있던 실험자는 그들의 응답을 종이에 기록했다. 그러자 순진한 일곱 번째 참가자는 혹시 자신이 실험 지시를 잘못 이해했나 혹은 다른 사람들이 장난하나 하는 생각도 들면서 점점

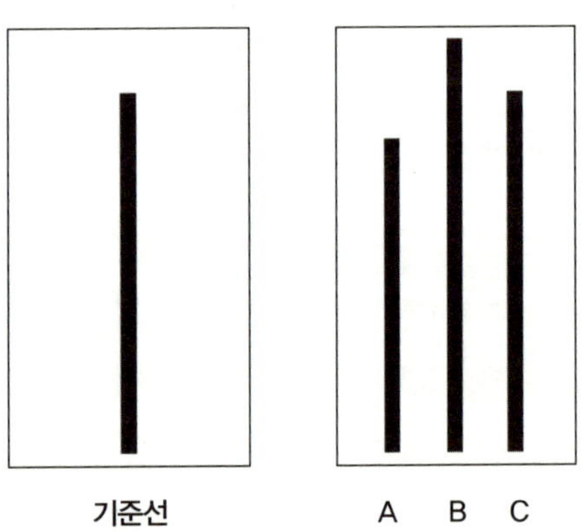

마음이 흔들리기 시작했다. 그러나 다른 사람들의 태도는 확고했으며 마침내 그가 답할 차례가 되었다. 이런 실험을 수백 번 실시한 결과 애시는 모든 미국인 참가자들 가운데 약 30퍼센트가 다른 사람들의 한결같은 답변에 동조하여 B선이라고 명백히 틀린 답을 말한다는 사실을 알아냈다. 이 결과가 특히 흥미로운 까닭은 평소 개성과 독립이라는 개인주의적 가치를 금과옥조金科玉條처럼 여기는 미국인들조차 사회적 동조의 압력에 굴복한다는 사실을 보여주기 때문이다.[8]

밀러-라이어의 착각과 마찬가지로 이 실험의 결과를 다른 문화권에서 검증해보기까지는 상당한 시간이 흘러야 했다. 그리고 마침내 애시의 실험을 전 세계에 걸쳐 반복해보았을 때 개인주의 문화가 발달한 영국이나 네덜란드 같은 나라에서는 동조성 효과가 비슷하게 나타난 반면에, 집단주의 문화가 발달한 나라에서는 극적으로 더욱 강력하게 나타났다. 일본인 참가자들의 50퍼센트가 다른 사람들의 의견에 동조했고 가나인들은 47퍼센트, 피지Fiji인들은 무려 58퍼센트의 동조성을 보였다. 이렇게 볼 때 사회적 조화의 기반이 되는 동조 행동은 개인주의적인 미국에서도 때때로 일어나지만 집단주의적인 이상을 소중히 여기는 문화권에서 훨씬 더 빈번하게 일어난다고 말할 수 있다.[9]

개인주의 문화와 집단주의 문화 사이의 이런 커다란 차이는 그들의 특출한 고대 철학에도 각각 반영되어 있다. 그러나 왜 고대 그리스인들은 개인주의적인 철학을 추구했고 유학자들은 집단주의적인 철학을 추구했을까? 개인주의와 집단주의의 궁극적 기원에 대한 논쟁은 여전히 현재진행형이지만, 한 가지 흥미로운 (그리고 논쟁의 소지가 있는) 최근 이론에 따르면 이런 경향들은 질병을 일으키는 미생물의 집중도와 관계가 있다고 한다. 이 이론에 따르면 집단주의 사회는 병원균이 많은 지역에서 발달할 가능성이 큰데, 왜냐하면 집단주의자들은 개인주의 자들보다 외지인을 더 두려워하는 경향이 있으며 질병을 야기할 만한 모험은 더 삼가는 경향이 있기 때문이다. 그리고 이렇게 외지인을 두려 워하고 혐오하는 태도를 통해 집단주의 사회는 혜택을 입었을 것이다. 왜냐하면 이런 태도는 신체적으로 맞설 채비가 되어 있지 않은 외래 질 병으로부터 사람들을 보호하는 기능을 했을 것이기 때문이다.

반면 개인주의자들은 자신이 속한 집단을 벗어나 외지인들과 상호 작용을 주고받는 경우가 더 많기 때문에 그들이 모험을 마치고 돌아오 면 함께 따라 들어온 새로운 질병이 집단을 황폐하게 만들 위험도 그만 큼 컸다. 이렇게 오랜 세월이 흐르면서 개인주의 문화는 질병의 파괴적 인 영향 때문에 몰락했다. 그리고 다른 한편으로 위험한 병원균이 비교 적 적은 지역에서는 개인주의 문화가 번창했다. 개인주의자들은 더 근 면하고 모험적이며 창의적인 경향이 있어서 전염병의 위협이 심각하 지 않은 곳에서는 집단주의자들을 압도했기 때문이다.[10]

2008년 미국과 캐나다의 심리학자들이 역사적으로 개인주의 문화 와 집단주의 문화가 발달한 지역들의 미생물 수준을 비교한 결과, 바 로 이런 패턴이 관찰되었다. 연구자들은 전 세계를 약 100개의 지역으 로 나눈 뒤 두 문화연구 전문가에게 각 지역의 개인주의 또는 집단주 의 수준을 평가해줄 것을 의뢰했다. 이때 전문가들은 1(매우 집단주의적인)부터 10(매우 개인주의적인)까지의 척도를 이용해 각 지역을 평가했다. 개인주의적인 지역에는 미국(9.55점), 영국(8.95점), 스위스(7.90점) 등이 포함되었고 중국(2.00점), 나이지리아(3.00점), 포르투갈(3.80점) 등은 비교적 집단주의적인 지역으로 평가되었다. 그리고 중간에는 루마니아(5.00점), 스페인(5.55점), 남아프리카공화국(5.75점) 같은 지역이 놓여 있었다. 분석 결과 이 두 결정적인 측정치 사이의 관계는 매우 강력한 것으로 나타났다. 즉 역사적으로 병원균 수준이 더 높았던 지역들은 병원균 수준이 더 낮았던 지역들보다 역사적으로 집단주의적인 경향이 훨씬 더 강했다. 그래서 연구자들은 이런 환경 압력에 의해 세계 각 지역의 장기적인 문화양식이 구체적인 모습을 띠게 되었을 것이라고 결론지었다.

집단주의와 개인주의의 기원에 대한 논쟁은 여전히 계속되고 있지만, 그것과 상관없이 문화는 우리에게 계속 영향을 미친다. 그리고 이런 영향력은 물리적 세계와 사회적 세계에 대한 우리의 사고방식에 국한된 것이 아니라 수들의 관계를 비롯하여, 무엇이 초상화를 그리는 최선의 방법인지, 모욕적인 대우를 받았을 때 싸울 것인지 도망갈 것인지 같은 추상적이고 개념적인 문제들에도 적용된다. 우리는 이런 추상적 개념들에 내한 우리 자신의 문화적인 해석에 너무 익숙한 나머지 우리의 이런 문화적인 견해들이 유일한 것이거나 필연적인 것이라고 가정하기 쉽다. 그러나 냉철하고 정밀한 수학적 개념들조차 문화적 재해석의 여지는 충분히 존재한다. 예를 들어 1980년대 후반에 한 연구자는 브라질의 거리에서 사탕을 파는 가난한 아이들을 본 순간 덧셈과 뺄셈

에 대한 서양식 교육법이 결코 유일한 것이 아님을 깨달았다. 다음에서
살펴보자.

똑같은 말과 행동이
다른 반응을 낳다

서양의 부유한 가정에서 자란 열 살짜리 아이들은 학교에서 덧셈과 뺄
셈을 배우지만, 세계 여러 지역의 가난한 열 살짜리 아이들은 똑같은
개념들을 먹고살기 위해 스스로 깨우치지 않으면 안 된다. 브라질 북동
부의 대도시인 레시페Recife에서 가난한 아이들은 아주 어릴 때부터 거
리에서 사탕과 과일을 판다. 그들은 학교 교육을 전혀 받지 않은 채로
상업 세계의 깊은 물을 헤치고 나아가야 한다. 그들 중 순종적이고 순
진한 아이들은 2레알real(브라질의 화폐 단위)짜리 지폐를 5레알짜리 지폐
와 교환하려는 사기꾼이나 고객에게 속아 넘어가기 쉽다. 이런 상황에
서 아이들은 덧셈과 뺄셈을 재빨리 배우며 물건을 싸게 파는 것과 너무
빨리 내주는 것의 차이를 터득한다.

1980년대에 레시페를 방문한 많은 연구자들은 이 아이들의 수학
적 이해가 서양의 아이들이라면 수년의 교육을 통해 비로소 터득할 수
있을 만큼 정교하다는 사실을 발견했다. 연구자들은 사탕을 파는 아
이들에게 많은 수학 문제를 제시했는데, 이것은 그 지역의 공립학교
에 다니거나 또는 근처 시골에 사는 같은 나이의 아이들에게도 제시했

던 문제들이었다. 한 문제에서 아이들은 총액이 1만 7,300크루제이루cruzeiro(당시의 화폐 단위였으며 오늘날은 레알로 대체되었다)에 달하는 17장의 지폐를 더해야 했다. 또 다른 문제에서는 피룰리토Pirulito(브라질의 사탕) 한 봉지를 200크루제이루에 파는 것과 일곱 봉지를 1,000크루제이루에 파는 것 중에서 어느 것이 더 많은 봉지당 수입을 가져오는지를 맞춰야 했다.

거리에서 사탕이나 과일을 팔아본 적이 없는 레시페의 학생들과 시골 아이들은 지폐를 더하는 데 애를 먹었으며 전체 문제의 겨우 30~50퍼센트만을 맞추었다. 그러나 사탕을 파는 아이들은 자그마치 82퍼센트의 문제에 정답을 적었다. 나아가 이 아이들은 오답의 경우에도 오차가 대개 정답에서 200크루제이루 이상을 벗어나지 않은 반면에, 다른 아이들은 현저하게 더 부정확했다. 사탕을 파는 아이들은 수입계산 문제에서도 훨씬 뛰어났다. 즉 이들 중 78퍼센트는 피룰리토 한 봉지를 200크루제이루에 파는 것이 일곱 봉지를 1,000크루제이루에 파는 것보다 봉지당 더 많은 수입을 가져온다고 옳게 답했다. 반면에 레시페의 학생들은 50퍼센트만이 옳게 답했으며, 거리 행상을 해본 적이 없는 시골 아이들은 겨우 24퍼센트만이 정답을 적었다.

실험 후에 연구자늘이 사탕을 파는 아이들에게 어떻게 문제를 그렇게 잘 풀 수 있었느냐고 묻자 그들은 큰 수를 작은 수로 쪼개는 방법에 대해 설명했다. 아이들은 17장의 지폐를 그냥 차례대로 더하는 대신에 계산하기 좋은 단위들로 쪼개어 묶었다. 예컨대 500크루제이루 지폐 한 장, 200크루제이루 지폐 두 장, 100크루제이루 지폐 한 장이면 모두 1,000크루제이루가 되었다. 그러면 이 지폐들은 옆에 제쳐두고 나머지 13장만 더하면 되었다. 또 비슷한 방식으로 피룰리토 한 봉지에 200크루제이루이면, 두 봉지는 400크루제이루에 팔 수 있을 것이고 세 봉지는 600, 네 봉지는 800, 다섯 봉지는 1,000크루제이루에 팔 수 있을 것이라고 설명했다. 그리고 이것은 일곱 봉지를 1,000크루제이루에 넘길 때보다 적은 봉지 수였다. 이 아이들은 공식적인 수학교육을 전혀 받지 않았지만 나름대로 셈법을 터득하지 않으면 안 되는 문화적 환경 속에서 살았던 것이다. 나아가 그들은 덧셈이나 다양한 거래 상황에서 이윤을 계산하는 법은 재빨리 터득했지만, 책에 나오는 숫자를 읽거나 서로 다른 수들의 크기를 비교하는 일처럼 거리 행상에 중요하지 않은 과제에서는 특별히 뛰어나지 않았다.[11]

수학과 예술은 문화적 스펙트럼의 양쪽 끝에 놓인 것처럼 보인다. 하나는 보편적이고 영속적인 것처럼 보이는 반면에 다른 하나는 지역에 따라 다르고 늘 변화하는 것처럼 보인다. 그러나 이 둘에는 상당한 공통점이 또한 존재한다. 레오나르도 다빈치는 뛰어난 예술가이자 수학자였다. 그리고 그가 그린 〈모나리자〉와 〈최후의 만찬〉이 사람들의 시선을 끄는 까닭은 그것들이 시각적 조화의 특정한 수학적 법칙들을 따르기 때문이기도 하다. 동아시아의 여러 고전 조각상이나 건축물이 그런 것처럼 이런 작품들의 비율은 긴 쪽이 짧은 쪽보다 약 1.618배 더 긴 이른바 황금비를 이루고 있다. 기원전 5세기에 피타고라스가 처음 언급한 황금비는 보편적인 심미적 매력을 지닌 것으로 간주되는데, 이 비율은 여러 문화권에서 건물을 설계하거나 예술품을 만들 때 사용되었다.

　비록 황금비는 보편적인 것일지 모르지만 예술품의 매력을 구성하는 것이 무엇인지에 대해서는 문화마다 차이가 있는 듯하다. 서양과 동아시아의 유명한 초상화 약 500개를 검토한 연구자들은 서양의 초상화에서는 주인공의 얼굴이 캔버스의 평균 15퍼센트를 차지한 반면 동아시아의 초상화에서는 4퍼센트밖에 차지하지 않는다는 사실을 발견했다. 그리고 페이스북의 프로필 사진들을 분석한 결과 텍사스와 캘리포니아 사용자들 가운데서 표본 추출한 사진의 12퍼센트가 배경 없이 얼굴만 크게 부각된 반면에, 홍콩, 싱가포르, 타이베이 사용자들 가운데서 표본 추출한 사진의 1퍼센트 미만만이 비슷하게 얼굴만 클로즈업되고 배경이 없었다.

　이런 미학적 이상의 차이는 고전 작품에서만 나타나는 것이 아니

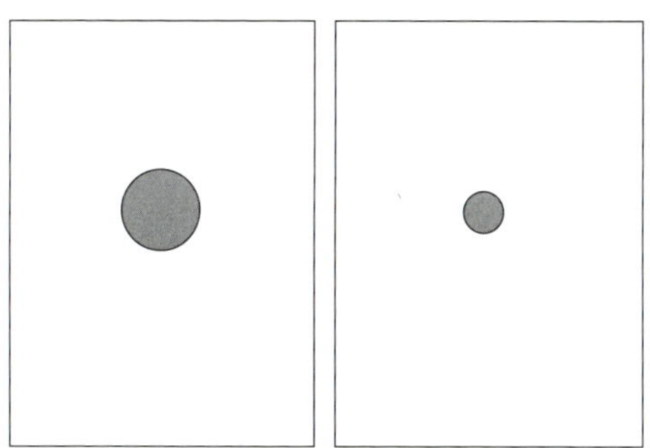

서양의 박물관 초상화들(왼쪽)과 동아시아의 박물관 초상화들(오른쪽)에서 주인공 얼굴과 캔버스 크기의 평균 비율.

다. 위의 연구를 수행했던 연구자들이 미국과 동아시아의 학생들에게 집, 나무, 강, 사람, 지평선이 들어간 풍경을 그려보라고 했다. 그러자 미국 학생들은 집과 사람이 강조된 비교적 간단한 그림을 그린 반면 동아시아 학생들은 배경에 더 초점을 맞추어 미국 학생들보다 74퍼센트 더 많은 항목들을 배경에 추가했다. 그리고 나중에 똑같은 학생들에게 마음에 드는 네 모델의 사진을 선택해 액자를 채우라고 하자, 미국 학생들은 액자를 모델의 얼굴로만 가득 채웠다. 반면에 동아시아 학생들은 모델의 신체와 실내 배경을 더 강조하여 모델의 얼굴이 액자에서 차지하는 비중은 3분의 1정도밖에 되지 않았다. 이렇게 볼 때 한 문화권에 속하는 사람들은 그들이 순진한 학생이든 특출한 예술가이든 똑같은 미학적 취향을 지니고 있는 것처럼 보인다.[12]

또한 예술작품에는 한 문화의 이상과 주요 관심사가 반영되어 있다. 동아시아의 예술가들은 명예롭게 죽음을 맞이한 숭고한 전사들을 기리는 작품을 오랫동안 만들어왔는데, 서양 예술작품에서는 이와 비슷한 것을 찾아보기 어렵다. 예컨대 일본의 걸작들 가운데는 명예를 더럽혀 할복자살을 감행하는 사무라이 전사를 묘사한 작품이 다수 있다. 물론 미국 문화에서도 명예 개념이 아주 없는 것은 아니지만 지역마다 명예를 강조하는 정도가 다르다. 한편 명예를 강조하는 지역에서는 일반적으로 죄악시되는 살인이 더 자주 발생하는 경향이 있는데, 이것은 살인자나 그가 사랑하는 사람의 명예가 위협받는 상황과 관련이 있다.

예를 들어 다음과 같은 상황을 상상해보라. 당신이 어떤 사업을 하고 있는데 직원을 새로 고용하려 한다. 좋은 조건을 갖춘 지원자들의 원서가 물밀듯이 들어오는데 그중 유독 한 원서가 눈에 띈다. 열심히 일할 자세가 되어 있는 27세의 청년인 지원자는 필요한 일자리에 꼭 들어맞아 보인다. 그러나 그가 고백한 다음과 같은 과거의 한 사건 때문에 신경이 쓰인다.

그런데 한 가지 설명할 것이 있는데요, 왜냐하면 저는 솔직하길 원하고 불필요한 오해를 받고 싶지 않기 때문입니다. 저는 과실치사라는 중죄로 유죄 판결을 받은 적이 있습니다. 사장님께서는 아마도 저의 취직을 허락하시기 전에 이 부분에 대한 설명을 원하실 것 같아서 이렇게 설명을 드리고자 합니다. 저는 제 약혼녀와 불륜을 저지른 남자와 싸움을 벌인 적이 있습니다. 당시 저는 작은 읍에서 살고 있었는데, 어느 날 밤 이 남자가 술집에서 친구들과 함께 있던 제게 다가왔습니다. 그리고 모든 사람들이 듣고 있는 자리에서 그는 제 약혼녀와 함께 잔 적이 있다고 떠들어댔습니다. 그는 저를 조롱하면서 제게 용기가 있다면 밖에 나가서 결투를 벌이자고 말했습니다. 당시 혈기 왕성힌 젊은 나이였던 저는 모든 사람늘이 보는 앞에서 이 뻔뻔한 도전을 피하고 싶지 않았습니다. 싸움을 위해 뒷골목으로 가자 그 남자가 먼저 저를 공격하기 시작했습니다. 그는 저를 때려눕히더니 병을 집어 들었습니다. 물론 저는 도망갈 수도 있었습니다. 판사도 제가 그래야 했다고 말했습니다. 그러나 저는 자존심 때문에 그럴 수가 없었

습니다. 그래서 저는 구석에 있던 쇠파이프를 집어 들어 그를 세게
내리쳤습니다. 죽일 생각은 없었는데, 그는 결국 몇 시간 뒤에 병원
에서 죽고 말았습니다. 지금 저는 제가 한 일이 잘못된 것이라는 점
을 충분히 깨닫고 있습니다.

당신이 이런 편지를 받았다면 어떻게 반응하겠는가? 이 지원자가
서술한 정황들을 고려할 때 그가 저지른 죄는 가벼워질 수 있는가? 아
니면 그의 잘못을 평가하는 데 이런 정황들은 그리 중요치 않다고 생각
하는가? 당신이라면 이 지원자가 그 일자리를 받을 자격이 있어 보이
는가? 아니면 그를 지원자 중에서 제외하겠는가?

1990년대 중반 사회심리학자 리처드 니스벳Richard Nisbett과 도브
코헨Dov Cohen은 정확히 위의 구절을 포함한 가짜 지원서 수백 통을 미
국 각지의 체인점 주인들에게 보냈다. 이때 연구자들은 체인점들을 (테
네시, 앨라배마, 미시시피 같은) 남부 주들, (애리조나, 뉴멕시코, 와이오밍 같은)
서부 주들, (뉴욕, 매사추세츠, 미시간 같은) 북부 주들로 크게 셋으로 나누
었다. 만약 당신이 미국 텔레비전 프로그램 등을 통해 미국의 문화와
역사에 대해 어느 정도 알고 있다면 이들 지역의 문화적 관습이 서로
뚜렷이 구별된다는 점을 어렵지 않게 이해할 수 있을 것이다.

연구자들은 가짜 지원서에 대한 답장을 수개월에 걸쳐 수집했는
데, 역시 지역에 따라 흥미로운 차이가 나타났다. 북부 상점들에 비해
남부와 서부의 상점들은 죄를 뉘우치고 있는 지원자에게 조금 더 일자
리를 주려고 했으며 편지의 말투도 더 부드럽고 타협적이었다. 남부와

서부의 상점들은 많은 경우에 지원자의 행실에 대해 이해와 공감을 보인 반면에, 북부의 상점들은 지원자의 행실에 대해 아예 언급을 하지 않거나 인정할 수 없다는 투로 말했다. 그중에서도 남부의 한 상점 주인은 아래 편지를 통해 지원자에 대해 특별한 이해심을 보였는데, 이것은 명예의 문화를 존중하는 그곳의 사고방식을 생생하게 보여주고 있다.

> 당신의 과거 문제와 관련해 사실 누구라도 그런 상황에 처할 수 있을 것입니다. 그것은 당신에게 일어나지 말았어야 할 불운한 사고에 지나지 않습니다. 당신의 솔직함은 당신이 성실한 사람임을 보여주고 있습니다. … 부디 당신의 장래에 행운이 따르길 빕니다. 당신은 긍정적인 태도와 일하려는 의욕을 가지고 있습니다. 그것은 업주들이 원하는 직원의 자질입니다. 당신이 안정된 자리를 구한 뒤에 혹시 이곳 근처를 지나거든 잠시 들러서 우리가 만날 수 있기를 바랍니다.

미국의 남부와 서부는 가문들 사이의 뿌리 깊은 경쟁관계, 마카로니 웨스턴풍의 서부극, 전통적인 성별 역할에 대한 강조 등과 관련이 깊다. 만약 남부나 서부의 님싱이 위 연구의 지원자 편지에 서술된 것과 같은 사건에 휘말려 폭력을 휘둘렀다면, 그는 주위의 이해와 용서를 받을 가능성이 상대적으로 크다. 반면 이런 이른바 '명예의 문화'는 북부 주들에서는 찾아보기 힘들다. 만약 북부의 남성이 똑같은 상황에 처했다면 자신의 도덕적 정체성을 손상시키지 않은 채 폭력을 회피하는

것이 최선의 선택일 것이다.[13]

그런데 혹시 남부와 서부의 사람들이 그냥 더 폭력에 대해 관대한 것은 아닐까? 다시 말해 가짜 지원서에 대한 남부 체인점 주인들의 반응은 명예의 문화나 범죄의 성격과 아무 상관이 없는 것일 수도 있지 않을까? 위의 연구자들은 이런 의문에 대답하기 위해 또 다른 편지를 사람들에게 발송했다. 이 편지에서는 일자리 지원자가 젊은 시절에 가족을 보살피기 위해 차를 훔친 적이 있다고 고백했다. 그리고 앞의 경우와 마찬가지로 과거의 잘못을 깊이 뉘우치고 있으며 적극적으로 새 삶을 살고자 한다고 말했다. 그러자 명예나 체면과는 아무 상관이 없는 이 범죄에 대해서는 세 지역 체인점 주인들이 보인 관대함이 별다른 차이가 없었다.

니스벳과 코헨이 수행한 또 다른 연구에서도 유사한 차이가 발견되었다. 이 연구에서는 대학신문 인턴들에게 보수를 지불하고 폭력적인 사건에 대한 기사를 써달라고 요청했다. 첨부된 사건 설명서에 따르면 빅터 젠슨Victor Jensen이라는 이름의 젊은 백인 남성이 또 다른 젊은 백인 남성을 칼로 찔렀는데, 그 이유는 이 두 번째 남성이 파티에서 젠슨을 조롱하면서 그의 누이와 어머니를 '창녀'라고 불렀기 때문이었다. 이 사건에 대해 서술하면서 남부와 서부 대학의 인턴들은 젠슨의 행동을 정당화하는 경향이 더 강했으며 폭력적으로 반응할 만한 도발이 있었다고 언급함으로써 젠슨의 행동에 대한 비난을 자제했다. 반면에 북부 대학의 인턴들은 더 엄격했다. 젠슨의 행동이 뻔뻔하고 불명예스러운 공격에 대한 자연스러운 반응이었다기보다 무모하고 충동적인 행동이었다는 식으로 서술했다.

　미국 남부나 서부에서 성장한 청년들은 인신공격의 상황을 확대경을 끼고 바라보는 데 익숙하다. 그래서 평소에는 약간 난처한 장난에 불과한 사건들이 거기에 상응하거나 더 심한 반응으로 번지곤 한다. 그리고 이런 반응들이 반영하는 명예의 문화는 17세기 이주민 정착기까지 거슬러 올라갈 정도로 뿌리 깊은 것이다.

　연구자들은 명예의 문화가 왜 미국 전역이 아니라 일부 지역에서만 발전했는지를 몇 가지 요인으로 설명한다. 북부의 주들에는 주로 농민들이 정착했는데, 그들은 정착 초기부터 강력한 법률제도의 혜택을 입을 수 있었다. 반면 남부와 서부에는 목장주와 목동들이 많이 살았는데, 그들의 생계는 도둑과 침입자에 의해 늘 위협받고 있었다. 광활한 남부와 서부에서 범죄를 처벌하기란 쉽지 않았으며, 정착 초기에는 더욱 그러했기 때문에 목동들은 이 문제를 직접 해결할 수밖에 없었다. 또한 따뜻한 날씨와 빈곤도 폭력과 자경自警 행위를 촉진한 것으로 보인다. 이렇게 해서 오늘날의 명예의 문화를 특징짓는 폭력적인 보복과 가문들 사이의 오랜 대립관계가 탄생했다. 물론 이런 인과관계를 부정하는 전문가들도 있지만, 식민지 시대의 남부와 서부에 정착했던 사람들이 결투, 신사의 명예, 군법 등을 북부 주민들보다 훨씬 더 가슴속 깊이 받아들였다는 사실에는 의심의 여지가 없다. 이런 관습들이 여러 세대를 거쳐 내려오면서 명예의 문화가 자리를 잡게 되었고 오늘날에도 여전히 남부와 서부의 폭력적인 보복 반응과 북부의 비교적 유순한 반응의 차이로 나타나고 있는 것이다.

어찌 보면 명예라는 개념은 전통적인 시대의 유물처럼 보이지만, 오늘날에도 명예의 문화 속에서 성장한 남성들은 미국의 다른 지역에서 성장한 남성들과 다른 반응양식을 보인다. 위의 연구를 수행했던 심리학자들은 또 다른 실험에서 남부와 북부의 남성들이 그들의 남성성을 위협할 만한 모욕에 대해 어떻게 반응하는지를 관찰했다. 이 실험에서 대학생 연령대의 남성들은 대학의 한 강의실에서 다른 강의실로 자리를 옮기기 위해 좁고 긴 복도를 걸어가야 했다. 이 복도를 걸어가는 동안 일부 남성들은 반대편에서 걸어오는 다른 남학생을 지나쳐야만 했는데, 이 남학생은 실험자가 미리 심어놓은 조연이었다. 두 사람이 지나치는 순간에 이 남학생은 실험에 참가한 남성과 몸을 쿵 부딪치면서 나지막이 '개자식'이라고 중얼거렸다. 반면에 실험에 참가한 다른 남성들은 마주오던 학생이 군말 없이 길을 비켜주었기 때문에 아무 사고 없이 복도를 지나갔다.

모욕적인 언행을 당한 남성들은 상대 남학생의 적대적인 태도에 당연히 깜짝 놀랐는데, 이때 남부의 남성들과 북부의 남성들은 매우 다른 반응을 보였다. 근처에 있던 두 관찰자가 남성들의 반응을 평가한 결과 남부에서 성장한 남성들의 85퍼센트는 화를 낸 반면에, 북부에서 성장한 남성들의 65퍼센트는 화를 내기보다 이를 재미있어하는 반응을 보였다. 실험 참가자들은 복도 저편의 강의실로 이동한 뒤에 어떤 이야기를 완성하라는 과제를 받았는데, 이것은 한 남성이 모욕을 당하는 이야기로 방금 전에 겪은 일과도 꽤 비슷한 면이 있었다. 이 과제에서 남부 남성들의 4분의 3은 모욕을 당한 남자가 똑같이 상대에게 모욕을 퍼붓거나 폭력을 휘두른다는 식으로 이야기를 완성한 반면, 북부 남성들의 41퍼센트만이 비슷하게 적대적인 결말로 이야기를 완성했다. 그런가 하면 또 다른 연구에서는 그들의 호르몬 반응을 측정했는데, 모욕을 당한 남부 사람들의 경우에는 스트레스 또는 공격성과 각각 연관이 있는 코르티솔과 테스토스테론의 급격한 상승이 관찰되기도 했다.

똑같은 실험의 다음 단계에서 실험자는 남성들에게 이전에 걸어온 복도를 다시 걸어가라고 말했다. 이번에 남성들은 또 다른 조연 남학생을 지나쳐야 했는데, 이 남학생은 키가 컸고 매우 건장한 체격을 지니고 있었다. 일종의 담력 겨루기 성격을 띠게 된 이 상황에 대해 남성들이 어떻게 반응하는지를 주의 깊게 관찰한 결과, 이전에 복도에서 모욕을 당하지 않았던 북부와 남부의 모든 남성들은 이 건장한 남학생에 대해 0.6~0.9미터의 거리를 두고 멀찌감치 피해간 반면, 이전에 모욕을 당한 경험이 있는 남부 남성들은 둘이 거의 부딪칠 정도가 될 때까지도 길을 비켜주지 않았다. 결국 그들은 다가오는 '거인'과 평균 0.3미터 정도 거리가 되자 비로소 길을 비켜주었다. 모욕을 당한 경험이 있는 남부 남성들은 나중에 덩치가 훨씬 작은 조연과 마주쳤을 때도 더 공격적으로 행동했으며 질문지를 작성할 때도 자신의 남성성이 도전받는 느낌이 들었다고 고백했다. 북부의 남성들은 모욕 자체를 거의 지각하지 못하는 반면, 남부의 남성들은 공격적인 반응을 통해 자신의 남성성을 지키려고 노력했던 것이다.

나중의 연구들에 따르면 명예의 문화는 더 심각한 귀결을 초래하기도 한다. 왜냐하면 남부 사람들은 모험이나 남자다움의 과시와 관련이 있는 사고를 당해 젊은 나이에 사망할 확률이 더 높기 때문이다. 문화마다 독특한 불안정 요인이 있게 마련인데, 어느 문화에서는 남성의 명예를 더럽히는 모욕적인 언행이 다른 문화에서는 빗나간 펀치처럼 무시되어버릴 수 있는 것이다. 남부 사람들이 명예를 그렇게 중요시하는 것은 옛날 사람들의 공포와 불안정이 수백 또는 수천 년이 지난 오늘날 막연한 맥락 속에서 다시 표현될 수 있음을 암시한다. 이런 옛날 사람들의 공포는 같은 문화권에 속하는 사람들이 신체적 또는 정신적 질병을 경험하는 방식에도 영향을 미친다. 그래서 어느 작은 문화권에서만 나타나고, 이 독특한 문화적 불안을 공유하지 않는 다른 모든 사람들은 전혀 경험하지 못하는 증상들이 적지 않게 존재한다.[14]

문화가 만들어낸
색다른 질병들

몇몇 문화에서 남성성의 공격적 표출을 야기하는 불안정 요인들은 인구의 극소수만 걸리는 문화적 질병을 낳기도 한다. 음식을 좀처럼 먹으려 하지 않고 체중이 불까 봐 늘 불안해하는 신경성 식욕부진anorexia nervosa 환자들은 날씬함을 문화적 이상으로 여기는 부유한 지역들에 집중되어 있다. 이 병은 가난한 나라들에서는 거의 발견되지 않으며 1950년대 이전에는 거의 존재하지도 않았다. 그런가 하면 중세시대의 여성들은 신경성 질병의 중세판이라 할 수 있는 '기적의 식욕부진

anorexia mirabilis'에 시달리곤 했다. 이 여성들도 음식 먹기를 거부해 죽음에 이를 정도였는데, 이는 심미적인 것이라기보다 종교적인 이유 때문이었다. 금욕주의가 종교적 깨달음에 이르는 열쇠로 간주되던 문화 속에서 단식은 신에게 가까이 갈 수 있는 효과적인 수단처럼 보였기 때문이다.

이 두 종류의 식욕부진이 보여주는 것처럼 문화와 결부된 장애들은 특정 시기의 특정 문화 집단을 괴롭히는 고질적인 공포나 걱정을 반영하고 있다. 최근에 발생한 가장 유명한 사례 중 하나는 서아프리카에서 성기를 줄어들게 한다는 코로koro라는 전염병의 발병이다. 1997년부터 2003년 사이에 코로 전염병은 서아프리카 6개국에 확산되었으며 언론에도 대대적으로 보도되었다. 나이지리아의 일간지 〈뱅가드Vanguard〉에 실린 한 기사에서는 잇따라 일어난 놀라운 사건들에 대해 다음과 같이 서술했다.

표면상 제사의 목적으로 성기가 사라지는 사례들이 잇따르면서 플래토Plateau 주도州都의 시민들은 공포에 휩싸였다. 지난 한 주 동안 주도의 여러 지역에서 이런 사례가 여섯 건이나 보고되었는데, 사람들의 이야기에 따르면 남성 또는 여성이 성기 도둑과 접촉하자 그들의 성기가 '사라졌다'고 한다. '원격 조종'을 통해 한 남자의 사적인 부분을 '절도'했다는 의심을 받고 있는 중년의 한 남성은 어제 르왕 팜Rwang Pam 거리에서 사람들에 의해 거의 죽을 뻔했다. 전해지는 바에 따르면 피해자는 길을 물은 용의자에게 답을 하자 자신의 성기가 줄어드는 것을 느꼈다고 한다.

　　망상에 시달리는 사람들은 어느 문화권에서나 발견되지만 코로에 시달리는 사람들이 경험하는 증상은 세계 다른 지역에서는 찾아보기 힘들다. 심리학자들에 따르면 이 '남근이 잠을 자는' 전염병에는 서아프리카의 두 가지 문화적 신념이 기여한 듯하다. 첫째는 설명하기 어려운 사건들을 사악한 주술의 탓으로 돌리는 경향이다. 똑같이 설명하기 어려운 사건이 세계의 다른 지역에서 일어났다면 사람들은 머리를 긁적이며 의아해하겠지만, 서아프리카 사람들은 초자연적인 힘의 개입으로 바람직하지 않은 사건이 일어났다고 비교적 쉽게 믿어버린다. 둘째는 무당이나 그 밖의 초자연적인 존재가 남자의 음경이나 여자의 자궁을 훔쳐 먹으며, 때로는 금전적인 뇌물을 받게 될 때까지 그것을 볼모로 잡아둔다는 믿음이다.

　　그러나 자신의 성기가 완전히 사라졌다고 미친 듯이 주장하는 환자들을 조사해보면 그들의 성기는 아무 이상이 없어 보였다. 그래서 의사들은 설명하길 코로 환자들이 집단 히스테리에 빠져 있으며 광적인 불안이 발전하여 눈앞에서 성기가 사라지고 있다는 진지한 망상으로 바뀐 것이라고 했다. 물론 성기 수축의 공포가 그렇게 고착화되지 않은 다른 문화권이었다면 이런 망상은 그 문화권의 독특한 공포와 관심을 반영하는 식으로 전혀 다르게 해석되었을 것이다.

　　각 문화별로 특수한 질병은 도처에서 발견되는데, 이런 질병은 해당 환자의 삶을 규정하는 조건들을 반영한다. 사회적인 예절에 대한 압력이 매우 강하고 다소 융통성이 떨어지는 동아시아에서도 비교적 새로운 종류의 공포증이 생겨났는데, 예컨대 자기시선공포와 적면공포赤

面恐怖 같은 것들이다. 자기시선공포는 자신의 시선이 남에게 불쾌감을 불러일으키거나 실례가 될까 봐 걱정하는 것이고, 적면공포는 남들 앞에서 얼굴이 붉어질까 봐 걱정하는 것을 가리킨다. 이 두 공포증은 동아시아에서 독특하게 나타나는데, 왜냐하면 세계의 나머지 지역들에서 얼굴이 붉어진다거나 남을 물끄러미 바라보는 것은 기껏해야 조그마한 결정일 뿐이기 때문이다.

그런가 하면 뉴펀들랜드Newfoundland 섬의 사람들은 밤에 자다가 마비 상태로 깨어나서 노파 증후군을 경험한다고 하는데, 이때 사람들은 육체에서 분리된 커다란 여자가 자신의 가슴 위에 앉아 있다는 망상에 시달린다. 심술궂은 가상의 여성인 이 노파는 뉴펀들랜드의 전승 신화에서 중요한 자리를 차지하는데, 그래서 이곳 사람들은 때때로 수면마비 상태에서 이 노파의 이미지를 떠올리게 되는 것이다. 세계의 다른 지역에 사는 사람들도 수면마비를 경험하지만, 그들은 이 느낌을 매우 다르게 해석하고 이해한다. 미국정신의학회의 공식《정신장애 진단 및 통계 편람Diagnostic and Statistical Manual of Mental Disorders, DSM》에서는 이렇게 문화와 결부된 증후군들 25가지를 언급하고 있다.

그렇다면 미국정신의학회에서 문화에 따른 특수한 질병들을 언급할 때 문화는 무엇을 의미힐까? 민족적 정체성은 (동아시아 사람들의 공포증에서 볼 수 있는 것처럼) 문화의 중요한 일부다. 그러나 문화는 지리적으로 국가보다 더 작은 규모의 지역, 스포츠 팀, 친목단체 등에 기초한 것일 수도 있다. 이런 소규모 집단에 속하는 사람들은 때때로 세계에 대한 특정한 신념이나 견해를 공유하기도 하며, 이런 신념에 따라 그들의 가치와 희망과 불안 등이 형성된다. 전 세계 사람들은 기본적으로 (동일한 뇌와 눈과 귀 같은) 동일한 생물학적 구성요소들을 가지고 있지만, 사람들이 세계를 경험하는 방식은 극적으로 다양하다. 문화와 결부된 질병의 경우에 사람들은 특정한 신념을 바탕으로 특정한 종류의 증상들을 경험하게 된다. 예를 들어 서아프리카인들은 1990년대 후반에 자신의 성기가 도둑맞을지도 모른다는 두려움에 시달린 반면, 동아시아인들은 사회에 뿌리 깊이 자리 잡은 예의범절을 어길지도 모른다는 두려움에 시달려야 했다. 이 두 집단이 경험한 증상들은 아주 상이한 것이지만, 이런 증상들은 각자의 문화적 맥락 속에서 충분히 이해될 수 있는 것들이다.[15]

지금까지 이 장에서 설명한 문화적 차이들을 고려할 때 (우리가 세계를 바라보는 방식의 문화적 차이부터 각 문화별 독특한 질병에 이르기까지) 문화는 좀처럼 변하지 않는다는 인상을 받기 쉽다. 다시 말해 일단 어떤 문화에 깊이 연루되면 우리의 사고방식은 영원히 그 문화의 규범 등에 의해 제약을 받는 것처럼 보인다. 역사적으로 보자면 실제로 그러했을지도 모른다. 왜냐하면 과거에 사람들은 고립된 공동체 안에서 주로 살았으며 다른 공동체와 상호작용을 주고받는 일은 매우 드물었기 때문이다. 그러나 수십억 명의 사람들이 전 세계 200여 개 국가들 안에서 또는 그 국경을 넘어서 이주하고 있는 오늘날의 세계는 당연히 과거와는 매우 다른 공간이기도 하다. 다음에서 자세히 살펴보자.

상이한 두 문화는 공존할 수 없다

10년마다 전국의 인구수를 세고 범주화하는 미국 통계국은 오늘날 사람들이 자신을 다수의 문화와 동일시할 수도 있다는 점을 익히 알고 있다. 1990년의 인구조사에서 응답자들은 자신이 딱 하나의 인종 집단에 속한다고 응답해야만 했던 데 반해, 2000년과 2010년에는 응답자들이 자신을 하나 이상의 인종 집단과 동일시할 수도 있었다. 실제로 2010년에는 전체 인구의 6퍼센트 이상이, 즉 200만 명 이상의 사람들이 자신을 두 개 이상의 인종 또는 민족 집단과 동일시했다.

이중문화적인bicultural 사람들은, 즉 상당 기간을 두 문화 속에서 살아온 사람들은 한 문화 속에서만 살아온 단일문화적인monocultural 사람들과는 매우 다른 방식으로 세계를 경험한다. 한 인터뷰에서 베트남계 미국 작가인 앤드루 램Andrew Lam은 두 개의 매우 다른 문화와 자신을 동일시하는 경험이 어떤 것인지에 대해 이야기한 바 있다. 월남에서 장군이었던 램의 아버지는 베트남전쟁이 확산되기 시작할 무렵에 그의 가족이 미국으로 피난 가도록 조치했다(그의 아버지는 월남군이 항복한 후에 가족과 합류했다). 램은 처음 미국 음식으로 햄 샌드위치와 우유 한 잔을 먹었을 때를 생생하게 기억하고 있었으며 남부 캘리포니아에서 겨울을 보내며 추위에 떨던 경험을 잊지 못했다. 그곳의 겨울은 미국 표준으로 따지면 온화한 것이었지만 램이 어린 시절에 누렸던 온화한 열대성 기후에 비하면 엄청 추운 것이었다.

　　나아가 램은 이런 표면적 차이 외에도 깊은 문화적 차이를 실감해야 했다. 예를 들어 미국인들은 애정을 말로 표현하길 좋아해서, '너를 사랑해'라는 구절이 미국의 가족관계와 이성관계에서 특별한 자리를 차지하고 있는 데 반해, 베트남인들은 사랑의 감정을 말보다 행동으로 표현하는 경향이 있다. 램이 어머니를 찾아가면 어머니는 아들이 가장 좋아하는 음식을 요리할 것이며, 그러면 램은 음식을 남김없이 먹음으로써 어머니에 대한 감사의 마음을 표현할 것이다. 램의 아버지는 평소에 말수가 적었으며 아들이 명예로운 언론상을 수상했을 때 딱 한 번 그가 자랑스럽다고 이야기했다. 램은 또 공동체의 안녕이 최우선인 집단주의 문화에서 개인주의 문화로 옮겨와 '너의 꿈을 좇아라' 또는 '너만을 생각해라'와 같은 자기중심적인 문구들을 배워야 했을 때의 충격에 대해서도 이야기했다.[16]

　　미국과 베트남의 문화는 매우 다르기 때문에 두 문화의 상충하는 신념들을 화해시키기란 결코 쉬운 일이 아니다. 예컨대 자신의 개인적인 꿈을 우선시하는 동시에 자신이 속한 공동체의 안녕을 자신의 꿈 위에다 놓을 수는 없는 노릇이다. 물론 공동체에 봉사하는 것이 자신의 개인적인 꿈이기도 한 경우는 예외로 두고 말이다. 그래서 앤드루 램처럼 이중문화적인 사람들은 심리학자들이 '틀 교대frame switching'라고 부르는 것을 할 수밖에 없게 된다. 틀 교대 이론에 따르면 사람들은 세계를 한 문화의 틀 속에서 지각하거나 아니면 다른 문화의 틀 속에서 지각하거나 번갈아 가면서 하는 수밖에 없다. 이것은 어찌 보면 오른쪽 그림의 넥커 정육면체Necker Cube 같은 착시와도 비슷하다.[17]

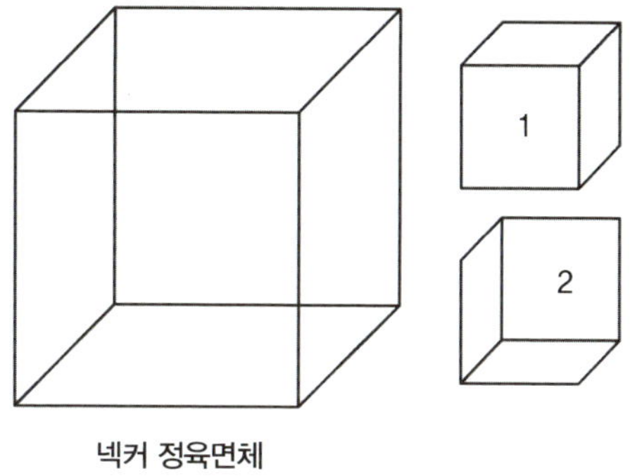

넥커 정육면체

넥커 정육면체는 아래쪽을 향한 정육면체(그림 1)처럼 볼 수도 있고 아니면 위쪽을 향한 정육면체(그림 2)처럼 볼 수도 있지만, 두 개를 동시에 볼 수는 없다. 이중문화적 경험이란 것도 이와 마찬가지다. 비록 많은 이중문화적인 사람들이 제2의 고향이 된 새 문화 속에서도 편안하게 지낼 수 있게 되긴 하지만, 그들의 마음은 원래 문화와 새 문화의 규범 사이에서 영원히 둘로 쪼개져 있다. 스위치를 옛 고국 쪽으로 다시 돌려놓기만 하면 된다는 말은 이중문화적 경험이 어떻게 작동하는지를 잘 보여준다.[18]

한 실험에서 심리학자들은 서양인들의 사고방식과 중국인들의 사고방식을 가르는 한 가지 확고한 차이에 주목했는데, 바로 사회적 사건을 설명하는 방식의 차이였다. 예를 들어 빨간불에 무모하게 차를 모는 사람을 목격했다고 상상해보라. 이럴 때 서양인들은 그 운전자가 다른 사람의 안전은 신경을 쓰지 않는다면서 그 사람을 비난할 가능성이 크다. 반면에 (중국인을 포함한) 동아시아인들은 운전자가 급한 일이 있어서 차를 빨리 몰 수밖에 없었을 것이라고 생각하는 경향이 강하다. 어쩌면 그 운전자는 누군가를 병원으로 급히 수송 중이거나 학교에서 탈이 난 아이를 태우러 가는 것일지도 모른다. 다시 말해 운전자가 옳지 않은 행동을 하는 까닭은 그가 상습적으로 무책임한 사람이라서가 아니라 상황의 요구에 맞게 반응하고 있기 때문이라는 것이다.

한 실험에서 연구자들은 이중문화적인 사람들에게 여러 장의 이미지를 보여주었는데, 이 이미지들은 그 사람의 이중문화적 정체성을 구성하는 두 문화 중 하나와 관련이 있었다. 홍콩의 서구화된 학생들은 중국과 서양의 문화 모두에 익숙한데, 그들에게 성조기, 에이브러햄 링컨, 슈퍼맨 같은 이미지(서양식 예비자극) 또는 원숭이 조각상, 만리장성, 중국 경극 가수 같은 이미지(중국식 예비자극)를 보여주었다. 그리고 나중에 학생들은 그들의 사고방식이 중국과 서양의 문화적 관습 중에서 어느 것을 더 강하게 반영하는지 알아내기 위해 고안된 다양한 질문지에 응답했다.

실험에서 홍콩의 이중문화적인 학생들은 한 과체중 소년이 친구들과 저녁을 먹으러 밖으로 나가 고열량의 달콤한 케이크를 먹었다는 이야기를 읽었다. 이때 학생들은 이전에 미국식 예비자극을 받았는지 아니면 중국식 예비자극을 받았는지에 따라 상이하게 그 소년의 행동을 해석했다. 즉 미국식 예비자극을 받은 학생들은 소년의 자제력이 약한 것 같다며 소년을 비난하는 경향이 상대적으로 강하게 나타난 반면, 중국식 예비자극을 받은 학생들은 소년이 케이크를 먹을 수밖에 없는 상황에 처해 있었을 것이라고 믿는 경향이 강했다. 학생들은 예비자

극에 유도되어 마음에 가장 먼저 떠오른 문화적 렌즈로 세계를 보았던
것이다.

낙관하는 문화,
비관하는 문화

오랜 시간에 걸쳐 상이한 두 문화에 몸을 완전히 담그는 사람들은 그리
많지 않은 반면에, 여러 문화적 환경에 발가락을 살짝 담그는 사람들은
매우 많다. 외국 여행, 인터넷, 세계화된 소비행태 등의 발달로 오늘날
사람들은 굳이 외국으로 이주하지 않고도 수십 종류의 문화적 환경에
노출되어 있다. 이런 문화적인 대량 노출이 초래하는 몇몇 결과는 어찌
보면 당연해 보인다.

미국의 텔레비전 드라마 〈비벌리힐스의 아이들Beverly Hills, 90210〉이
1993년 프랑스에서 처음 방송되었을 때, 이 드라마는 프랑스 부모들이
아이 이름을 짓는 데 극적인 영향을 미쳤다. 드라마의 주인공들 가운데
세 사람의 이름은 딜런Dylan, 브랜든Brandon, 브렌다Brenda였는데, 이
이름들은 1993년 이전의 프랑스에서는 아예 존재하질 않았다. 그러나
1990년대 중반이 되자 이 세 이름 중 하나를 가진 아기들이 우후죽순
나타나기 시작했고, 급기야 딜런은 프랑스에서 여섯 번째로 인기 있는
소년의 이름이 되었다. 반면 또 다른 주인공의 이름인 켈리Kelly는 작명
에 별다른 영향을 미치지 않았는데, 그 이유는 아마도 1985년프랑스에

서 처음 방송을 탄 미국의 텔레비전 연속극 〈산타바버라Santa Barbara〉
에서 켈리라는 인물이 등장해 이미 상당한 인기를 끌었기 때문일 것
이다.

이렇게 (웨일스와 아일랜드 계통의 이름인 딜런, 브랜든, 브렌다처럼) 프랑
스적이지 않은 이름들이 유입됨에 따라 전형적인 프랑스 이름들은 유
명인들의 이름이나 이국적인 이름들에 밀리고 말았다. 프랑스의 많은
지성인들은 이런 이름들의 유행을 비난하면서 20세기 말에 프랑스 문
화가 급속히 약화된 것도 이런 현상에 일부 기인한다고 주장하기도 했
다.[19]

그런가 하면 문화적 노출의 영향이 더 뜻밖이고 미묘한 경우도 있
다. 이것은 주로 사람들이 생소한 문화적 개념들의 의미를 이해하기 시
작하면서 생겨난다. 예를 들어 과거에는 서양인들이 중국 도교의 음양
상징에 대해 잘 몰랐지만 어느새 이것은 뉴에이지new age와 서핑문화
의 대표적인 한 상징으로 자리 잡았다. 내가 최근에 동료 버지니아 콴
과 함께 설문조사를 실시했을 때 응답한 거의 모든 사람들이 음양 상징
을 알아볼 정도였다. 음양 상징은 밤과 낮, 어둠과 빛, 여성과 남성 같
은 대립적 힘들이 서로 얽혀 있음을 묘사하고 있다. 이것은 또한 이런
대립적인 힘들이 균형을 유지하면서 예컨대 하늘이 어둠과 빛 사이를
계속 왔다 갔다 하는 것처럼 늘 변화하고 있음을 의미한다. 서양인들은
한때 음양의 이런 의미에 대해 무지했으나, 오늘날에는 이 상징이 대립
적인 것들 사이의 변화와 균형, 끊임없는 운동을 의미한다는 사실을 점
점 더 많은 비아시아계 미국인들이 이해하고 있다.

오늘날 미국인들은 음양 상징에 대해 어느 정도 친숙해졌으므로 우리는 사람들이 여러 가지 판단을 내릴 때 음양 상징에 살짝 노출되면 어떻게 반응할지 살펴보기로 했다. 한 실험에서 우리는 사람들에게 일기예보자의 입장이 되어 앞으로 날씨가 흐릴지 맑을지 예측해보라고 했다. 이때 우리는 실험에 참가한 학생들에게 똑같은 내용의 질문지를 돌렸는데, 그중의 절반은 페이지 맨 위에 자그마한 음양 상징이 있었고 나머지 절반에는 역시 맨 위에 미국 본토 지도가 자그마하게 그려져 있었다(음양과 지도 상징은 인쇄회사 로고의 일부로서 자그마하게 제시되어 있어서 마치 이 상징을 로고로 사용하는 회사에서 질문지를 인쇄한 것처럼 보였다).

질문지 작성을 마친 뒤에 어떤 상징을 보았다고 기억해낸 학생들은 거의 없었지만, 그들의 날씨 예측은 음양 상징에 노출되었는지 아니면 미국 지도에 노출되었는지에 따라 극적으로 달랐다. 음양 상징이 변화와 균형을 의미하는 것처럼 음양 상징에 노출되었던 학생들은 미국 지도에 노출되었던 학생들보다 날씨의 변화가 훨씬 더 잦을 것이라고

중국 도교의 음양 상징.

예측했다. 이것은 미국의 백인 학생들이 음양 상징에 노출되자 중국인들의 전형적인 사고방식을 받아들인 결과라고 해석할 수 있다. 우리는 나중에 미국과 중국의 일기예보 경향을 분석해보았는데, 그 결과 중국의 일기예보관들은 미국의 일기예보관들보다 전 세계의 날씨와 관련해 더 많은 변화를 예측했던 것으로 밝혀졌다. 이렇게 볼 때 문화는 날씨가 얼마나 크게 변화할지에 대해서도 다른 견해를 갖도록 만드는 듯하다.

그런가 하면 우리가 맨해튼의 월스트리트 지구에서 일하는 사람들에게 주식투자와 관련된 질문지를 돌렸을 때도 똑같은 차이가 발견되었다. 우리는 증권회사 직원들에게 1,000달러의 자금을 가지고 아홉 개의 주식에 분산 투자하라는 과제를 주었다. 당시에 몇몇 주식들은 투자 결정 이전의 6개월 동안 시세가 확실히 오른 반면에, 다른 주식들은 시세가 올라갔다 내려갔다 하면서 애매한 흐름을 보였고 전체적으로 앞의 주식들보다 형편없는 실적을 올렸다.

미국인들은 보통 기존의 추세가 계속될 것이라고 예측하기 때문에 우리는 이 실험의 참가자들이 최근 실적이 좋았던 주식들을 선호할 것이라고 예측했다. 그리고 음양 상징을 통해 '올라간 것은 내려가기 마련'이라는 점을 머릿속에 떠올리게 되면 사정이 달라질 것이라고도 예측했다. 실제로 우리가 질문을 던졌을 때 사람들은 최근에 시세가 오른 주식을 압도적으로 선호했다. 그러나 우리의 연구조교가 작은 음양 상징이 새겨진 티셔츠를 입고 나타나자 상황이 바뀌었다. 일기예보 연구와 마찬가지로 음양 상징은 사람들로 하여금 오르고 있는 주식에 운세의 변화가 생길지도 모른다는 점을 고려하도록 했다. 그 결과 사람들은 아무 무늬가 없는 하얀 티셔츠를 입은 조교가 주변을 맴돌았을 때보다 160달러를 덜 투자했다. 그리고 이 효과는 질문지에 응답한 사람들이 세계 각지를 더 넓게 여행했을수록, 그리고 그들이 음양 상징의 의미에 대해 더 많이 알수록 더 강하게 나타났다.

여기서 우리가 얻을 수 있는 간단한 교훈은 미국의 한 지역에서만 살아온 미국인이라 하더라도 외국 문화의 영향으로부터 자유롭지 않다는 사실이다. 왜냐하면 그들은 선조들이 세계화된 오락문화, 인터넷, 저렴한 해외여행 등의 등장 이전에는 거의 또는 전혀 접할 수 없었던 외래 문화의 상징들에 점점 더 많이 노출되고 있기 때문이다.[20]

문화는 온갖 영역에서 우리의 사고를 좌우하는 강력한 요소다. 문

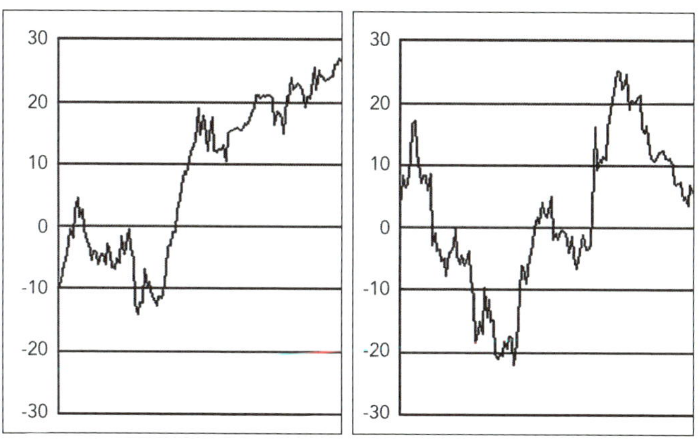

금융투자 연구에 사용된 주식 차트의 예. 왼쪽 차트는 시세가 명백히 오르고 있는 주식을 보여주고, 오른쪽 차트는 시세의 부침이 심한 주식을 보여준다.

화는 날씨나 주식시장의 변동처럼 가변적인 사태들의 해석에 영향을 미칠 뿐 아니라 질병이나 인신공격 같은 것을 경험할 때도 영향을 미친다. 문화가 강력한 까닭은 한편으로 그것이 우리가 태어날 때부터 죽을 때까지 규범, 관습, 이상 등의 형태로 우리를 둘러싸면서 도처에 존재하기 때문이고, 다른 한편으로는 우리가 문화의 영향에 대해 좀처럼 주의를 기울이지 않기 때문이다. 우리의 주의가 다른 곳으로 향해 있을 때조차도 이름, 상징, 사회적 상호작용 등이 우리의 정신적 에너지를 빨아들이는 과정을 통해 우리는 하나의 문화적 환경에서 또 다른 하나의 문화적 환경으로 이동하게 된다. 우리는 어쩔 수 없이 특정 국가에서 특정 집단의 사람들과 상호작용을 주고받고 특정 관심을 추구하며 삶을 영위할 수밖에 없다. 그리고 우리는 우리의 세계관이 이렇게 다양하면서도 독특한 문화적 규범들의 조합으로 이루어졌다는 사실을 깨닫든 깨닫지 못하든 이런 경험들에 의해 좌우된다.

지금까지 나는 세 장에 걸쳐 사회적 세계가, 다시 말해 우리 사이의 세계가 다양한 종류의 결과에 어떤 영향을 미치는지 살펴보았다. 이런 효과 중의 일부는 관중에 의해 촉발된 잠재력(4장)부터 모험을 촉진하는 테스토스테론의 효과 및 어머니와 아이의 유대관계를 촉진하는 옥시토신의 효과(5장)에 이르기까지 생물학적 과정에 바탕을 두고 있다. 그리고 다른 효과들은 문화적 습관에 의해 촉진되는 경험의 문제인데, 이것은 어째서 특정한 정신병, 예술가의 취향, 명예의 관념 등이 문화에 따라 차이를 보이는지 설명해준다(6장).

3부

우리 안의
사소하고도
거대한 힘

생각을 만든 상징

우연히 부정적인 상징을 보았던 학생들은 나중에 그 사실을 거의 기억하지 못하는 상황에서도 그 상징에 의해 채색된 인상을 받게 된다. 우리의 의식적인 주의 아래에서 우리의 생각과 감정에 영향을 미치는 이런 상징들의 작용은 그만큼 더 은밀하게 이루어질 수밖에 없다.

부정적 상징의
부정적 영향

미국 해군의 합동기지인 코로나도는 샌디에이고 만과 태평양 사이의 실버 해안에 있다. 이 기지는 제2차 세계대전이 끝나가던 1944년에 구축되었으며 1960년대 말부터 크게 확장되기 시작했다. 해군은 그 지역의 건축가 존 모크John Mock와 계약을 맺고 콤플렉스 320-325Complex 320-325를 건설했는데, 이것은 오늘날 해군 공병대 소속 군인들의 숙소로 사용되는 6동의 건물이다. 땅에서 바라보면 이 건물들은 별 특징이 없었으며 1960년대의 전형적인 병영 건물들과 다를 바 없었다. 그러나 하늘에서 내려다보면 이것은 하나의 놀라운 상징을 만들어내고 있었다.

샌디에이고의 많은 시민들은 이 건물들의 조감도가 나치의 십자 기장을 연상시키는 卍(만) 자 형상을 이루고 있다는 사실을 발견하고는 크게 분노했다. 그 지역의 유대인 단체인 반중상연맹Anti-Defamation League과 지역구 의원들은 이에 대해 해군에게 납득할 만한 해결책을 마련하라고 요구했다. 이에 건물들을 서로 연결하는 전략 통로를 덧붙

여 卐 자를 정사각형으로 변형시키자는 둥, 키 큰 나무들을 주위에 심어 공중에서 건물의 모양을 볼 수 없도록 만들자는 둥, 심지어는 특별한 구조물을 설치해 건물 전체를 안 보이게 뒤덮자는 둥 갖가지 독창적인 제안이 쏟아졌다. 이에 대해 해군 대변인은 처음에는 거부의사를 밝혔으나 결국에는 60만 달러를 들여 건물을 뜯어 고칠 수밖에 없었다. 최근 인터뷰에서 건축가 존 모크는 "L자 모양의 네 건물"은 卐 자와 다르다면서 원래 이 건물을 지을 때부터 이것이 공중에서 어떻게 보일지 잘 알고 있었다고 주장했다. 이 건물이 정말로 나치의 상징을 뜻하는지는 논란의 여지가 있지만, 어쨌든 이것이 그 불명예스러운 상징과 놀라울 정도로 유사하다는 점을 부정하기는 어려울 것이다.[1]

여섯 개의 직선이 결합된 것에 지나지 않는 卐 자 같은 상징이 그렇게 강력한 반응을 불러일으키는 까닭은 무엇일까? 모크의 건물은 전혀 해로운 것이 아니며 그것을 공중에서 내려다본다고 해서 장님이 된다거나 다른 어떤 신체적 상해가 생기는 것도 아니다. 실제로 나치당이 이 상징을 채택하기 전까지만 해도 이것은 신비주의의 다양한 개념들을 상징하는 것으로 간주되었다. 불교도들에게 이것은 영원을 상징했고 일부 힌두교도들에게는 가네샤Ganesha 신의 상징이었으며 파나마의 쿠나 얄라Kuna Yala 지방에서는 세계를 창조한 문어의 상징으로 간주된다. 이 상징이 원래 좋은 의미를 지니고 있었다는 사실은 '스와스티카swastika(卍 자)'라는 말이 '행운의' 또는 '상서로운'을 뜻하는 산스크리트 단어에서 유래했다는 데서도 확인할 수 있다.

그랬던 이 상징이 나치당과 결부되면서 어떤 일이 벌어졌는가? 상징이란 이미 존재하는 의미 있는 개념들과 연관되기 전까지는 그 자체로 아무 의미도 지니지 않는다. 상징의 힘은 그것이 원래 아무 의미도 지니지 않기 때문에 무한히 다양한 개념들의 상징이 될 수 있다는 사실에서 비롯한다. 제2차 세계대전이 끝나고 10년 후에 제럴드 홀텀Gerald Holtom이 디자인한 평화의 상징은 오늘날 많은 사람들의 사랑을 받고

제럴드 홀텀이 만든 이 평화의 상징은 핵군축nuclear disarmament의 약자인 알파벳 N과 D를 뜻하는 수기手旗 신호들을 합친 것이다.

있다. 그러나 만약 15년 전에 나치당이 이것을 자신들의 상징으로 채택했다면 이에 대한 사람들의 느낌이 어떻게 달라졌을지 상상해보라.

상징과 이미지가 강력한 힘을 발휘하는 까닭은 사람들이 그것을 아주 빠르고 손쉽게 지각할 수 있기 때문이기도 하다. 모크가 콤플렉스 320-325를 설계하기 1세기 전에 러시아 작가 이반 투르게네프^{Ivan Turgenev}는 "말로 설명하려면 수십 쪽이 필요할 것을 그림은 단번에 보여준다"고 말했다. "그림 하나는 천 마디 말의 가치가 있다"라는 경구로 요약될 수 있는데, 이는 상징이나 그 밖의 의미심장한 이미지들이 분노와 공포에서 기쁨과 찬양에 이르기까지 다양한 반응을 빠르고도 강력하게 불러일으킬 수 있는 능력을 지니고 있음을 시사한다. 게다가 상징적 이미지는 우리의 뇌에서 매우 빠르게(단어의 의미보다도 더 빠르게) 처리될 뿐만 아니라 이렇게 처리된 이미지는 우리의 기억 속에 깊숙이 자리 잡기 때문에 그만큼 더 강력한 힘을 발휘한다.

이런 특성을 지닌 상징은 마치 의미를 끌어당기는 자석과도 같으며, 단어나 명칭이 그런 것처럼 우리의 생각과 행동을 좌우하는 힘을 가지고 있다. 상징의 이런 힘은 무엇보다도 특정 생각이나 행동을 하도록 우리를 '예비'시키는 효과를 통해 발휘된다. 예컨대 卍 자는 오늘날 공격, 분노, 전반적으로 부정적인 가치 등과 연관되기 때문에 이것은 사람들로 하여금 평소 아무렇지 않게 여기던 사건에서 공격, 분노, 부정적인 것 등을 지각하도록 사람들을 예비시킨다. 이 효과를 검증하기 위해 나와 버지니아 콴은 학생들에게 서로 무관해 보이는 두 과제를 제시했다. 우리가 기하학적 민감도 과제라고 부른 첫 번째 과제는 네 도형 중 직각이 몇 개 있는지를 맞추는 것이었다. 이때 세 도형은 모든 학생들에게 똑같이 제시되었고, 네 번째 도형만 피험자 집단에 따라 다르게 제시되었다. 즉 절반의 학생들에게는 卍 자처럼 생긴 도형이 네 번째 도형으로 제시되어, 그들은 공격, 분노, 부정적 가치 같은 개념들에 민감하도록 특별히 예비되었다. 반면 다른 절반의 학생들에게 제시된 네 번째 도형은 특별한 의미가 없는 정사각형과 원으로 이루어져 있었다.

학생들이 기하학적 민감도 과제를 마쳤을 때 우리는 학생들에게 다른 과제를 주어 몇 분 동안 그것에 주의를 기울이도록 했다. 그런 다음에 도널드라는 사람에 관한 어떤 글을 읽도록 했는데, 이것은 언뜻 보기에 처음 과제와 아무 상관이 없어 보였다. 도널드의 하루를 서술한 이 글에서 그의 행동은 별 문제 없는 것으로 해석될 수도 있고 또는 그가 공격적이고 비열한 인물임을 보여주는 증거로 해석될 수도 있도록 애매하게 구성되었다. 예를 들어 한 구절에서는 외판원이 도널드의 집 문을 두드리지만 도널드가 외판원의 출입을 거절하는 장면이 묘사되었다. 외판원을 자기 집으로 맞아들이지 않는 것은 대다수 사람들이 종종 (또는 이미도 흔히) 하는 행동이나. 그러나 도널드의 행동을 비판적인 시각으로 바라보면 외판원을 그냥 밖에 서 있도록 한 것은 도널드가 비열한 인간임을 보여주는 증거로 간주될 수도 있다. 또한 같은 날 오후에 도널드는 록rock 콘서트 티켓을 사려고 줄을 서 있으면서 함께 기다리던 친구들과 포커를 시작했는데, 이때 도널드는 게임의 승자가 패자의 티켓을 갖기로 하자고 제안했다. 그러나 마침 이 장면을 목격한 경찰에 의해 도널드는 불법 도박을 벌인 혐의로 현장에서 체포되었다. 학생들은 이런 이야기를 읽은 뒤에 도박 혐의로 체포된 도널드가 얼마나 엄한 처벌을 받아야 하는지, 그리고 그가 도덕적이고 예의 바른 사람인지 아니면 타락하고 공격적인 사람인지에 대해 답해야 했다.

그 결과 약 15분 전에 卍 자를 보았던 학생들은 왠지 불쾌한 기분을 가진 채 도널드에 관한 이야기를 읽은 것으로 밝혀졌다. 그들 중 많은 학생들은 卍 자를 본 적이 없다고 주장하거나 도널드에 관한 구절을 읽을 때는 卍 자를 보았던 것을 잊고 있었다고 말했지만, 이 상징은 도널드에 대한 학생들의 인상에 영향을 미쳤다. 왜냐하면 앞서 卍 자를 본 학생들은 그렇지 않은 학생들보다 외판원에게 문을 열어주지 않은 도널드의 행동에 대해 평가 척도에서 10퍼센트 더 비도덕적으로 평가했기 때문이다. 나아가 그들은 도널드가 도박을 벌인 것에 대해서도 약 10퍼센트 더 엄한 처벌을 내렸다. 다시 말해 우연히 부정적인 상징을 보았던 학생들은 나중에 그 사실을 거의 기억하지 못하는 상황에서도 그 상징에 의해 채색된 인상을 받게 된 것이었다.

우리는 특히 길거리의 게시판, 신문, 텔레비전 등의 광고를 통해 수많은 상징들에 일상적으로 노출되기 때문에 수백 가지 상징들의 바다 한가운데에서 떠다니는 어떤 한 상징에 특별한 주의를 기울이지 않는다. 때문에 우리의 의식적인 주의 아래에서 우리의 생각과 감정에 영향을 미치는 이런 상징들의 작용은 그만큼 더 은밀하게 이루어질 수밖에 없다.[2]

애플 로고가 왜
창의력을 높이는가

상징은 많은 경우에 우리의 동의 없이 우리에게 영향을 미치는데, 그 까닭은 우리의 뇌가 여러 이미지를 끊임없이 잠재의식적으로 또는 자동적으로 처리하기 때문이다. 당신이 이 책을 읽고 있는 동안에도 당신의 뇌는 끊임없이 시야 주변에서 들어오는 시각 정보를 포착해 처리하고 있다. 심지어 너무 빠르게 휙 지나가서 무엇을 보았는지 알아차릴 수도 없는 이미지들까지 우리의 사고에 영향을 미친다.

다음 페이지에 제시된 여러 개의 상징들을 몇 초 동안만 바라보자. 이 경우 당신은 각각의 상징을 따로따로 처리할 수 있을 만큼 충분한 시간이 없기 때문에 이것들을 모두 기억하기는 어려울 것이다. 그러나 이 몇 초 동안에 이것들은 이미 당신의 뇌 안에서 일련의 연쇄적인 정보처리 반응들을 촉발시켰다. 이렇게 많은 상징들을 한꺼번에 보기란 매우 어렵기 때문에 이런 상징들이 촉발시킨 사고의 과정들은 매우 혼란스럽게 느껴질 수밖에 없다. 예를 들어 사랑의 상징이 사랑, 낭만, 밸런타인데이, '아이러브뉴욕I♥NY' 로고가 새겨진 티셔츠 등에 대한 생각을 불러일으키는 동안 빙사능 표시, 해골과 교차된 뼈 그림은 죽음, 독극물, 전쟁, 기근같이 매우 다른 종류의 연상들을 불러일으킬 것이다. 여기에 나머지 아홉 개의 상징을 추가하면 우리의 뇌 안에서 여러 전기적 충동들이 얼마나 복잡하게 서로 얽혀서 퍼져나가고 있을지 상상해볼 수 있을 것이다.

이런 연쇄적인 반응들이 우리의 사고와 행동에 강력한 영향을 미친다는 것을 보여주는 실험의 증거는 매우 많다. 그리고 이것은 상징들이 너무 짧게 제시되어 우리가 미처 그것들을 알아차리지 못할 때도 그러하다. 이런 상징들 가운데 하나는 오늘날 거의 전 세계 사람들이 알고 있는 애플Apple 사의 로고다. 오늘날 이 로고는 단순히 사과 한 개를 묘사한다기보다 (광고 캠페인에서 주장하는 것처럼) 혁신과 다르게 사고하기를 상징한다. 이 상징의 의미에 주목한 몇몇 연구자들은 애플 사의 로고에 매우 짧은 시간 노출된 사람들이 정말로 다르게 또는 좀 더 창의적으로 생각할지에 대해 관심을 가지게 되었다. 그러면서 이 연구자들은 아이비엠IBM 사의 로고에 노출된 사람들은 보다 덜 창의적으로

생각할 것이라고 예측했다. 왜냐하면 아이비엠 사는 지성, 책임 등을 연상시킬지는 몰라도 특별히 창의성을 연상시키지는 않는다고 보았기 때문이다. 연구자들은 실험에 참여한 300명 이상의 학생들에게 애플 사의 네 가지 로고 또는 아이비엠 사의 네 가지 로고를 짧은 시간 동안 보여주었다. 이 로고들은 매우 짧게 의식적 자각의 수준 아래에서 제시되었기 때문에 학생들은 자신이 화면에서 무엇을 보았는지 짐작조차 할 수 없었다. 실제로 1초에 77번 제시되는 이미지를 뇌가 의식적으로 처리하기란 불가능한 일이었다.

이렇게 빠른 속도로 두 회사의 로고에 노출된 학생들은 이후 '특이한 사용 검사'라는 창의성 검사를 받았다. 이것은 벽돌이나 종이 클립처럼 평범한 물체를 얼마나 창의적으로 사용할 수 있는지를 측정하기 위해 고안된 검사였다. 이 검사에서 예컨대 종이 클립을 사용해 종이를 묶을 수 있다고 말하는 것은 창의적이지 않은 것으로 간주된 반면에, 종이 클립을 귀걸이로 사용할 수 있다고 말하는 것은 창의적 사고의 증거로 간주되었다(만약 어떤 사람이 종이 집게를 사용해 세계 곳곳을 날아다닐 수 있다고 주장한다면 그것은 창의적인 동시에 무의미한 것이라고 평가될 것이다. 이 검사에서는 이렇게 말이 안 되는 반응들은 창의적인 것으로 간주하지 않았다).

검사 결과는 연구자들이 예측한 것처럼, 애플 사의 로고에 무의식적으로 노출되었던 학생들은 아이비엠 사의 로고에 짧은 시간 노출되었던 학생들보다 더 창의적으로 사고하는 것처럼 보였다. 즉 아이비엠 사의 로고로 예비자극을 받은 학생들은 평범한 물체에 대해 평균 약 여섯 가지의 사용법을 제안한 반면에, 애플 사의 로고로 예비자극을 받은 학생들은 똑같은 물체에 대해 평균 약 여덟 가지의 사용법을 제안했다. 나아가 애플 사의 로고로 예비자극을 받은 학생들이 제안한 사용법들은 제3의 학생들에 의해 더 창의적인 것으로 평가되었다. 창의성을 시사하는 상징에 10분의 1초보다 더 짧은 시간 동안 노출된 것이 이들로 하여금 더 창의적으로 사고하도록 부추긴 셈이었다. 게다가 이들은 자신이 무슨 상징을 보았는지 짐작조차 할 수 없는 상황이었기 때문에 이 결과는 더욱 놀라운 것이 아닐 수 없었다.[3]

상징들이 시야 주변부에 제시되어 똑같이 의식적인 주의를 끌어당기지 않는 경우에도 상징은 우리의 사고와 느낌에 영향을 미친다. 애플 사의 로고와 비슷하게 빛나는 백열전구는 통찰을 연상시킨다. 통찰이 어두운 마음속에서 환히 빛나는 불빛과 같다고 한 플라톤의 이야기처럼 밝게 빛나는 백열전구는 어두움을 순식간에 밝음으로 전환시킨다는 점에서 마음속의 혼란을 순식간에 명쾌한 이해로 전환시키는 통찰에 대한 적절한 은유라 하겠다.

몇몇 심리학자들은 멋지게 설계된 실험을 통해 백열전구와 통찰의 관계가 단순한 은유 이상의 것이라는 사실을 보여주었다. 이 연구에 참여한 대학생들은 통찰이 요구되는 각종 문제들을 풀어야 했는데, 이것들은 해결책이 문득 머릿속에 떠올라 "맞아, 바로 이거야!" 하고 외치는 순간이 오기 전까지는 해결이 불가능해 보이는 문제들이었다. 일부 학생들은 덮개로 가려지지 않은 백열전구가 켜진 곳에서 문제를 푼 반면에, 다른 학생들은 덮개로 가려진 백열전구나 형광등처럼 다른 형태의 조명이 켜진 곳에서 문제를 풀었다. 이때 학생들은 광원에 대해 의식적으로 주의를 기울이지는 않았는데, 왜냐하면 어두운 방에는 어떤 식으로든 조명이 필요했고 이런 조명들은 주의를 끌 만큼 특이한 것이 아니었기 때문이다. 그러나 밝게 빛나는 전구가 통찰을 상징하므로 연구자들은 이런 전구로 예비자극을 받은 학생들이 통찰 문제를 더 잘 풀 것이라고 예측했다. 그리고 실제로 학생들은 문제를 풀기 전에 백열전구가 켜진 조건에서 수학, 언어, 기하학 같은 분야의 까다로운 통찰 문제들을 더 잘 풀었다. 그중 한 문제를 예로 들자면 아래와 같았다.

서로 연결된 세 개의 직선을 그려서 아래의 네 점을 연결하라. 이때 연필을 종이에서 떼면 안 되며 한 번 지나간 길을 다시 지나가도 안 된다. 그리고 한 점에서 그리기를 시작해 바로 그 점에서 그리기가 끝나야 한다.

이 문제를 풀려면 어느 순간 머릿속에 통찰이 떠올라야 하는데, 왜냐하면 네 점을 연결해서 생기는 상상의 정사각형 너머로까지 직선을 그럴 필요가 있기 때문이다.

　이는 참으로 신기한 효과가 아닐 수 없다. 왜냐하면 어떤 문제에 대한 통찰을 얻을 수 있는 능력이란 사람에 따라 다를 것이라고 생각하기 쉽기 때문이다. 그러나 연구자들은 백열전구가 통찰의 개념을 예비시켰고, 이것이 다시 통찰이 필요했던 과거 사례들을 예비시킴으로써 학생들로 하여금 새로운 통찰이 떠오르기에 적합한 마음가짐을 갖게 만들었을 것이라고 추측했다. 실제로 통찰 문제들을 푸는 요령은, 자명하지만 정답이 아닌 대안들 대신 '횡적 사고lateral thinking'를 통해 뜻밖의 해결책을 찾는 데 있다. 그리고 밝게 빛나는 전구가 학생들에게 통찰적인 해결책을 예비시킨 까닭은 상징의 중요한 기능이 바로 특정 관념을 일으키는 데 있기 때문이다. 반면에 여러 가지 다양한 관념들을 연상시키는 상징들도 있는데, 이 경우 상징들이 우리의 사고와 행동에

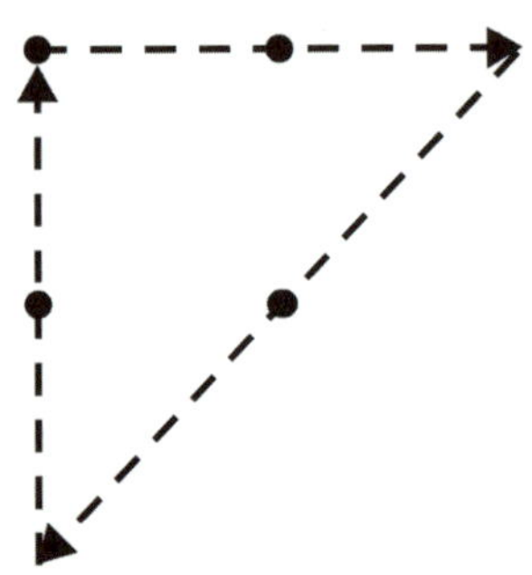

기하학적 통찰 문제의 답. 밝게 빛나는 백열전구로 예비자극을 받은 학생들의 44퍼센트가 이 문제를 푼 반면에, 형광등으로 예비자극을 받은 학생들의 22퍼센트만이 이 문제를 풀었다.

어떤 영향을 미칠지를 예측하기가 훨씬 어려울 것이다. 그러나 동시에 이런 상징들은 인간 심리에 가장 강력한 영향을 미치기도 한다.[4] 다음에서 자세히 살펴보자.

통증을 완화시키는 돈이라는 상징

1991년에 전위파 2인조 팝가수 케이엘에프KLF는 세계에서 가장 잘나가는 밴드 중 하나였다. 그해 2월에 이 밴드는 빠른 박자의 댄스곡 '3 a.m. Eternal(영원한 새벽 3시)'로 영국 싱글차트 1위에 올랐다. 그런데 밴드 멤버인 빌 드러먼드Bill Drummond와 지미 코티Jimmy Cauty는 슈퍼스타가 되는 것에 연연하지 않았다. 왜냐하면 그들은 뼛속 깊이 무정부주의자였고, 궁극적으로는 그들이 대표하던 퇴폐적인 세계의 전복을 꿈꾸었기 때문이다. 드러먼드와 코티는 팝음악 분야에서 영국 최고의 상으로 꼽히는 브릿 어워즈BRIT awards의 1992년 시상식에서 장난감 기관총을 들고 무대 위로 올라가 깜짝 놀란 청중을 향해 공포탄을 마구 발사했다. 시상식 후 열린 파티에서는 부패한 양의 시체를 계단 위에 올려놓았다. 그리고 그들은 이런 퍼포먼스와 함께 음악계를 떠났다.

그 후 1년 동안 이 2인조 밴드는 '3 a.m. Eternal'이나 그 밖의 인기곡들에 대한 저작권료로 수백만 파운드의 수익을 거둬들였다. 그들은 한때는 이 돈으로 잠수함이나 비행선을 구매할 생각도 했지만, 걸국에는 케이 재단K Foundation이라는 예술재단을 창립했다. 1993년에 영국의 권위 있는 터너상Turner Prize이 조각가 레이첼 화이트리드Rachel Whiteread에게 수여되었을 때 케이 재단은 화이트리드가 자신들의 재단에서 수여하는 '올해의 가장 형편없는 예술가' 상도 받게 되었다고 발표했다. 이에 화이트리드가 수상자에게 수여되는 4만 파운드에 달하는 상금을 받지 않겠다고 하자 드러먼드와 코티는 화이트리드가 상금을 거부하면 돈을 다 태워버리겠다고 경고했다. 결국 화이트리드는 마지못해 이 상금을 받았고 전액을 자선단체에 기부했다.

그 후 아직도 소비할 저작권료가 남아 있던 드러먼드와 코티는 100만 파운드에 달하는 지폐들을 모아서 조각 작품을 만들었다. 그러나 대형 갤러리들은 그들의 작품을 전시하려 하지 않았고, 이에 그들은 또 다른 큰일을 벌이기로 결심했다. 1994년 8월 23일 늦은 밤에 그들은 스코틀랜드의 쥐라Jura 섬에 있는 한 보트 창고에서 50파운드짜리 지폐로 된 100만 파운드를 바닥에 쏟아붓고는 한 시간이 넘는 시간 동안 2만 장의 지폐들을 불 속에 던져버렸다. 김포Gimpo라는 사람이 이 장면을 촬영했는데, 그의 영상을 보면 대부분의 지폐들은 불에 타서 재로 변했으며 몇몇 지폐들은 창고 굴뚝을 통해 밖으로 날아가기도 했다.[5]

프리랜서 기자 짐 라이드Jim Reid는 그날 보트 창고에 초대받은 소수의 아웃사이더들 가운데 하나였다. 그는 창고 안에서 수많은 지폐가 쏟아지는 것을 처음 보는 순간, 마치 그렇게 많은 돈 앞에 그냥 서 있는 것만으로도 부도덕한 것 같은 죄책감이 느껴졌다고 말했다. 그리고 잠시 후에 그는 "그 돈을 그냥 거기에 놓아둘 것이 아니라 뭔가를 해야 할 필요성을 느꼈다. 왜냐하면 건강한 취향을 가진 사람이라면 다들 그러하듯 당연히 나도 그것을 원했기 때문이다"라고 말했다. 라이드는 한 달 후 주간지 〈옵서버Observer〉에 당시의 경험에 대한 글을 기고했는데, 결론에서 그는 100만 파운드의 대안적인 사용처들을 열거했다. 그에 따르면 100만 파운드는 르완다에서 굶주림에 시달리는 80만 명을 먹여 살릴 수 있는 돈이며, 런던의 68개 무주택 가구가 1년 동안 지낼 수 있는 집세이기도 하고, 다이애나 비가 6년 동안 마음껏 치장할 수 있는 돈이기도 하다.

물론 라이드의 이런 반감은 유별난 것이 아니다. 만약 돈이 불에 타는 장면을 목격한다면 당신도 무수한 가능성이 사라져버리는 느낌을 지울 수 없을 것이다. 그로부터 거의 20년이 지난 시점에 여섯 명의 심리학자들은 20명의 성인을 대상으로 그들이 위와 비슷한 장면을 바라볼 때 뇌에서 어떤 일이 일어나는지를 살펴보았다. 이때 실험에 참여한 성인들은 작은 화면에 등장한 두 손이 지폐 뭉치를 접거나 또는 파괴하는 장면을 시청했다. 그러자 이들은 라이드와 마찬가지로 지폐가 파괴되는 것을 보았을 때 불편함과 마음의 동요를 느꼈다고 말했고, 뿐만 아니라 그들의 뇌도 이에 상응하는 반응을 보였다. 뇌의 측두두정temporoparietal 부위는 드라이버나 밍지 같은 노구의 이미지에 대해 마치 이런 도구들의 용도를 잘 알고 있는 것 같은 반응을 보인다. 망치는 망치질을 위한 것이며 돈은 무엇을 사거나 소비하기 위한 것이다. 그런데 돈이 원래의 용도에 맞지 않게 쓰이는 것을 보는 순간 뇌에서 일종의 반란이 일어나는 것이다. 그리고 더 많은 액수의 (즉 20달러 대신에 100

달러의) 지폐가 잘리거나 찢기는 장면을 보았을 때 성인들의 측두두정 부위는 더욱 격렬한 반응을 보였다. 많은 사람들이 갈망하는 여러 목적의 수단으로 사용되는 돈은 그것이 오용될지 모르는 상황에서 우리의 뇌가 반란을 일으킬 정도로 강력한 상징인 셈이다.[6]

세상에는 많은 대형 상징들이 있지만 그중에서도 가장 강력하고 보편적인 영향력을 발휘하는 것 가운데 하나가 바로 화폐다. 화폐가 오늘날과 같이 지폐나 동전의 형태를 띠어야 할 특별한 이유는 없다. 과거 여러 사회에서는 구슬, 럼주, 보석 같은 것들로 교역을 하기도 했다. 그러나 오늘날 지폐와 동전은 세계 각지에서 통화의 상징으로 자리 잡았다. 시인, 가수, 방랑자들은 돈이 없는 상태를 수십 년 동안 낭만적으로 노래하곤 했지만, 실제로 최소한의 돈도 없이 하루하루를 지내기란 매우 어려운 일이다. 이에 대해 영국 작가 윌리엄 서머싯 몸William Somerset Maugham은 "돈은 제육감第六感과도 같아서 이것 없이는 다른 오감을 제대로 사용할 수 없다"고 적절히 표현하기도 했다. 실제로 최고의 음식과 고급 향수, 훌륭한 예술작품과 음악, 멋진 의복 등을 즐기려면 그 전에 돈을 지불해야 하는 경우가 다반사다.

우리의 삶에서 돈이 차지하는 이런 막중한 역할에 주목한 마케팅 교수들은 지폐, 동전, 또는 돈을 연상시키는 그 밖의 상징들이 사람들에게 불러일으키는 다양한 반응을 조사했다. 서머싯 몸의 표현에도 함축되어 있는 것처럼 돈의 주요 기능은 자유와 독립이라고 볼 수 있으므로, 연구자들은 돈의 상징으로 예비자극을 받은 사람들이 더 독립적이고 이기적으로 행동할 것이라고 추측했다. 이 연구에서 학생들은 열두 개의 도형을 이용해 커다란 정사각형을 만들어야 하는, 지적으로 만만 치 않은 과제를 수행해야 했다. 연구자는 학생들에게 과제를 설명하면 서 과제가 어려우면 처음에는 연구자가 도와줄 수도 있다고 말했다. 그 리고 얼마 후 연구자는 학생들이 과제 수행에 집중할 수 있도록 방을 떠났다.

이때 몇몇 학생들의 책상 한쪽 구석에는 모노폴리Monopoly 보드게 임판 위에 몇 장의 지폐가 놓여 있었는데, 이것은 특별히 학생들의 주 목을 끌지 않으면서도 지속적으로 돈에 대해 생각하게 만드는 역할을 했다. 그 결과, 책상 구석에 돈이 놓여 있지 않았던 학생들의 경우에는 4분이 경과하는 동안 거의 75퍼센트의 학생들이 연구자에게 도움을 청 했다. 반면 책상 구석에 있는 돈을 힐끗 볼 수 있었던 학생들의 경우에 는 4분이 경과하는 동안 겨우 35퍼센트만이 도움을 청했다. 이에 대해 연구자들은 돈이 학생들에게 독립심을 상기시킴으로써 다른 학생들보 다 더 오랫동안 타인의 도움 없이 문제를 풀려고 버티는 태도를 촉발했 다고 추측했다.

독립심과 끈기는 개인의 긍정적인 특성임에 틀림없지만, 돈이 그 런 것처럼 이런 특성도 어두운 이면을 가지고 있다. 그것은 바로 남을 돕거나 남과 어울리기를 꺼린다는 점이다. 디킨스의 고전적 소설 《크 리스마스 캐럴》에서 주인공 스크루지는 부를 축적하는 데만 몰두할 뿐 다른 사람들과 어울리지는 못하는 부유한 고리대금업자로 묘사되고 있다. 스크루지는 자신의 재화 덕분에 소설 속의 다른 인물들을 괴롭히는 여러 문제로부터 자유롭지만 세 유령을 만나고 나서부터는 자신이 이제껏 어리석은 길을 걸어왔음을 깨닫는다. 아이들은 스크루지가 비열한 수전노守錢奴라고 공공연히 비난하지만, 보통 사람들도 돈을 연상할 때는 자기 안에 잠재해 있던 스크루지 같은 성격이 드러나기 마련이다.

이와 관련된 연구에서 대학생들은 잠깐 동안 모노폴리 게임을 했다. 게임이 끝났을 때 몇몇 학생들은 스크루지도 탐낼 만한 4,000달러의 거액을 손에 쥔 반면에, 다른 학생들은 한 푼도 건지질 못했다. 4,000달러를 손에 쥔 학생들은 재정적으로 밝은 미래를 꿈꿀 수 있었던 반면에, 한 푼도 건지지 못한 학생들은 내일 게임에서 어떻게 할지를 생각했을 뿐 돈에 대한 큰 기대를 품지는 않았을 것이다. 그로부터 1분 뒤에 우연히 연구실을 지나가던 한 여학생이 27개의 연필을 바닥에 떨어뜨리는 작은 사고가 일어났다. 그러자 모노폴리 게임으로 4,000달러를 따서 흡족해하며 앞으로 돈을 더 딸 수 있을 것이라는 기대에 부풀어 있던 '부유한' 학생들은 돈의 예비자극을 받지 않은 학생들보다 여학생의 연필을 덜 주워주었다. 물론 '부유한' 학생들도 스크루지 같은 수전노는 아니었다. 왜냐하면 그들도 대부분 몇 개의 연필을 주워주었기 때문이다. 그러나 그들은 금전적인 윤택함을 꿈꾸며 들떠 있던 순간에 남을 돕는 데 좀 더 인색했다.

그런가 하면 문제의 요점을 더 명확히 보여준 또 다른 연구가 있다. 이 연구에서 학생들은 컴퓨터 화면보호기에서 지폐가 물속에서 돌아다니는 모습이나 물고기가 물속에서 돌아다니는 모습을 보았다. 그런 다음 그들은 실험 참가비로 받은 2달러 전액 또는 그 일부를 대학 학생기금에 기부할 의사가 있느냐는 질문을 받았다. 이에 물고기가 돌아다니는 화면보호기를 본 학생들은 평균 1.34달러를 기부한 반면, 지폐가 돌아다니는 화면보호기를 본 학생들은 평균 77센트만을 기부했다. 이 학생들을 스크루지 같은 수전노라고 부를 수는 없겠지만, 돈과 부를 상기시키는 상징의 작용 때문에 이들이 조금 더 이기적으로 변한 것은 틀림없는 사실인 것 같다.

돈은 이기심과 독립심의 고취 외에도 통증을 마비시킬 수 있는 상징적 능력도 지니고 있다. 1986년 크리스마스 전날에 일간지 〈시카고 트리뷴Chicago Tribune〉에서는 우울한 기분을 달래기 위해 상품을 구매하는 행위를 가리켜 '쇼핑 요법retail therapy'이라는 표현을 쓴 적이 있는다. 실제로 이런 기분전환용 쇼핑은 일인용 아이스크림부터 로맨스 영화 비디오까지 다양한 상품의 소비를 촉진하는 추진력이 되고 있다. 예컨대 버머 바스켓츠Bummer Baskets('게으름뱅이의 바구니'란 의미-옮긴이)라는 한 혁신적인 회사에서는 여러 가지 기분전환용 상품 꾸러미를 판매하고 있는데, 주로 초콜릿이 가득 든 바구니로 된 이 상품들은 회사 광고에 따르면 제각기 특별한 종류의 고통을 달래줄 수 있다고 한다.

돈과 독립심의 관계를 연구했던 마케팅 교수들은 고통을 달래주는 돈의 상징적 역할에 주목하여 과연 돈의 이미지에 노출된 학생들이 실제로 신체적 고통이나 사회적 따돌림에 덜 민감한지를 살펴보았다. 오늘날 심리학 실험에서 피험자에게 전기충격을 주는 일은 허용되기 어렵다. 때문에 신체적 고통과 관련된 실험에서는 매우 뜨거운 물이 담긴 양동이에 30초 동안 손을 담그는 식으로 학생들에게 신체적 고통을 주었으며, 이후에 학생들은 자신이 경험한 고통의 정도를 9점 척도로 평가했다. 한편 사회적 고통과 관련된 실험에서는 피험자가 된 학생이 다른 두 명의 학생과 컴퓨터게임을 했는데, 이 두 학생이 피험자 학생을 따돌리는 행동을 함으로써 피험자에게 사회적 고통을 주었다.

이 두 가지 고통스러운 과제를 수행하기 전에 학생들은 교묘하게 제작된 '손가락 재주 과제finger-dexterity task'라는 것을 먼저 수행했다. 이 과제에서 일부 학생들은 100달러짜리 지폐 80장을 세었으며, 반면에 다른 학생들은 80장의 백지를 세었다. 그 결과 백지를 센 학생들은 뜨거운 물에 손을 담그는 것을 (9점 척도에서 약 6점을 줌으로써) 매우 고통스럽게 느낀 반면에, 지폐를 센 학생들은 자신이 경험한 고통을 (9점 척도에서 약 4점을 줌으로써) 덜 심각한 것으로 평가했다. 마찬가지로 사회적 고통과 관련된 실험에서도 이전에 돈을 센 학생들은 (비슷한 척도에서 다른 학생들보다 50퍼센트 덜 심각하게 평가함으로써) 따돌림의 아픔을 덜 민감하게 느꼈다. 이처럼 신체적 또는 사회적 고통은 우리가 돈을 연상시키는 상징에 둘러싸여 있을 때 좀 더 완만하게 느껴지는 듯하다. 이것은 돈이 진짜가 아니거나 자신의 것이 아니어도 그러하다.[7]

정치 노선도 바꾸는
국기의 상징

돈을 제외하면 사람들 사이의 우정을 종식시키고 전쟁을 일으킬 만큼 강력한 상징은 거의 없다고 해도 과언이 아닐 것이다. 그러나 애국심과 종교적 상징들은 예외에 해당한다. 한 나라의 국기는 애국심을 구체적으로 표현하고 있는 대표적인 예이며, 그래서 국기 모독은 반국가적인 저항운동에서 중요한 수단으로 활용되고 있다.

2002년 베네수엘라 대통령 우고 차베스Hugo Chavez는 쿠데타 시도를 가까스로 피할 수 있었다. 차베스는 2001년에 논란거리가 많은 다수의 법률을 통과시켰는데, 이에 20만 명의 성난 군중들이 그의 사퇴를 요구하며 시위를 벌였다. 그래서 결국 차베스는 군부에 의해 억류되었고 베네수엘라 상공회의소연맹의 의장인 페드로 카르모나Pedro Carmona가 47시간 동안 대통령직을 수행했다. 이후 차베스 정권은 가까스로 이 위기를 극복하고 다시 집권했다.

쿠데타가 시도되는 동안 차베스는 국민을 상대로 많은 연설을 했으며, 정부는 현지 텔레비전 방송국들에게 이 연설을 중계하라고 요구했다. 그러나 몇몇 민영방송국에시는 차베스의 연설만을 단독 중계하는 대신, 화면을 쪼개어 연설과 동시에 반대 세력의 시위장면을 함께 보여주었다. 라디오 카라카스 텔레비전 인터내셔널Radio Caracas Television International, RCTV은 이런 방송을 내보낸 곳 중 하나였는데, 마침 이 방송국은 2006년에 방송인가 기간이 만료되어 정부에 재인가 신청을 해야 했다. 이 방송국은 1950년대 초반부터 방송을 해온 전통 있는 방송국이었지만 재집권에 성공한 차베스에게 2002년의 쿠데타 시도를 '지원'한 이 방송국이 예쁘게 보일 리 없었다. 결국 이 방송국은 정부의 재인가를 받지 못했고, 그 후 정부의 승인을 받지 않은 게릴라 네트워크 형태로 방송을 할 수밖에 없었다.

이 방송국의 저항방식은 단순했지만 매우 강력했고 효과적이었다. 그들은 베네수엘라 국기의 위아래가 뒤집힌 이미지를 방송으로 내보냈을 뿐이었지만, 이후 반정부 시위대가 순식간에 거리로 몰려나오기 시작했으며 이들도 거꾸로 된 국기를 손에 들었다. 차베스 정권은 전국적인 소요를 진정시키기 위해 진땀을 흘려야 했으며, 거꾸로 된 국기는 이런 혼란의 강력한 상징이 되었다. 그러자 정부는 다른 방송국들을 동원해 이런 행위를 비난하면서 강경하게 반응했다. 국기를 찢거나 불태우거나 그 밖의 다른 방법 등으로 손상시키지 않고 그저 거꾸로 게시한 이 일은 예민한 정부를 격앙케 할 만큼 강력한 힘을 발휘했다.[8]

국기는 거의 모든 나라에서 중요한 상징으로 간주된다. 미국 남북전쟁을 묘사한 존 그린리프 휘티어John Greenleaf Whittier의 고전적인 시에서 애국심에 불타는 바버라 프리치Barbara Frietchie는 남부의 군인들에게 미국 국기를 손상시키지 말라고 설득하면서 다음과 같이 말한다. "꼭 쏴야만 한다면 이 늙은이의 백발 머리를 쏘아라. 그러나 네 조국의 국기를 해치지는 마라."[9] 국기에 대한 이런 열정은 다른 나라들에서도 어렵지 않게 찾아볼 수 있다. 예를 들어 중국에서는 국기를 모독한 사람에게 최고 3년의 징역이 선고될 수 있으며, 멕시코에서는 최고 4년의 징역이 선고될 수 있다. 그리고 뉴질랜드나 덴마크처럼 개인의 자유를 매우 중시하는 국가에서도 국기 손상을 처벌하는 법이 존재한다. 국기를 신성시하는 사우디아라비아에서는 1994년 맥도널드McDonald's에서 국제축구연맹FIFA의 월드컵에 참가하는 국가들의 국기가 인쇄된 포장용 봉투를 전량 폐기처분하는 일이 벌어지기도 했다. 그리고 2002년에는 국제축구연맹에서 월드컵 참가국들의 국기가 새겨진 공을 디자인하기도 했으나, 선수들이 국가의 상징을 발로 차는 것을 도저히 용납할 수 없었던 사우디아라비아의 강력한 반대로 계획은 수포로 돌아가고 말았다.

국기는 한 국가의 정체성을 상징하기 때문에 여러 나라에서는 국기를 공개적으로 불에 태우는 것을 법으로 금지하고 있다. 따라서 사람들에게 국기를 보여주면 애국심과 단결심 같은 것을, 또는 이런 것들의 어두운 이면인 국수주의적 배타심과 공격성 같은 것을 예비시킬지 모른다고 가정할 수 있다.

이런 예비효과의 긍정적인 측면을 보여주는 한 연구에 따르면 미국인들에게 국기를 보여주는 것은 미국이 평등과 자유의 원리에 기초한다는 사실을 환기시키는 효과가 있다고 한다. 이 연구에서 세 명의 사회심리학자들은 미국 대학생들에게 미국에 대한 애국심이 얼마나 강렬한지 묻는 간단한 질문지를 작성하도록 한 다음, 아랍인과 이슬람교도에 대한 학생들의 태도를 평가해보았다. 이때 일부 학생들이 앉아 있던 방의 벽면에는 대형 성조기가 걸려 있었던 반면, 다른 학생들이 앉아 있던 방에는 아무것도 걸려 있지 않았다. 그 결과 애국심이 특별히 강렬하지 않았던 학생들에게는 국기가 별다른 영향을 미치지 않았다. 이들은 국기를 마주하고 앉아 있었건 또는 빈 벽을 마주하고 앉아 있었건 상관없이 아랍인과 이슬람교도에 대해 특별한 분노나 적개심을 느끼지 않는다고 말했다. 반면 애국심이 강한 학생들의 경우에는 미국 국기를 마주하고 앉아 있었을 때 아랍인과 이슬람교도에 대해 훨씬 더 관대한 태도를 보였다. 이런 결과는 성조기가 사람들로 하여금 미국의 정체성을 규정하는 이념을 잠시 상기하도록 만듦으로써 민족적 또는 종교적 소수자들에 대해 잠시나마 더 수용적인 태도를 보이도록 작용했음을 알려준다.[10]

미국에서 이슬람교도를 둘러싼 사회적 문제는 비교적 최근의 일이다. 반면 이스라엘과 팔레스타인 사이의 영토분쟁은 역사나 규모의 측면에서 볼 때 비교할 수 없을 정도로 중대한 문제다. 두 집단 사이의 갈등이 몇 대에 걸쳐 이어지면 아무리 합리적인 근거를 제시해도 두 집단 사이에 벌어진 간격을 메우기란 요원한 일이 되고 만다. 오늘날 이스라엘에서 이루어지는 대부분의 선거는 팔레스타인 정책을 둘러싼 논쟁에 의해 승패가 좌우된다. ('우리의 고향 이스라엘'이라는 의미의) '이스라엘 베이테이누Yisrael Beiteinu' 같은 우파 정당들은 영토의 타협 가능성에 대해 추호도 생각지 않으려 하는 반면에, ('새' 정당 또는 '평화와 평등을 위한 민주전선Democratic Front for Peace and Equality'이라는 의미의) '하다시Hadash' 같은 좌파 정당들은 상당한 범위의 팔레스타인 영토를 인정해야 한다고 맞서고 있다. 비록 성조기가 비非이슬람 미국인들의 반反이슬람 정서를 완화시킨다는 뜻밖의 사실이 발견되긴 했지만, 이스라엘의 국기가 좌파와 우파로 분열된 이스라엘인들을 결합시키는 효과가 있을 것이라고 기대한다면 그것은 너무 큰 기대가 아닐까?

몇몇 사회심리학자들은 이 의문에 답하기 위해 다양한 정치 성향을 지닌 이스라엘 유권자들을 이스라엘 국기의 이미지 또는 이스라엘 국기가 어지럽게 일그러진 이미지에 노출시켰다. 이때 연구자들은 이스라엘 국기가 우파든 좌파든 상관없이 모든 이스라엘인들을 결합시키는 효과를 발휘할 것이므로, 이런 자극에 노출된 유권자들이 온건한 중도 성향으로 수렴되는 경향을 보일 것이라고 예측했다. 이때 국기 또는 국기의 일그러진 이미지는 매우 짧은 시간 동안만 제시되었기 때문에 유권자들은 자기가 무엇을 보았는지를 알아챌 수 없었다. 이런 예비 자극에 노출된 뒤에 유권자들은 정치적 논쟁점에 대한 견해를 묻는 질문 또는 어떤 이스라엘 정당을 선호하는가라는 질문에 응답했다.

그러자 일그러진 국기의 이미지에 노출되었던 사람들의 경우 좌파 유권자들은 전형적인 좌파 견해를 표명했으며 우파 유권자들은 전형적인 우파 견해를 표명했다. 예를 들어 우파 유권자들은 논란이 되고 있는 가자Gaza 지구에서 이스라엘이 철수한다면 무척 슬플 것이라고 말한 빈면, 좌파 유권자늘은 이런 철수에 저항하려고 이스라엘 가족들이 가자 지구로 이주한다면 특히 그 가족의 아이들에게 매우 불행한 일이 될 것이라고 믿었다. 그러나 이런 차이는 유권자들이 이스라엘 국기에 노출되자 극적으로 사라졌다. 즉 좌파 유권자와 우파 유권자는 모두 중도파가 되었으며 그들의 견해는 사실상 구별하기 어려워졌다. 또한 그들의 투표 성향도 좀 더 온건한 정당을 선호하는 쪽으로 이동하여 많은 부분이 겹치게 되었다. 몇 주가 지나서 이스라엘 선거가 실제로 치러진 후 연구자들은 실험에 참여했던 유권자들에게 전화를 했는데, 이때도 똑같은 양상이 나타났다. 즉 일그러진 국기를 보았던 유권자들은 그들의 원래 정치 노선에 따라 투표한 반면, 이스라엘 국기를 보았던 유권자들은 훨씬 온건한 방향으로 투표하는 경향을 보였다. 이스라엘 유권자들에게 그들의 국가적 정체성을 (그것도 의식적으로 자각할 수 있는 수준 아래에서) 환기시킴으로써 정치적 반대파들과 타협하도록 유도할 수 있었다는 사실은 놀라운 일이 아닐 수 없다.[11]

그러나 불행하게도 국기는 사람들 내면에 잠재한 사악한 측면을 드러낼 수 있는 능력도 지니고 있다. 위의 연구자들이 일부 포함된 연구팀에서는 2000년대 중반에 미국의 이미지가 대중매체를 통해 매우 공격적인 것으로 묘사되었다는 사실에 주목했다. 이 시기에 미국은 이라크전쟁과 아프가니스탄전쟁에 휘말려 있었으며 국내에서도 학교 총기사건과 그 밖의 폭력적인 사건들이 줄을 이으면서 암울한 분위기를 자아내고 있었다. 그래서 연구자들은 뉴스를 자주 보는 미국인들의 경우 성조기를 전쟁이나 총 같은 개념들과 결부시키는 경향이 강할 것이며, 뉴스를 덜 보는 미국인들의 경우에는 국기와 공격성 사이의 연상이 약할 것이라고 예측했다. 한 연구에서 연구자들은 미국 대학생들을 의식 수준 아래에서 미국 국기 또는 무의미한 형태의 이미지에 노출시켰다. 그 후 학생들은 길고 지루하기 짝이 없는 과제를 수행했는데, 학생들이 이 과제를 80번 수행했을 때 컴퓨터 화면에 갑자기 '데이터 저장

실패'라는 오류 메시지가 떴다.

이 메시지는 사실 실험의 일부였다. 연구자들은 이 경고 메시지가 뜨도록 프로그램을 조작하여 이미 지칠 대로 지친 학생들에게 좌절감을 안겨주었다. 이 오류 메시지를 본 학생들은 실험 조교를 불러야 했으며, 그러면 조교는 문제가 생겨 미안하다고 사과하면서 과제를 처음부터 다시 시작해달라고 요청했다. 실험에 참여한 학생들의 입장에서는 지루해도 꾹 참으면서 지금까지 80번이나 했던 것이 모두 수포로 돌아간 순간이었다. 이때 연구자들은 학생들의 반응을 몰래카메라로 촬영하여 학생들이 공격적으로 반응했는지 아니면 인내심을 갖고 반응했는지를 평가했다. 그 결과 연구자들의 예측대로 평소에 뉴스를 즐겨 보던 학생들 가운데 미국 국기에 노출되었던 학생들은 매우 공격적인 반응을 보였다. 즉 이런 학생들의 반응은 평소에 뉴스를 즐겨 보지 않았거나 실험에서 미국 국기에 노출되지 않았던 학생들보다 더 적대적이었고 화나 짜증을 더 많이 냈으며 더 차갑고 불친절한 것으로 평가되었다.[12]

이런 연구결과들은 국기가 언제 정치적 적대자들을 서로 단합시키는 효과를 발휘하고 또 언제 공격성을 예비시키는 효과를 발휘하는가라는 의문을 품게 만든다. 이스라엘의 좌파와 우파 유권자들이 이스라엘 국기라는 예비자극에 노출되었을 때 서로 가까워진 반면, 미국의 군사행동에 대한 뉴스를 자주 본 미국 시민들이 미국 국기라는 예비자극에 노출되었을 때 더 공격적으로 바뀐 까닭은 무엇일까? 이 책에서 다루는 많은 효과들이 그렇듯 이 물음에 대한 해답은 예비자극이 어떤 연상을 촉발시키는가에 달려 있다. 국기가 어떤 사람에게는 국민 단합의 상징이지만 다른 어떤 사람에게는 군국주의적인 침략과 광적인 국수주의의 상징일 수 있다는 것이다. 많은 경우 국기는 애당초 특별한 의미가 없는 유색 도형들로 이루어져 있지만 시간이 지남에 따라 점점 중요한 의미를 지니게 되고 때로는 한 국가 안에서도 여러 집단별로 상이한 연상을 불러일으키기도 한다. 즉 미국 국기가 일부 국민들에게는 자유와 평등의 가치를 환기시키는 반면에 다른 국민들에게는 공격적 애국주의를 환기시킬 수 있는 것이다.

십자가만 봐도 착한 마음이 생긴다

애국심과 마찬가지로 종교적 정체성도 사람들의 자기이해에 중요한 영향을 끼치며, 때문에 이것도 전쟁과 대량 학살, 단식 투쟁과 자기희생 같은 극단적인 행동을 불러일으킬 수 있다. 많은 사람들은 자신의 종교적 정체성을 바탕으로 정체성을 확립하는데, 이런 종교적 정체성은 강력한 집단규범의 준수를 요구하곤 한다. 예컨대 많은 종교에서는 정직과 성실을 훌륭한 덕목으로 칭송하는 반면에 기만과 부정한 행위를 비난한다.

몇 년 전에 나와 버지니아 콴은 사람들이 종교적 상징에 노출되면 더 정직해지지 않을까 하는 문제에 관심을 갖게 되었다. 이 문제를 연구하기 위해 우리는 우선 학생들에게 네 가지 장신구의 가격을 추정해 보라고 했다. 이때 사용된 장신구는 금반지, 은 브로치, 귀걸이, 목걸이 등이었다. 그런데 반지와 브로치와 귀걸이는 모든 학생들에게 똑같은 것으로 제시된 반면, 목걸이의 경우 절반의 학생들에게 제시된 것은 다이아몬드 조각들로 뒤덮인 십자가 모양이었고, 나머지 절반의 학생들에게 제시된 것은 다이아몬드 덩어리가 줄에 매달려 있는 것이었다. 따라서 십자가 모양 목걸이의 가격을 추정한 학생들은 기독교에서 강조하는 덕목인 정직과 진실이라는 예비자극에 자신도 모르게 노출된 셈이었다.

학생들은 장신구 가격을 추정한 뒤에 이것과 아무 상관이 없어 보이는 질문지에 응답했는데, 이것은 학생들의 정직성을 측정하기 위한 것이었다. 질문지에서 일부 물음은 (예를 들어 '내 뜻대로 안 되어 화를 낼 때가 가끔 있다'처럼) 사람들이 흔히 하는 행동이지만 바람직하다고 보기는 어려운 행동을 때때로 하는지에 관한 질문이었고, 다른 몇몇 물음은 (예를 들어 '나는 실수를 저지르면 언제나 그것을 솔직히 인정한다'처럼) 도덕적으로는 바람직하지만 늘 그렇게 하기에는 사실상 불가능한 행동을 때때로 하지 못할 때가 있는지 묻는 질문이었다. 이 질문지에 대한 학생들의 응답은 우리가 예측한 대로였다. 즉 기독교인 학생들 가운데 십자가 목걸이라는 예비자극에 노출되었을 때 자신의 결함을 솔직히 인정한 경우는 전체의 70퍼센트인 반면, 종교적 상징에 노출되지 않았을 때 결함을 인정한 경우는 전체의 60퍼센트밖에 되지 않았다. 한편 기독교가 아닌 학생들은 종교적 예비효과를 받지 않은 기독교 학생들과 마찬가지로 행동했다. 즉 그들이 자신의 결함을 솔직히 인정한 경우는 십자가라는 예비자극에 노출되었든 그렇지 않든 상관없이 전체의 약 60퍼센트에 머물렀다. 십자가라는 종교적 상징이 비기독교 학생들에게 불러일으키는 연상은 기독교 학생들의 연상과 다를 수밖에 없기 때문에, 똑같은 상징이라 하더라도 모든 학생들에게 똑같은 효과를 낳지는 않은 것이다.[13]

그러나 불행하게도 종교적 예비효과에는 어두운 이면도 존재한다. 이것은 무엇보다도 종교적 상징이 사람들로 하여금 정통파 종교에서 요구하는 지극히 엄격한 기준을 모두 충족시키기는 어렵다는 사실을 환기시키기 때문이다. 예를 들어 유대인들은 유대교의 율법에 따라 자그마치 613가지의 계율을 지켜야 하는데, 여기에는 악행을 저지른 사람의 음식에 유향을 뿌리지 말라는 것부터 미해결 살인사건이 발생하면 강 계곡에서 송아지의 목을 따라는 것까지 온갖 것들이 포함되어 있다. 그런가 하면 가톨릭 신자들은 성직자가 되지 않으면 7성사(세례, 견진, 고백, 성체, 병자, 신품, 혼인−옮긴이)를 완수할 수 없으며, 사이언톨로지Scientology 신자들은 일련의 심리적인 '검사'를 통과해야만 교회의 완전한 구성원이 될 수 있다. 사정이 이렇기 때문에 사람들에게 종교를 환기시키는 일이 정직뿐 아니라 자신의 능력에 대한 회의감도 예비시키는 것은 그리 놀라운 일이 아니다.

1980년대 말 심리학자들은 가톨릭 학생들에게 둘 중 하나의 특정 이미지를 보여주는 실험을 했다. 백색 화면에 제시된 이 이미지들은 순간적으로 휙 지나쳤기 때문에 학생들이 이것을 의식적으로 지각하기란 불가능했다. 이때 몇몇 학생들에게는 교황 요한 바오로 2세의 근엄한 모습이 제시되었으며 다른 학생들에게는 어느 낯선 사람의 똑같이 근엄한 모습이 제시되었다. 그러자 학생들 가운데 사람의 얼굴을 보았다고 주장한 사람은 한 명도 없었지만 나중에 자아 개념에 대한 검사를 실시하자 교황의 얼굴 자극에 노출되었던 학생들은 그렇지 않은 학생들보다 자신과 자신의 도덕적 지위에 대해 훨씬 더 회의적인 견해를 드러냈다. 이렇게 종교적 상징의 예비효과는 사람들로 하여금 한편으로는 자신을 상대적으로 부도덕한 존재로 지각하게끔 만드는 동시에 다른 한편으로는 더 정직하게 행동하도록 만드는 역설적인 효과를 가지고 있다.[14]

인성도 바꾸는 상징의 힘

십자가나 성조기 같은 상징의 힘을 엄밀한 과학적 방법으로 측정하기란 결코 쉬운 일이 아니다. 그러나 몇몇 상징들은 더 이상의 설명이 필요 없을 정도로 강력한 반응을 불러일으킨다. 예를 늘어 코카콜라는 세계에서 가장 널리 알려진 상표 중 하나다. 그래서 이 회사에서는 이런 인지도를 활용해 아주 대담한 광고판을 제작한 적이 있다. 광고판에는 "청량음료 한 개의 이름을 잽싸게 말해보라!"라는 문구 아래에 이 회사에서 만든 유명한 콜라병의 윤곽이 묘사되어 있다. 비록 이 광고판에는 어떤 상표명도 적혀 있지 않지만, 그 상품의 병 모양은 워낙 널리 알려져 있고 청량음료의 대명사로 여겨지기 때문에 그 광고를 보는 사람은 누구라도 '코카콜라'라는 이름을 곧바로 머릿속에 떠올리게 된다. 이렇게 한 상표가 특정한 상품 범주와 강력하게 결합하여 사람들이 그 상표의 이름으로 해당 범주의 상품 전체를 가리킬 정도가 되는 것은 광고계의 염원이라고 말해도 좋을 정도로 대단한 것이다. 그러나 이렇게 세상에 널리 알려지고 많은 사람들에게 친숙하다는 데서 비롯하는 상징의 막강한 힘에는 상징의 가장 큰 취약점 또한 도사리고 있다. 그것은 기존의 상징을 조금만 변화시켜도 때때로 심각한 결과를 초래할 수 있다는 점이다.

기업들은 자사 상표를 신선하게 유지하기 위해 회사의 오래된 로고나 상품 포장을 정기적으로 새롭게 바꾸곤 한다. 그런데 상표 고치기란 매우 까다로운 과제다. 까딱 잘못하면 참신한 개선이 아니라 개악이 될 수도 있기 때문이다. 1980년대에 어느 블라인드 테스트^{blind test}(시험에 영향을 미칠 수 있는 정보를 가린 상태에서 이루어지는 테스트)에서 상표가 가려진 콜라를 몇 모금씩 시음한 사람들이 코카콜라보다 펩시콜라를 더 좋게 평가하자 코카콜라 사는 큰 충격에 빠졌다. 이에 1985년 코카콜라 사는 '뉴 코크^{New Coke}'라는 새 상표를 도입하여 엄청난 광고를 해댔는데, 소비자들은 자신들이 즐겨 마시던 음료수의 새로운 변형을 반가워하지 않았다. 결국 새 상표의 도입은 실패로 끝났고, 코카콜라 사는 자신들의 압도적인 시장 지배력이 붕괴하는 것을 막기 위해 과거의 고전적인 상표를 다시 슈퍼마켓에 진열할 수밖에 없었다. 돌이켜 보면 사람들이 블라인드 테스트에서 펩시콜라를 더 좋아했던 이유 중 하나는, 사람들은 소량의 단맛에 긍정적으로 반응하는데 마침 펩시콜라가 코카콜라보다 약간 더 달기 때문이었다. 만약 블라인드 테스트에서 사람들이 콜라 한 캔씩을 전부 다 마셨다면 결과는 매우 다르게 나왔을 것이다. 왜냐하면 한 모금 마셨을 때 느껴지는 기분 좋은 달콤함도 열 모금 정도 마시면 금세 싫증으로 변하기 때문이다. 따라서 사람들이 여전히 펩시콜라보다 코카콜라를 더 자주 구매하는 이유 중 하나는 펩시콜라 한 캔을 마시는 것보다 코카콜라 한 캔을 마시는 것을 더 좋아하기 때문이라고 말할 수 있다.

이처럼 사람들은 자신이 좋아하는 상징이나 상표에 뚜렷한 변화가 생기면 그것을 거부하는 경향이 있다. 그렇다면 사람들은 눈에 띄지 않을 정도로 미세한 변화에는 어떻게 반응할까? 현대 사회에서 가장 강력한 상징 중 하나는 우리가 이미 살펴본 것처럼 화폐다. 미국 정부는 몇 년에 한 번씩 지폐와 동전을 갱신하는데, 이때 생기는 변화는 매우 미세한 것일 때가 많다. 하지만 미국 재무부에서는 여러 번에 걸쳐 화폐 갱신을 단행했으며, 2008년 8월에는 5달러부터 100달러까지 모든 단위의 지폐를 완전히 새로운 디자인으로 발행하겠다는 계획을 발표하기도 했다. 또 미국 조폐국에서는 38명의 미국 역대 대통령들의 초상이 새겨진 1달러짜리 동전을 2007년부터 2016년까지 발행하겠다고 선언하기도 했다. 또한 그 이전인 1999년에는 미국 50개 주의 특징을 묘사한 25센트 은화를 1999년부터 2008년까지 순차적으로 발행한다는 계획을 발표하기도 했다.

미국 재무부에서는 화폐 갱신 목적에 대해 "현재 유통되고 있는 화폐가 심미적 아름다움을 지닌 물체로서의 지위를 회복하도록 하기 위해서"라고 공식 발표했는데, 이것은 화폐 갱신의 목적치고는 다분히 하찮은 것처럼 보이기도 한다. 왜냐하면 대다수 사람들에게 돈은 무엇보다도 상품 구매력을 연상시키기 때문이다. 대니 오펜하이머와 나는 이런 화폐 갱신이 돈의 구매력에 어떤 변화를 가져오는지에 대해 흥미를 갖게 되었다. 다시 말해 우리는 기존 지폐에 미세한 변화를 도입하면 사람들이 이런 화폐를 약간 덜 가치 있는 것으로 지각하지 않을까 하는 의문을 품게 되었다.

우리는 기차로 출퇴근하는 미국 시민들에게 다양한 형태의 미국 화폐를 보여주면서 이것으로 얼마나 많은 것을 살 수 있다고 생각하느냐고 물었다. 한 연구에서는 압핀, 종이 집게, 연필, 흰색 종이 냅킨처럼 비싸지 않은 열 개 품목 중 하나를 예로 제시하면서 1달러로 이런 품목을 얼마나 많이 살 수 있다고 생각하는지 말해보도록 했다. 이때 절반의 사람들에게는 실제 1달러짜리 지폐의 사진이 실린 질문지를 배포하고, 다른 절반의 사람들에게는 실제 지폐와 비슷하지만 약간 변형된 모습의 1달러짜리 지폐 사진이 실린 질문지를 배포했다. 그리고 이렇게 살짝 위조된 1달러짜리 지폐 사진을 본 사람들도 1달러로 얼마나 많은 것을 구매할 수 있는지를 추측해보도록 했다. 오른쪽 그림은 이 실험에 사용된 두 가지 지폐를 나란히 비교해놓은 것이다.

기차를 타러 가는 사람들은 질문지에 인쇄된 지폐의 사진을 유심히 살펴보지 않았지만 그래도 이 사진은 화폐의 구매력에 대한 사람들

구매력 평가 연구에 사용된 진짜 1달러짜리 지폐(왼쪽)와 가짜 1달러짜리 지폐(오른쪽). 이 둘 사이에는 대여섯 가지 차이가 있지만, 질문지에 응답한 누구도 가짜 지폐가 변형되었다는 사실을 눈치채지 못했다.

의 평가에 영향을 미쳤다. 진짜 지폐 사진이 실린 질문지에 응답한 사람들은 예시된 품목을 평균 22개 살 수 있다고 추정한 반면, 살짝 변형된 지폐의 사진이 실린 질문지에 응답한 사람들은 같은 품목을 겨우 평균 12개 살 수 있다고 추정했다. 이것은 정말로 커다란 차이다. 특히 질문지에 응답한 뒤 지폐 사진에서 이상한 점을 발견하지 못했느냐는 질문을 받고도 지폐가 위조되었다는 사실을 눈치챈 사람이 단 한 명도 없었다는 점을 고려할 때 이것은 놀라운 결과가 아닐 수 없다. 돈의 상징은 매우 강력한 것이다. 이미 살펴본 것처럼 이것은 우리를 더 독립적이고 자기중심적으로 만들 수도 있으며 신체 고통에 덜 민감하게 만들 수도 있다. 그러나 이것은 매우 불안정한 것이기도 하다. 왜냐하면 사람들이 눈치채지 못할 정도로 미세한 변화만 가해도 상품 구매력이라는 화폐의 상징적 의미가 흔들리게 되기 때문이다.[15]

우리의 머릿속에 있는 세계를 좌지우지하는 상징, 이름, 명칭, 같은 것들의 힘은 대부분 우리의 연상 작용에서 비롯한다. 이 장에서 보았듯이, 백열전구를 켜놓으면 까다로운 문제에 대한 해결책이 머릿속에 더 잘 떠오른 까닭도 물리적으로 반짝이는 백열전구가 비유적인 의미에서 반짝이는 해결책을 연상시켰기 때문이다. 이 모든 경우에 환경의 어떤 특징이 그런 특징을 마주하는 사람의 마음속에 그 특징과 관련된 특정 개념을 활성화하여 뜻밖의 생각이나 느낌 또는 행동을 촉발했다. 그리고 뜻밖의 것처럼 보였던 이런 생각이나 느낌 또는 행동은 우리가 원래의 단어나 이미지로부터 최종 결과에 이르기까지의 정신적 경로를 추적해볼 때 비로소 그 의미가 드러났다.

우리의 머릿속에 존재하는 세계 너머로 우리 사이에 존재하는 세계가 있다. 그것은 지구 위에서 살고 있는 70억 명의 사람들 사이에 존재하는 세계다. 이 세계에서도 연상은 커다란 역할을 한다(예컨대 일란성 쌍둥이 중 한 명에 대한 인상을 다른 한 명에 대한 인상과 분리시키기란 매우 어려운 일이다).

이름이 우리의 삶에 영향력을 발휘하는 까닭은 그것이 실생활에서 중요한 의미를 지니는 개념들과 결부되기 때문이다. 때때로 이름은 특정 인종 집단이나 사회경제적 지위와 결부되기도 하고, 때로는 기부행위의 동기나 학교에서 마지막으로 호명되는 것과 결부되기도 한다.

이름처럼
살게 된 사람들

20세기의 가장 유명한 정신과의사 중 한 명인 칼 융Carl Jung은 왜 자신이 부활이라는 주제에 그렇게 몰두하는지에 대해 스스로 질문을 던지곤 했다. 그러다 어느 날 그는 문득 깨달았다. 그의 이름은 '젊은young'이라는 뜻을 가지고 있었으며, 그래서 그는 태어날 때부터 젊음, 늙음, 부활 같은 개념들에 빠져 있었던 것이다. 20세기 초반의 저명한 정신과의사들은 서로 매우 다른 주제들을 연구하고 있었다. 융이 스스로 설명한 것처럼 "(독일어로 '기쁨'을 뜻하는 이름을 가진) 프로이트Freud 선생은 쾌락원리를 내세우고 ('독수리'라는 뜻의) 아들러Adler 선생은 권력 의지를 내세우며 ('젊은'이라는 뜻의) 융 선생은 부활의 개념을 내세운다." 적어도 융에 관한 한, 태어날 때 부모가 지어준 이름이 향후 수십 년 동안 그가 밟게 될 운명의 길을 만든 셈이었다.

그로부터 오랜 세월이 지난 1994년에 과학전문지 〈뉴사이언티스트New Scientist〉에 실린 한 글에서는 이런 현상을 가리켜 '이름결정론

nominative determinism'이라고 불렀다.[1] 그 글에서는 두 명의 비뇨기과 전문의인 (물 따위가 튈 때 나는 소리인 '스플래트splat[철썩]'와 같은 발음의-옮긴이, 이하 이름 설명에서 '옮긴이' 생략) 스플래트A. J. Splatt 박사와 ('쉬를 하다wee'를 연상시키는) 위든D. Weedon 박사가 〈영국 비뇨기학 저널British Journal of Urology〉에 요실금과 관련된 논문을 발표한 것을 예로 들었다.[2]

이렇게 어떤 사람의 이름과 그 사람이 하는 일이 꼭 들어맞는 예는 수두룩하다. 현재 영국과 웨일스의 수석재판관Lord Chief Justice의 이름은 ('사법 재판관Justice Judge'을 연상시키는) 저스티스 이고르 저지Justice Igor Judge고 그의 동료인 (스코틀랜드 '최고법원Lord Justice의 법Law'을 연상시키는) 로드 저스티스 로스Lord Justice Laws는 영국 최고법원Court of Appeal의 판사다. 운동선수 중에서 (테니스공을 '내리치다smash'를 연상시키는) 안나 스매쉬노바Anna Smashnova는 이스라엘의 프로 테니스선수였고, ('바닷가beach'를 연상시키는) 레인 비칠리Layne Beachley는 우승을 일곱 번이나 한 서핑 세계챔피언이며, (공을 '차다kick'를 연상시키는) 데릭 키케트Derek Kickett는 오스트레일리아식 풋볼선수였고, ('배를 젓다row'를 연상시키는) 스티븐 로버텀Stephen Rowbotham은 올림픽 조정경기의 영국 국가대표였다. 그리고 ('번개bolt'를 연상시키는) 우사인 볼트Usain Bolt는 100미터와 200미터 단거리를 세계에게 가장 빨리 달리는 육상선수다.

그런가 하면 상서롭지 않은 운명을 예고하는 이름들도 있다. ('코카인coke'을 연상시키는) 크리스토퍼 코크Christopher Coke는 자메이카의 악명 높은 마약상이며, ('훔치다rob'를 연상시키는) 랩 가수 블랙 롭Black Rob은 중重절도죄로 7년 징역형을 선고받았다. 어찌 보면 이런 일화들은 산발적으로 나타나는 우연의 일치에 불과할지 모른다. 그러나 여러 연구에 따르면 우리의 이름은 우리의 정신세계 안에 깊이 뿌리내리고 있으며 이름에 담긴 개념 쪽으로 우리를 자석처럼 끌어당긴다.

실제로 이름에는 매우 많은 정보가 들어 있기 때문에 우리는 이름이 원래 자연적인 의미를 가지고 있지 않다는 사실을 간과하곤 한다. 이것은 숫자의 경우도 마찬가지다. 예컨대 '10'이라는 수는 그것을 영어로 '텐ten'이라고 부르든, 스페인어로 '디에쓰diez', 프랑스어로 '디스dix', 이탈리아어로 '디에시dieci'라고 부르든 언제나 똑같은 의미를 지닌다. 바로 이런 이유 때문에 과학자들은 외계 생명체와 소통하기 위한 도구로서 수학 언어를 사용하기도 한다. 어떤 소음이 한 번 울리는 것은 언제나 1을 뜻할 것이며 두 번 울리는 것은 언제나 2를 뜻할 것이기 때문이다.

그러나 이런 보편적인 속성은 언어와 결부되어 있는 이름에는 적용되지 않는다. 프로이트라는 이름이 그로 하여금 "쾌락원리를 내세우도록" 몰아댔다는 융의 재치 있는 관찰은 독일어로 '프로이데Freude'가 '기쁨' 또는 '쾌락'을 뜻한다는 사실을 알고 있어야만 가능하다. 이처럼 이름의 힘은 그것이 더 의미 있는 다른 개념들을 연상시킬 때 비로소 생긴다. 몇몇 문화권에서는 부모가 이런 점을 고려해 사식의 이름을 짓는다. ('행운good luck'을 연상시키는) 나이지리아의 대통령 굿럭 조너선 Goodluck Jonathan은 아주 훌륭하게 이름대로 컸다. 그리고 ('인내patience'를 연상시키는) 그의 아내 페이션스Patience는 남편이 정치적으로 성공하기까지 영부인에게 꼭 필요한 덕목을 이름에서부터 가지고 있다. 나이지리아에는 '한 사람이 이름을 얻으면 그의 신들이 그것을 받아들인다'라는 속담이 있는데, 몇몇 절박한 부모들은 이런 속담을 따라 자식의 이름을 ('도와주세요!'라는 의미의) 두마카Dumaka라고 짓거나 ('먹으러 온 사람'이라는 의미의) 오비아겔리Obiageli라고 짓기도 한다.[3] 아프리카 서부의 공화국 부르키나파소Burkina Faso의 원주민인 모시Mossi족은 이름결정론을 한 걸음 더 밀고 나아가 운명의 신을 달래려는 절박한 심정으로 자식에게 섬뜩한 이름을 지어주기도 한다. 유아 사망률이 높은 이곳에서 자식을 이미 한 명 이상 잃은 경험이 있는 부모들은 그다음에 태어나는 아기에게 '키다Kida(이 아이는 죽을 것이다)', '쿠네디Kunedi(죽은 것)', '지나쿠Jinaku(죽으려고 태어난)' 같은 이름을 지어준다고 한다.

그런가 하면 자식이 이름결정론의 조류에 휩쓸리지 않도록 별의별 노력을 다하는 부모들도 있다. 러시아 육상선수 뱌체슬라프 보로닌Vyacheslav Voronin의 이름은 러시아식으로 발음하면 '노예slave'라는 의미를 담고 있다. 사람들의 연상 작용이 발동하면 이것은 상당히 무거운 십자가가 될 수 있으므로 보로닌과 아내 마리나 프롤로바Marina Frolova는 자기들의 갓 태어난 아들에게는 비슷한 짐을 지우지 말아야겠다는 굳은 결심을 했다. 연한 갈색 머리의 가냘픈 이 소년은 러시아에 극심한 홍수 피해가 있었던 2002년 여름에 태어났다. 뱌체슬라프와 마리나는 아들을 위해 아무런 의미도 담겨 있지 않은 'BOHdVF260602'라는 이름을 골랐다. 하지만 겉보기와 달리 이것도 의미를 지니고 있었다. 이것은 '2002년 6월 26일에 보로닌 가문과 프롤로바 가문의 후손으로 태어난 생물학적 인간 객체Biological Object Human descendant of the Voronins and Frolovas, born on June 26, 2002'를 의미했다. 평소에는 간편하게 '보취 Boch'라고 불리는 어린 BOHdVF260602에 대해 뱌체슬라프는 다음과 같이 주장했다. "보취는 이름 덕분에 삶을 더 수월하게 살 수 있을 것이다. 그는 이름이 운명을 좌우한다고 믿는 바보들과 어울리지도 않을 것이다. 전통적인 이름을 가진 사람들은 누구나 이름의 역사적 배경과 연결되기 마련이다. 그러나 이제 우리 아들은 아버지의 유산에서 자유로울 것이다."[4]

사람들은 자식의 이름을 지을 때 온갖 규칙과 방법을 사용한다. 때로는 역사나 문학작품에 나오는 영웅의 이름을 따오기도 하고 때로는 조상 대대로 내려오는 작명법을 따르기도 하며 때로는 그냥 부모가 내키는 대로 듣기 좋은 이름이나 뭔가 매력적인 것을 연상시키는 이름을 선택하기도 한다. 어쨌든 이 모든 경우에 원래 무의미한 이름이 의미를 갖게 되는 까닭은 그것이 의미 있는 다른 개념들과 연합되기 때문이다. 이런 연합 또는 연상의 힘은 한때 스웨덴과 룩셈부르크의 왕을 연상시키던 평범한 소년의 이름인 아돌프Adolf가 왜 제2차 세계대전 이후로 완전히 인기를 잃었는지를 설명해준다. 도널드Donald라는 이름도 1930년대에 도널드 덕Donald Duck이 등장한 이후로 인기를 잃었으며, 또 1840년대에 찰스 디킨스의 신작 《크리스마스 개럴》에서 에베니저 스크루지가 구두쇠 주인공으로 등장한 뒤 사람들은 더 이상 자기 아들의 이름을 에베니저라고 짓지 않게 되었다.[5]

보취의 이름이 특이한 까닭은 그의 부모가 매우 긴 이름을 채택해 최소한의 의미 연상도 일으키지 않으려 했다는 점 때문이다. 그러나 소년 시절에 자신처럼 놀림을 당하지 않게 하려는 아버지의 바람과 달리 보취도 장차 크면서 적어도 가끔씩은 이름 때문에 놀림을 당하지 않을까 싶다. 특히 러시아 동사무소에서 보취의 정식 성명에 대한 등록을 거부했다는 사실을 고려할 때, 그의 이름이 놀림의 대상이 될 확률은 꽤 높아 보인다. 이에 대해 등기소 직원 타챠나 바투리나Tatyana Baturina는 다음과 같이 말했다. "자기 아이를 '걸상'이라고 부를 수도 있겠고 '식탁'이라고 부를 수도 있겠지요. 아이에게는 그런 이름을 가질 권리가 있어요. 하지만 상식에 맞는 이름을 써야지요. 왜 아이가 부모의 선택 때문에 고통을 받아야 하나요? 그 아이가 유치원에 가고 더 자라서 학교에 가면 단지 이름 때문에 조롱거리가 되고 말 거예요."

산발적인 일화들은 그렇다 치더라도 과연 이름이 인생의 주요 결과에 정말로 영향을 미칠까? 만약 우사인 볼트의 이름이 ('터벅터벅 걷다plod'라는 의미를 지닌) 우사인 플로드Usain Plod였다면 그는 더 천천히 달렸을까? 만약 비뇨기학자 스플래트와 위든이 덜 '비뇨기적인' 이름을 가지고 있었다면 그들의 전문분야도 달랐을까? 이런 사고실험을 실제로 수행하기란 불가능하다. 때문에 연구자들은 이런 물음에 답하기 위해 기발한 연구방법을 생각해냈다.

'카트리나' 피해에
기부한 'K'들

　모든 이름은 그 이름을 가진 사람의 나이, 성별, 인종, 그 밖에 기본적인 개인적 특징들에 대한 인구학적 정보와 연결될 수 있다. '도로시Dorothy'라는 이름을 예로 들어보자. 도로시라는 이름을 가진 낯선 사람이 문 앞에서 벨을 울렸다고 상상해보라. 당신은 그 도로시라는 사람이 어떤 사람일 것이라고 예상하는가? 첫째로 도로시는 젊은 아가씨일 확률보다 나이가 지긋한 여성일 확률이 높다. 도로시는 1920년대 미국에서 두 번째로 흔한 소녀의 이름이었으며 1920년대에 태어난 여자아이의 14퍼센트가 도로시라는 이름을 가졌다. 이 수많은 도로시들은 이제 아흔 살에 가까워지고 있다. 그리고 이 이름은 21세기에 태어난 여자아이들 사이에서는 거의 전무하다. '에바Ava'라는 이름은 상황이 정반대다. 이 이름은 21세기 전에는 거의 없었는데 최근 미국 인구조사에서는 아주 흔하게 나타난다.[6]

　연령 외에도 우리는 이름을 통해 인종, 국적, 사회경제적 지위 등에 관한 정보를 얻을 수도 있다. 인구조사의 기본 확률에 따르면 도로시와 에바는 거의 틀림없이 백인일 것이며 페르난다Fernanda는 라틴아메리카계일 확률이 높고, 알리야Aaliyah는 아마도 흑인일 것이다. 루시엔Lucienne 또는 어데어Adair라는 이름을 가진 사람들은 부유한 백인 집안의 아이인 경향이 있는 반면, 에인절Angel 또는 미스티Misty라는 이름을 가진 사람들은 비교적 가난한 백인 집안의 아이인 경향이 있다. 마찬가지로 비오른 스벤손Bjorn Svensson, 히로토 스즈키Hiroto Suzuki, 요제프 페레츠Yosef Peretz는 거의 틀림없이 각각 스웨덴, 일본, 이스라엘 계통의 남성일 것이다. 더 좁혀 보자면 ('수련water lily'을 연상시키는) 워터릴리Waterlily와 ('호랑이 발tiger paw'을 연상시키는) 타이거포Tigerpaw는 나이든 히피족의 자녀 이름처럼 들리는 반면, ('친구 곰'이라는 뜻의) 버디 베어Buddy Bear와 ('꽃잎이 만발한 무지개'라는 뜻의) 페틀 블로섬 레인보우Petal Blossom Rainbow는 어떤 유명인사의 자녀 이름처럼 들린다(실제로 이것은 유명 요리사 제이미 올리버Jamie Oliver의 네 자녀 가운데 두 명의 이름이다).

이름이 중요한 이유 중 하나는 사람들이 그것을 바탕으로 거의 자동적인 범주화를 하기 때문이다.《괴짜 경제학Freakonomics》의 저자 스티븐 레빗Steven Levitt과 스티븐 더브너Stephen Dubner는 어머니의 교육 수준과 그 자녀의 이름 사이에 강한 상관관계가 있다고 주장한다. 리키Ricky 또는 보비Bobby라는 이름을 가진 백인 소년들의 어머니가 대학을 졸업했을 확률은, 샌더Sander 또는 기욤Guillaume이라는 이름을 가진 백인 소년들의 어머니가 대학을 졸업했을 확률보다 낮다. 또한 마이클Micheal 또는 타일러Tylor라는 이름을 가진 백인 소년들의 어머니는, 마이클Michael 또는 타일러Tyler라는 이름을 가진 백인 소년들의 어머니보다 교육을 덜 받았을 확률이 높은데, 이것은 교육을 받으면 철자법이 더 정확해지기 때문에 어찌 보면 당연한 결과다. 우리는 아이의 이름과 그 가족의 가계 소득을 비교해보아도 비슷한 경향을 찾아볼 수 있다. 예컨대 알렉산드라Alexandra 또는 레이철Rachel이라는 이름을 가진 백인 소녀들은 앰버Amber 또는 카일라Kayla라는 이름을 가진 백인 소녀들보다 집안이 더 부유한 경향이 있다.

물론 수입 또는 교육수준과 선호하는 자녀 이름 사이의 관계는 인과적인 것이 아니라는 사실을 잊지 말아야 할 것이다. 다시 말해 더 부유한 아이들과 비교해볼 때 더 가난한 아이들이 일관되게 다른 이름을 갖고 있는 경향이 있다고 해서, 즉 알렉산드라라는 이름을 가진 소녀들이 경제적으로 더 나은 것은 그들이 더 유리한 이름을 가졌기 때문이라고 결론지어서는 안 된다는 얘기다. 그보다는 상이한 사회경제적 또는 교육적 배경 속에서 자란 사람들은 상이한 문화적 환경 속에서 살고 있으며, 이런 문화적 환경이 좋아하는 이름에 대한 선호도에 영향을 미친다고 보는 것이 더 타당할 것이다(문화와 선호도 사이의 관계에 대해서는 6장에서 자세히 살펴보았다).

예컨대 미국 남부에 위치한 주에 사는 사람들은 북부에 위치한 주에 사는 사람들보다 가난한 경향이 있으며, 북부 주민들에 비해 남부 주민들은 또한 '보비'라는 이름을 선호하는 경향이 있다. 이 경우 북부 주민들과 남부 주민들 사이에 존재하는 이름에 대한 선호도 차이와 소득 격차 두 가지를 모두 설명해주는 것은 바로 두 집단 사이의 뚜렷한 문화적 차이일 것이다. 이런 연관관계가 바탕이 되어 시간이 흐르면서 부유한 보비들보다는 가난한 보비들을 더 지주 접하게 되고, 가난한 샌더들보다는 부유한 샌더들을 더 자주 접하게 됨에 따라 이름과 삶의 주요 결과를 잇는 강력한 연상 작용이 생기기 시작하는 것이다. 그래서 어느 회사의 노련한 간부가 샌더 스미스라는 사람이 제출한 입사지원서와 보비 스미스라는 사람이 제출한 입사지원서를 검토한다면, 그 간부는 서류를 들춰보기도 전에 샌더의 부모가 보비의 부모보다 돈도 많고 교육수준도 높을 것이라고 추측하게 되는 것이다.

그렇다면 시계를 거꾸로 돌려서 전형적으로 불길한 이름을 가진 아이의 이름을 전형적으로 길한 이름으로 바꿀 수만 있다면 어떻게 될까? 그러면 그 아이의 삶이 달라질까? 타임머신을 만들지 않는 한 이런 억측을 온전히 검증할 수 있는 방법은 없다. 그러나 차선책을 강구한 두 명의 경제학자들이 있다. 그들은 어떤 회사의 온라인 구인광고를 보고 지원한 두 사람이 불길하거나 길한 이름의 차이만 있을 뿐 다른 모든 조건이 동일하다고 할 때 과연 회사는 어떻게 반응할까 하는 문제에 대해 고민했다. 이 연구자들은 온라인으로 게재된 보스턴과 시카고의 5,000개 구인광고에 지원서를 제출했다. 첨부한 지원서에는 두 항목을 각각 다르게 기입했다. 하나는 경력을 때로는 화려하게 때로는 빈약하게 기입했다. 또 다른 하나는 때로는 전형적으로 길한 이름으로 때로는 전형적으로 불길한 이름으로 기입했다. 그러자 경력이 화려한 이력서가 당연히 더 많은 답을 받았다.[7]

그러나 이름을 달리 기입한 이력서도 뚜렷한 차이를 보였다. 지원자의 능력과 관련된 모든 주요 지표들이 동일했음에도 에밀리Emily, 앤Anne, 브래드Brad, 그레그Greg 같은 이름은 아이샤Aisha, 케냐Kenya, 다넬Darnell, 자말Jamal 같은 이름보다 더 많은 답을 받았다. 길한 이름을 가진 가공의 지원자들은 그들이 제출한 지원서의 10퍼센트에 해당하는 답을 받은 반면, 불길한 이름을 가진 지원자들은 겨우 6.5퍼센트의 답을 받았다. 이것은 50퍼센트에 가까운 차이였다. 다시 말해 길한 이름을 가진 지원자들은 평균적으로 열 번 지원서를 보내면 한 번 답을 받은 반면에, 불길한 이름을 가진 지원자들은 열다섯 번 지원서를 보내야 한 번 답을 받을 수 있었다.

황당한 점은 경력이 화려한 지원서가 길한 이름을 가진 지원자에게는 도움이 된 반면, 불길한 이름을 가진 지원자를 돕는 데는 거의 기여하지 않았다는 사실이다. 즉 경력도 화려하고 이름도 길한 지원자들은 경력이 빈약하고 이름은 길한 지원자들보다 27퍼센트나 더 많은 답신을 받은 반면, 경력은 화려하나 이름이 불길한 지원자들은 경력도 빈약하고 이름도 불길한 지원자들보다 겨우 8퍼센트 더 많은 답신을 받았다. 게다가 경력은 화려하나 이름이 불길한 지원자들은 경력은 빈약하나 이름이 길한 지원자들보다 27퍼센트나 더 적게 답신을 받았다. 이 첫 번째 장애물을 제거하지 않으면 일자리를 구하기도 쉽지 않다. 일각에서는 미국 사회가 '탈인종post-racial' 사회라고[8] 떠들어대지만, 이런 연구결과는 미국의 인종적 편견이 여전함을 보여주는 나쁜 징조라 하겠다.

만약 이런 당혹스런 결과의 배경이 되는 나쁜 고정관념들이 말끔히 사라진다면, 삶의 주요 결과에 영향을 미치는 이름의 힘도 함께 사라질까? 자신의 아들에게 BOHdVF260602라는 이름을 지어줌으로써 통상적인 인구학적 연상 작용을 피하려 했던 보로닌 부부는 그렇게 믿었을 것이다. 그러나 보로닌 부부는 문제의 일부만을 보고 있었다. 왜냐하면 우리 자신의 이름은 다른 사람들이 주위에 없을 때도 우리에게 영향을 미치기 때문이다. 벨기에의 심리학자 요제프 누틴Jozef Nuttin의 고전적인 설명에 따르면 사람들은 자신의 이름에 대해 일종의 주인의식을 가지고 있다. 사람들은 자기 것을 좋아하는 경향이 있으며, 그래서 자기 이름에 들어가 있는 글자들을 그렇지 않은 글자들보다 선호하는 경향이 있다. 한 연구에서 누틴은 열두 개 언어권에 속하는 2,000명의 사람들에게 자신이 사용하는 언어의 알파벳 중에서 가장 마음에 드는 글자 여섯 개를 많이 생각하지 말고 신속히 고르도록 요청했다. 그러자 사람들은 자신의 이름에 들어 있는 글자를 그렇지 않은 글자보다 50퍼센트나 더 자주 선택했다. 이는 예컨대 요제프 누틴이 스스로 이 시험을 치렀다면, 그는 글자 Z를 요세프 누틴Josef Nuttin이라는 사람보다 50퍼센트 더 자주 선택했을 것이라는 얘기다.

우리가 자신의 이름에 들어 있는 글자에 대해 느끼는 매력은 여러 가지 놀라운 결과를 낳을 수 있다. 사람들이 자선단체에 기부하는 이유는 매우 다양하다. 그 단체가 지향하는 목적에 괜히 끌리기 때문일 수도 있고, 그 단체의 활동이 사람들의 심금을 울리기 때문일 수도 있으며, 그 단체가 지향하는 목적이 진정으로 지원할 만한 가치가 있다고 생각하기 때문일 수도 있다. 이런 이유들은 공개적으로 정당화하기 쉬운 이유들이다. 반면에 심리학자들은, 사람들은 자선 목적의 맨 앞에 자기 이름의 머리글자와 같은 글자가 나올 때 더 자주 더 많은 기부금을 내는 경향이 있다는 사실을 발견했다. 이 연구자들은 1998년부터 2005년까지 일곱 번의 커다란 대서양 허리케인이 미국을 강타했을 때 모금된 적십자 기부금의 기록을 살펴보았다.

각각의 열대성 태풍을 가리키는 별도의 약칭이 없으므로 국립허리케인센터National Hurricane Center에서는 1950년대 이래로 각각의 열대성 태풍에 고유명사를 붙여왔다. 우리가 이름-글자 효과name-letter effect[9]를 바탕으로 예상할 수 있는 것처럼 사람들은 자신의 머리글자와 같은 머리글자를 지닌 허리케인에 끌리는 경향이 있다. 예컨대 K로 시작하는 이름을 가진 사람들이 그때까지 발생한 허리케인 재난들에 기부한 액수는 전체 기부금의 4퍼센트 정도였다. 그러나 2005년에 허리케

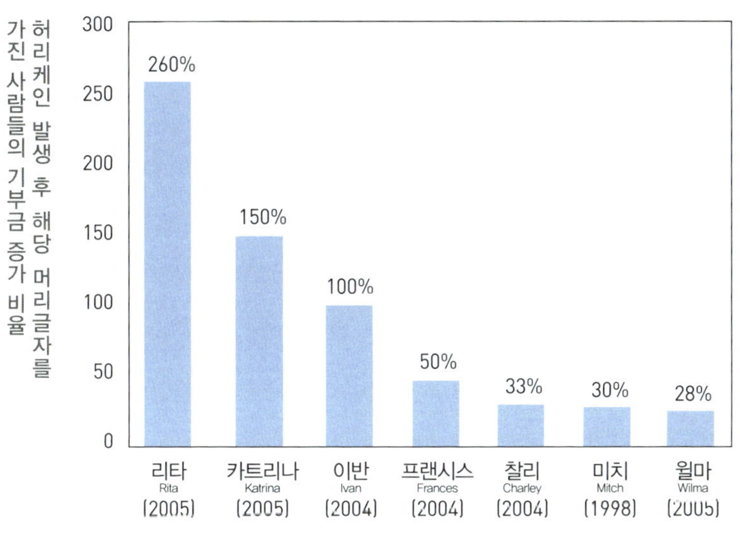

조사 대상이 된 일곱 개의 허리케인 모두에 걸쳐서, 각각의 허리케인과 동일한 머리글자를 가진 사람들이 적십자에 기부한 금액의 비율은 해당 허리케인의 발생 시점 직후부터 증가했다.

인 카트리나^{Katrina}가 뉴올리언스를 강타했을 때는 전체 기부금의 10퍼센트가 K를 머리글자로 가진 사람들로부터 나왔다. 이는 자그마치 150퍼센트가 증가한 수치다. 연구자들은 혹시 카트리나^{Katrina}, 케이트^{Kate}, 캐서린^{Katherine}, 케이티^{Katie}같이 '카트^{Kat}'로 시작하는 이름을 가진 사람들이 이런 기부금 변화에 결정적인 영향을 미치지 않았는지 살펴보았으나, 그렇지는 않았다. 왜냐하면 허리케인 카트리나와 머리글자 이상의 글자들이 겹치는 사람들을 분석에서 제외했을 때에도 똑같이 강력한 변화가 확인되었기 때문이다. 그리고 이런 결과는 다른 허리케인 이름들에 대해서도 마찬가지였다.[10]

대부분의 이름-글자 효과는 자신의 이름에 대해 긍정적인 연상 작용이 일어난다는 사실로 설명될 수 있다. 그러나 때로는 이름의 머리글자가 습관의 힘에 의해 생기는 여러 생각과 행동에 영향을 미칠 수 있다. A로 시작하는 성을 가진 사람들과 Z로 시작하는 성을 가진 사람들 사이의 큰 차이 중 하나는 알파벳순으로 나열된 목록에서 이런 이름들이 차지하는 위치다. 좋든 싫든 학교에서 선생님들은 보통 A로 시작하는 성을 가진 학생들을 먼저 부르고 그다음에 B로 시작하는 이름을 부르며 잔^{Zahn}, 졸라^{Zola}, 주커먼^{Zuckerman} 같은 이름은 가장 마지막에 부르게 된다. 물론 일부 선생님들은 이 문제를 중요하게 생각해 가끔 알파벳 끝에서부터 이름을 부르기도 한다. 그러나 대개는 A에서 시작해 Z로 끝난다.

어떤 두 명의 심리학자는 알파벳 끝에 위치한 성을 가진 사람들이 자기 이름이 불리는 드문 기회가 오면 알파벳 처음에 위치한 성을 가진 사람들보다 더 빨리 응답할 것이라는 가설을 검증하기 위해 기발한 연구를 고안했다. 연구자들은 추측하기를 N에서 Z까지의 이름을 가진 사람들은 A에서 M까지의 이름을 가진 사람들보다 자기 차례가 오기까지 보통 더 오래 기다려야 하기 때문에 어쩌다 자기 이름이 불리는 드문 기회를 맞이하면 더 빨리 응답하는 습관이 몸에 배어 있을 것이라고 보았다. 그리고 이것은 대학원 학생들을 대상으로 한정된 수의 농구경기 티켓을 무료로 나눠주는 실험을 했을 때 정확히 그대로 나타났다. 즉 자신의 성이 알파벳 뒤쪽에 위치하는 학생일수록 더 빨리 응답했던 것이다.

또 다른 연구에서는 박사과정 학생들에게 구직 서류를 온라인에 올리도록 했는데, 알파벳 뒤쪽 성을 가진 학생들이 알파벳 앞쪽 성을 가진 학생들보다 서류를 더 빨리 올렸다. 즉 첫 3주 동안 자신의 구직 서류를 올린 학생들의 평균 성 머리글자는 (알파벳에서 열두 번째 글자인) M이었던 데 반해, 첫 3주가 지난 뒤 서류를 올린 학생들의 평균 성 머리글자는 (알파벳에서 일곱 번째 글자인) G였다. 연구자들은 이런 현상을 가리켜 '성 효과 last-name effect'[11] 라고 불렀는데, 이것은 이름이 우리의 삶에 미묘하게 영향을 미치는 다양한 방식들 중 하나를 보여줄 뿐이다.

이렇게 이름이 우리의 삶에 영향력을 발휘하는 까닭은 그것이 실생활에서 중요한 의미를 지니는 개념들과 결부되기 때문이다. 때때로 이름은 특정 인종 집단이나 사회경제적 지위와 결부되기도 하고, 때로는 기부행위의 동기나 학교에서 마지막으로 호명되는 것과 결부되기도 한다. 그리고 이런 결합 중에는 긍정적인 것도 있고 부정적인 것도 있다. 당신이 자녀의 이름을 짓기 위해 비슷비슷하게 괜찮은 여러 이름들 중에서 하나를 골라야 하는 부모 입장이라면, 이런 연관관계를 한번쯤 고려해보는 것도 좋을 것이다.

쉬운 이름이 경력을 돕는다

부모들이 자녀의 이름을 지을 때 직면하는 또 한 가지 문제는 간단하고 발음하기도 쉬운 흔한 이름을 택할지 아니면 복잡하더라도 독특한 이름을 택할지 하는 것이다. 이 선택은 결코 쉽지 않은데, 왜냐하면 양쪽을 지지하는 속설들이 모두 있기 때문이다. 톰Tom, 팀Tim, 토드Todd, 테드Ted 같은 이름을 잘못 발음하는 사람은 없다. 그러나 톰, 팀, 토드, 테드 같은 이름을 가진 사람들은 흔해 빠졌다. 반면에 ('타다샤Tadasha'처럼) 티-아T-ah로 발음되는 이름이나 (발음이 시이라Theera인지 사이라Thigh-ra인지 타이라Tie-ra인지 헷갈리는) 쉬라Thyra, (발음이 테이벤Tay-ven인지 타이벤Ty-ven인지 헷갈리는) 타이벤Taiven 같은 이름을 가진 사람들은 금방 눈에 띄지만 아무도 그런 이름의 발음을 정확히 알지 못하기 때문에 무시되어버리기 쉽다(이런 점에서 BOHdVF260602의 부모는 아들의 이름을 그렇게 잘 고른 것 같지는 않다).

이름이 의미하는 것 또는 암시하는 것이 무엇이든 상관없이 부드럽게

혀를 타고 미끄러지면서 발음하기도 쉽고 자연스럽게 다가오는 이름들이 있는가 하면, 혀와 이빨과 입술을 어떻게 놀려야 할지 골치부터 아프고 어떻게 겨우 발음을 해도 그것이 옳은지 전혀 확신이 서지 않는 이름들도 있다. 이름의 언어학적 특성을 연구하는 심리학자들은 이렇게 발음하기 쉬운 것들을 가리켜 '유창한fluent 것'이라고 부르고 발음하기 어려운 것들을 가리켜 '유창하지 않은disfluent 것'이라고 부른다.

어떤 이름이 얼마나 유창한 것인지 알고 싶다면 아카데미 시상식에서 최우수 외국영화 부문의 오스카상을 발표하는 장면을 상상해보라. 발표자가 봉투를 열어 "오스카상은…" 하고 발표를 시작한다. 영어권의 평범한 발표자에게 발음하기 매우 어려운 외국 이름들이 있는가하면, 또 다른 외국 이름들은 발음하기가 그리 어렵지 않다. 발음이 쉬운 경우는 이름이 짧기 때문일 수도 있고 영어에서 자주 사용하는 소리나 글자 조합이 들어 있기 때문일 수도 있으며 문자열이 간단하기 때문일 수도 있다. 1996년에 최우수 외국영화 부문의 오스카상을 수상한 영화는 얀 스베락Jan Svěrák 감독의 체코 영화 〈콜리야Kolya〉였다. 당시 발표자였던 크리스틴 스콧 토머스Kristin Scott Thomas와 잭 발렌티Jack Valenti는 그루지야Georgia의 후보작인 나나 조르자제Nana Dzhordzhadze 감독의 〈사랑의 요리사Shekvarebuli kulinaris ataserti relsepti〉를 발표하기 전에 몇 번이나 발음을 연습해야만 했다(실제로 많은 영화들은 발표자의 어설픈 발음으로 행사를 망치는 일이 없도록 아예 영어 제목을 채택하기도 한다. 이 경우에도 영화 제목은 〈A Chef in Love〉로 바뀌었다. 그러나 조르자제라는 이름은 발표자가 그대로 발음할 수밖에 없었다).[12]

유창하지 않은 이름을 갖게 되어서 생기는 가장 확실한 결과는 다른 사람들이 이름의 철자를 잘못 쓰고 잘못 발음하는 일을 평생토록 겪어야 한다는 것이다. 가끔씩 일어나는 실수는 웃어넘길 수도 있겠지만, 때로는 실수가 심각한 결과를 초래하기도 한다. 예를 들어, 비교적 덜 알려진 후보거나 막판에 선거전에 뛰어드는 후보는 투표용지에 이름이 기재되지 않는 경우가 종종 있다. 이럴 경우에 유권자들은 지지하는 후보의 이름을 손으로 적거나 각 후보의 이름을 인식하는 기계를 사용해 이름을 입력하게 된다. 조지 부시George Bush나 빌 클린턴Bill Clinton 같은 후보라면 투표용지에 이름이 기재되어 있지 않더라도 별 탈이 없겠지만, 2006년 텍사스 주의 하원의원 선거에서 절대다수의 지지를 받았던 후보인 셸리 세큘러-깁스Shelley Sekula-Gibbs의 경우 이름 때문에 큰 홍역을 치러야만 했다. 처음에는 일부 투표 집계기가 하이픈을 처리하지 못해서 세큘러-깁스Sekula-Gibbs가 세큘러 깁스Sekula Gibbs로 바뀌는 일이 벌어졌다. 그러나 진짜 문제는 철자가 틀린 이름도 유효표로 처리할 수 있도록 투표 집계기의 프로그램을 다시 짜면서 발생했다. 왜냐하면 초당파적으로 결성된 위원회에서는 그래도 이해할 만한 켈리 세큘러-깁스Kelly Segula-Gibbs부터 황당하기 짝이 없는 한 단어짜리 이름 셸리스큘러깁스스스스스ShelleySkulaGibbsssss에 이르기까지 자그마치 28쪽에 달하는 철자 오류를 유효표로 인정했기 때문이다.

그래도 세큘러-깁스는 이 위기를 비교적 잘 넘어갔다. 그러나 1986년 일리노이 주의 부지사와 주무장관 후보를 뽑기 위한 민주당 경선에서 절대적 지지를 받던 두 후보는 큰 낭패를 보았다. 전문가들은 조지 생마이스터George Sangmeister와 오렐리아 푸친스키Aurelia Pucinski가 벼락출세한 마크 페어차일드Mark Fairchild와 제니스 하트Janice Hart를 거뜬히 무찌를 것이라고 내다보았다. 그러나 전문가들이 간과한 사실은 많은 유권자들이 후보들의 정치적 입장에 대해서는 무지하며 그 대신 엉뚱한 단서들을 근거로 후보를 선택한다는 점이었다. 이름의 측면에서 볼 때 외국인 이름처럼 들리는 생마이스터와 푸친스키가 정치가의 이름으로 안성맞춤인 페어차일드와 하트에 맞선 것은 어린아이와 마이크 타이슨Mike Tyson(권투 헤비급 세계챔피언)이 팔씨름 시합을 벌이는 것만큼 불공정한 것이었다. 애당초 열세에 놓여 있었던 페어차일드와 하트는 정치 경력에서는 상대 후보에게 밀렸지만, 결국 막강한 이름을 바탕으로 선거를 휩쓸었다. 한 유권자는 〈뉴욕타임스〉와의 인터뷰에서 페어차일드와 하트가 매끄러운 이름을 지녔기 때문에 그들에게 투표했다고 털어놓기도 했다.

이와 관련해 심리학자들이 수행한 한 연구는 이름의 중요성을 새삼 확인시켜주었다. 가상의 유권자들에게 조지 생마이스터와 마크 페어차일드라는 이름만을 토대로 후보를 고르라고 요청하자 압도적인 다수가 페어차일드를 선택했다. 당시에 대다수 유권사들은 투표소에 들어갈 때까지도 후보자들에 대해 잘 모르고 있었기 때문에, 적어도 상당수의 유권자들이 후보자의 이름에 따라 마음이 움직였을 것이라고 추측하는 것은 일리가 있어 보인다.[13]

그러나 이 네 사람의 이름은 이름의 유창함에서만 차이가 난 것이 아니다. 외국풍의 이름 여부, '하트heart(심장)'나 '차일드child(아이)' 같은 호소력 있는 영어 단어와 유사한지의 여부 등에서도 차이가 났다. 이런 차이가 이 일화를 더욱 흥미롭게 만드는 것은 사실이지만, 이런 다양한 차이 때문에 이 일화는 이름의 유창함이 삶의 주요 결과에 미치는 영향을 검증하기에 이상적인 시험이라고 보기 어렵다. 그래서 나는 오스트레일리아 멜버른대학의 두 심리학자 사이먼 라함과 피터 코발 Peter Koval과 함께 유창하지 않은 이름의 외국풍 여부가 미치는 영향을 배제하도록 설계된 새로운 분석을 시도했다. 우리는 유창한 이름이 일종의 후광처럼 작용해 그런 이름을 가진 사람이 다른 면에서는 비슷하지만 유창하지 않은 이름을 가진 사람보다 약간 더 매력적으로 보일 것이라는 가설을 세웠다. 그리고 이 가설을 검증하기 위해 500명의 변호사를 대상으로 이름의 유창한 정도와 법률사무소에서 그들의 직위(일반 변호사부터 책임 변호사까지) 사이의 상관관계를 조사했다. 우리는 다양한 규모와 저명도를 가진 미국 법률사무소 열 군데로부터 변호사들의 이름을 수집해 미국 성인 남녀에게 각각의 이름이 얼마나 발음하기 쉬운지, 그리고 해당 이름의 소유자가 외국인일 가능성이 얼마나 높다고 생각하는지를 점수로 매겨달라고 부탁했다.

분석 결과는 매우 흥미로우면서도 한편으로는 당혹스러운 것이었다. 유창한 이름을 가진 변호사들은 유창하지 않은 이름을 가진 변호사들보다 법률사무소의 위계체계 안에서 더 자주 그리고 더 빨리 승진하는 것처럼 보였다. 그리고 이 결과는 이름의 외국풍 여부와도 상관이 없는 것처럼 보였다. 왜냐하면 외국풍 이름을 가진 변호사들만을 대상

으로 분석하거나 또는 전형적인 영미 계통의 이름을 가진 변호사들만
을 대상으로 분석해보아도 똑같은 효과가 나타났기 때문이다.

그러나 데이터를 좀 더 자세히 들여다보니 이야기가 달라졌다. 유
창한 이름이 모든 변호사에게 똑같이 혜택을 가져다준 것은 아니었기
때문이다. 다시 말해 이것은 만병통치약이 아니었다. 예컨대 아무리 머
리가 똑똑하고 이름이 유창하더라도 그가 법대를 갓 졸업한 풋내기라
면 곧바로 법률사무소의 책임 변호사가 되기는 어려울 것이다(실제로 우
리가 조사한 변호사들 가운데 일반 변호사로 고용되어 4년 이상을 보내지 않고 책임
변호사가 된 사람은 없었다). 그리고 노련한 변호사들의 경우에도 사정은
비슷했다. 30년 정도 변호사로 활동하면 자연스럽게 능력을 인정받기
때문에 노련한 변호사들은 대부분(정확히는 89퍼센트가) 책임 변호사였으
며, 그것은 유창한 이름 덕분이 아니라 무엇보다도 오랜 경력 덕분인
것처럼 보였다.

그러나 중간 경력의 변호사들 사이에서는 유창한 이름의 효과가
강력하게 나타났다. 변호사 경력이 4년에서 8년 사이인 사람들 중에서
유창한 이름을 가진 사람들의 12퍼센트가 책임 변호사였던 반면에, 경
력은 비슷하지만 유창하지 않은 이름을 가진 사람들의 4퍼센트만이 책
임 변호사였다(여기서 유창한 이름이란 5등급의 빌음 난이노 척도에서 최고점인
1점을 받은 이름을 가리키며, 유창하지 않은 이름이란 동일한 척도에서 2~5점을 받
은 이름을 가리킨다. 이런 기준으로 유창한 이름을 가진 사람들은 조사 대상이 된 전
체 변호사의 절반가량이었다). 이런 차이는 경력이 조금 더 많은 변호사들
을 살펴보아도 마찬가지였다. 즉 9년에서 15년 사이의 경력을 가진 변

호사들 가운데 유창한 이름을 가진 변호사들의 74퍼센트가 책임 변호사인 반면에, 유창하지 않은 이름을 가진 변호사들의 67퍼센트만이 책임 변호사였다. 따라서 우리는 갓 태어난 아기를 장차 훌륭한 변호사로 만들고 싶다면 최대한 간단한 이름을 지어주는 것이 도움이 되리라고 결론지을 수 있겠다.[14]

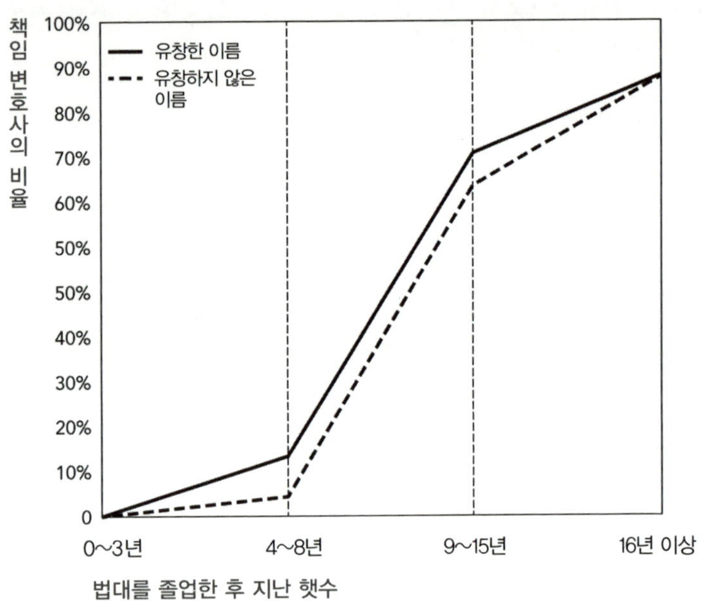

이 그래프는 유창한 이름이 중간 경력의 변호사들에게 도움이 된다는 사실을 보여준다. 즉 법대를 졸업한 지 4년에서 8년이 지난 변호사들 가운데 유창한 이름을 가진 사람들은 그렇지 않은 사람들보다 책임 변호사가 될 확률이 8퍼센트 더 높았다. 그리고 법대를 졸업한 지 9년에서 15년이 지난 변호사들 가운데 유창한 이름을 가진 사람들은 그렇지 않은 사람들보다 책임 변호사가 될 확률이 7퍼센트 더 높았다.

우리는 지금까지의 이야기를 통해 한 가지 교훈을 배울 수 있다. 독창적인 이름을 가진 사람이 그 이름 때문에 다른 사람들로부터 칭찬을 들을 가능성은 그리 높지 않다. 오히려 독창적인 (그래서 유창하지도 않은) 이름은 다른 사람들의 부정적인 주목과 삶의 부정적인 결과를 예비하는 효과를 낳을 수 있다. 새 생명의 기적을 축하하기 위해 자식에게 '케이라이Keirraih' 같은 독특한 이름을 지어주는 부모의 들뜬 마음이야 충분히 이해가 가지만, 아이가 자라서 학교를 다니고 나아가 직장을 다니게 되면 이내 다른 사람들로부터 부정적인 주목을 끄는 사람이 되기 쉽다.

현명한 부모가 자녀의 이름을 짓는 데에 세심한 주의를 기울이는 것과 마찬가지로 현명한 사업가는 자신이 세운 회사의 이름을 짓는 데에 세심한 주의를 기울인다. 언뜻 보기에 별 문제가 없어 보이는 회사의 이름도 회사 설립자의 가슴을 찢어지게 만들 수 있는 잠재력을 지니고 있다. 대표적인 예를 하나 들자면 '엑스퍼츠 익스체인지Experts Exchange'라는 특별히 귀에 거슬리지 않는 이름을 가진 온라인 기술서비스 회사는 www.expertsexchange.com이라는 웹 주소를 선택했다가 ('전문적인 성전환Expert Sex Change'으로 읽힐 수 있기 때문에) 많은 사람들의 조롱거리가 되고 말았다(이 회사의 현재 웹 주소는 www.experts-exchange.com 이다. 그리고 트위터 계정도 일부러 첫 글자를 대문자로 써서 'ExpertsExchange'라고 함으로써 애매한 점을 없앴다).

뜻하지 않게 이중적인 의미를 지닌 이름을 골라서 생길 수 있는 위험 외에도, 이름의 유창함은 증권거래소에 갓 상장된 주식의 운명에도 영향을 미치는 듯하다. 내가 대니 오펜하이머와 함께 수행한 연구에서는 갓 상장된 주식들 가운데 발음하기 쉬운 이름을 가진 회사들의 주식이 증권시장에서 더 잘나가는 경향이 있음이 밝혀졌다. 일반적으로 증권시장에 갓 진입한 주식들 가운데 하나를 선택하기란 매우 어려운 일이다. 왜냐하면 걸러낼 정보들이 너무 많을 뿐만 아니라 어느 정보도 해당 주식의 장래 실적을 완벽하게 예측해줄 수 없기 때문이다. 이런 상황에서 간단하고 유창한 이름을 가진 주식은 그렇지 않은 주식보다 더 성공적으로 시장에 안착하는 경향이 있는데, 이것은 유창한 이름을 가진 변호사가 승진에 유리한 것과 똑같은 이치다. 주식 매입은 근본적으로 위험이 따르는 행위다. 이런 상황에서 유창한 이름은 편안하고 친밀한 느낌을 줌으로써 사람들로 하여금 아무리 위험도가 낮은 주식이라 하더라도 경우에 따라 파산할 수도 있다는 명백한 사실에 대해 둔감하게 만든다.

유창한 이름이 주식 실적에 미치는 영향을 확인하기 위해 우리는 1990년부터 2004년까지 뉴욕증권거래소와 미국증권거래소에 상장된 거의 1,000개에 가까운 주식들을 조사했다. 우선 우리는 사람들에게 어느 시상식에서 여러 회사의 이름이 호명되는 장면을 상상해보라고 했다(이것은 앞서 기술한 것과 같은 유창도 시험이다). 그런 다음에 각 회사의 이름이 발음하기 얼마나 쉬운지 또는 어려운지를 평가해달라고 요청했다. 그래서 한쪽 끝에는 벨든Belden주식회사와 같이 유창한 이름을 가진 회사들이 열거되었고 다른 쪽 끝에는 (헝가리 통신회사인) 마자르 타브쾨즈레시 레즈베니타르사삭Magyar Tavkozlesi Reszvenytarsasag처럼 유창하지 않은 이름을 가진 회사들이 열거되었다. 그러나 이렇게 유창하지 않은 이름을 가진 회사들이 모두 외국인 소유 회사는 아니었으며, 전형적인 미국식 이름을 가진 미국 주식들만 살펴보아도 이름의 효과는 똑같이 나타났다.

조사 결과 우리가 예상한 대로 유창한 이름을 가진 주식들은 그렇지 않은 주식들보다 더 잘나갔으며, 특히 증권거래소에 상장된 첫 주 동안에 이런 효과는 분명하게 나타났다. 만약 여러분이 1990년부터 2004년 사이에 가장 유창한 이름을 가진 열 가지 주식에 1,000달러를 투자했다면 일주일 만에 1,153달러를 갖고 떠날 수 있었을 것이다. 이것은 초기 투자 대비 15퍼센트가 넘는 엄청난 수익률이다. 반면에 똑같은 시기에 가장 유창하지 않은 이름을 가진 열 가지 주식에 똑같이 1,000달러를 투자했다면 일주일 후 겨우 1,040달러를 갖고 떠났을 것이다. 이것은 초기 투자 대비 겨우 4퍼센트의 수익률에 지나지 않는다.

물론 유창한 이름을 가진 회사와 그렇지 않은 회사 사이에는 또 다른 차이들도 있다. 예컨대 서비스회사와 소매업체는 탄광이나 기타 자원회사들보다 유창한 이름에 더 민감할 것이며, 커다란 회사는 작은 회사보다 귀에 쏙 들어오는 이름을 고르기 위해 더 많은 노력을 기울일지도 모른다. 우리는 유창한 이름의 효과가 특정 산업분야나 특정 규모의 회사들에만 적용될지도 모르는 가능성을 배제하기 위해 (증권거래소의 주식 시세표에서 각 회사의 현재 주가 옆에 표시되는 짧은 문자열의 회사 약칭인) 주식 시세표 코드에 초점을 맞추어 따로 분석을 해보았다.

대다수 우리 연구자들에게 이런 코드는 뭐가 뭔지 알 수 없는 기호에 불과했지만, 투자 전문가들은 이런 코드에서 많은 정보를 얻어낸다. 예를 들어 투자자들은 AAPL이라는 코드를 보면 과연 애플 사가 다음 신제품을 언제 출시할지에 대해 주의를 기울일 것이다. 또 HOG라는 코드를 보면 과연 할리데이비슨Harley-Davidson 사가 (마니아들 사이에서 '돼지hog'라고 불리는) 신형 오토바이를 언제 선보일지에 대해 관심을 기울일 것이다. 시세표 코드들 중에는 (구글Google의 시세표 코드인 GOOG처럼) 쉽게 알 수 있는 것들이 있는가 하면 (남들이 부러워할 만한 한 글자짜리 코드 X를 사용하는 US스틸 사의 경우처럼) 정체를 알기 어려운 것들도 있다. 이런 시세표 코드의 유창도를 측정할 수 있는 한 가지 방법은 그것을 영어 단어처럼 발음할 수 있는지를 따져보는 것이다. 예컨대 GOOG는 단어처럼 발음할 수 있는 반면에, (라디오색RadioShack 사의 코드인) RSH는 구어체 영어의 규칙에 따라 발음하기 어렵다. 물론 이것도 억지로 끼워 맞춰서 '리시Rish' 등으로 발음할 수도 있겠지만, 어쨌든 이것은 우리가 구어체 영어에서 자음과 모음을 결합해 발음할 때처럼 부드럽게 이루어지지는 않는다.

우리는 발음이 가능한(다시 말해 유창한) 코드를 가진 주식들과 발음이 불가능한(다시 말해 유창하지 않은) 코드를 가진 주식들의 실적을 비교해보았는데, 그 결과는 주식의 이름에 초점을 맞추었을 때와 똑같았다. 유창한 코드를 가진 주식들은 주식거래 하루 만에 뉴욕증권거래소와 미국증권거래소 양쪽에 걸쳐 약 15퍼센트의 수익을 올린 반면에, 유창하지 않은 코드를 가진 주식들은 겨우 7퍼센트의 수익을 올렸다.

8퍼센트의 추가 이익이란 신생기업이나 전문투자자들에게 결코 작은 차이가 아닐 것이다. 주식의 단기 실적을 예측하기란 어마어마하게 어려운 과제다. 그래서 금융전문가들은 오래전부터 초기 주식 실적을 예측하기 위한 확실한 지표를 찾으려고 애써왔다. 이런 상황에서 유창한 이름의 효과는 매우 강력한 것이다. 왜냐하면 이런 효과는 이름의 유창도와 결합될지 모를 다른 모든 정보들을 제거해도 여전히 나타나기 때문이다.

예컨대 애플같이 유창한 이름들은 아혼Aegon이나 아이올로스Aeolus처럼 무의미하거나 낯선 단어로 유창하지 않은 이름들보다 더 많은 정보를 전달할 수 있다. 그러나 시세표 코드는 그것이 유창하든 유창하지 않든 근본적으로 똑같은 양의 (거의 제로에 가까운) 정보를 담고 있기 때문에, 유창한 코드의 효과는 그만큼 놀라운 것이라 할 수 있다. 게다가 유창도라는 개념은 풋내기 투자자들도 이해할 수 있을 만큼 간단한 것이다. 금융수학의 학위 같은 것이 없어도 누구나 벨든이나 GOOG가 유창하고 마쟈르 타브쾨즈레시 레즈베니타르사삭이나 RSH가 유창하지 않다는 것을 알 수 있다. 이처럼 유창한 이름은 개인의 삶에 중요한 결과를 좌우할 수 있을 뿐만 아니라 주식시장에서 투자자나 기업의 운명도 좌우할 수 있는 힘을 가지고 있다.[15]

뾰족한 이름과
둥글둥글한 이름

어떤 소리 또는 음소phoneme는 쉽게 발음할 수 있는 반면에, 또 어떤 음소는 발음하기가 쉽지 않지만 일단 소리 내어 발음하면 의미와 상관없이 강력한 시각적 이미지를 불러일으키기도 한다. 1920년대에 독일의 심리학자 볼프강 쾰러Wolfgang Köhler는 우리가 세계를 어떻게 지각하는지 설명한 고전적인 교과서를 쓴 바 있다. 이 책에서 쾰러는 몇몇 무의미한 이름들의 형태에 대해 사람들이 공통된 느낌을 가지고 있다고 주장했다. 한 사고실험에서는 사람들에게 다음과 같은 모양을 보여준 뒤에 이것들의 이름이 '말루마maluma'일지 아니면 '타케테takete'일지 맞춰보라고 했다.

이럴 때 대부분의 사람들은 말루마와 타케테라는 단어를 한 번도 들어본 적이 없더라도 어쨌든 왼쪽의 부드러운 곡선 모양이 말루마일 것이고 오른쪽의 깔쭉깔쭉하고 뾰족한 모양이 타케테일 것이라고 말한다. 심지어 아직 어려서 글을 읽지 못하는 아이들도 둥글둥글한 모양

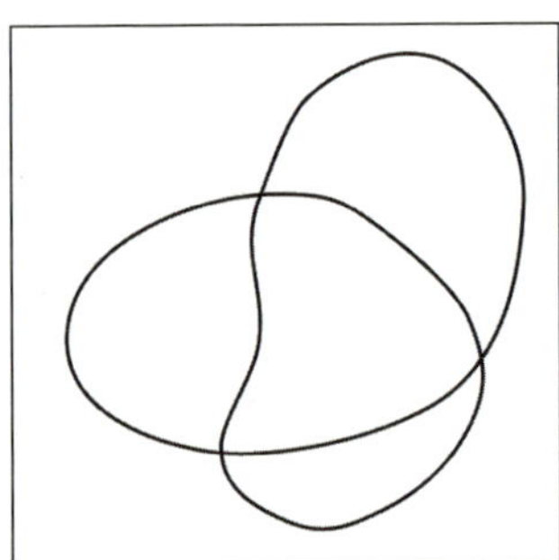 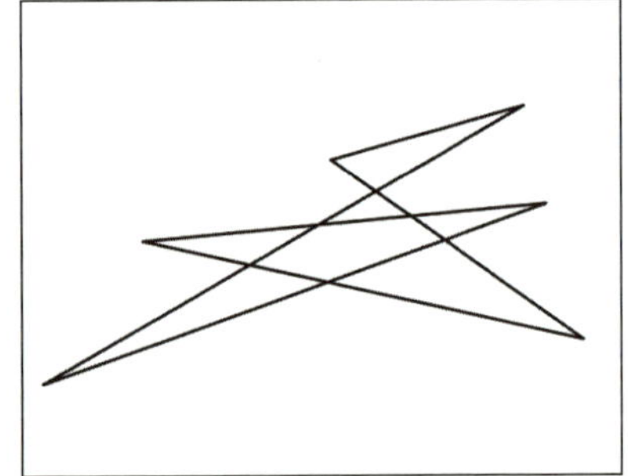

과 둥글둥글한 단어를 연결시키고 뾰족한 모양과 뾰족한 단어를 연결시킬 수 있다. 만약 우리의 직관과 정반대되고 아주 기이한 언어를 사용하는 사람들이 있다면, 그런 사람들은 위의 모양과 이름을 정반대로 연결시킬지도 모르겠다. 어쨌든 우리는 그렇지 않으며, 또한 많은 영어 단어들도 이렇게 '제대로' 발음된다.

이번에는 다음과 같이 간단한 사고실험을 하나 해보자. 영어를 못하는 사람에게 '스톱stop(멈추다)'과 '미앤더meander(구불구불 흐르다)'라는 단어 또는 '헤이스트haste(서두르다)'와 '도들dawdle(빈둥빈둥 지내다)'이라는 단어를 읽어주고 두 단어의 뜻을 순서와 상관없이 제시한 뒤에 어떤 단어가 어떤 뜻인지 맞춰보라고 하면 어떻게 될까? 그러면 그 사람은 단어와 단어의 뜻을 올바로 연결할 수 있을까? '말루마'가 곡선처럼 느껴지고 '타케테'가 뾰족하게 느껴지는 것처럼 '미앤더'와 '도들'은 부드럽고 느리며 말랑말랑하게 느껴지는 반면에 '스톱'과 '헤이스트'는 날카롭고 들쑥날쑥하며 즉각적인 느낌을 주지 않는가?

만약 많은 사람들의 생명을 다루는 '예리한' 제약회사의 이름을 발룸바Baloomba라고 짓거나 아이들의 파티를 열어주는 서비스회사의 이름을 진테크Zintec라고 짓는다면 어떨까? 아마도 이런 이름들은 회사가 하는 일과 정반대의 이미지를 사람들에게 전달할 것이다. 적어도 내가 보기에는 진테크라는 회사에서 개발한 신약을 먹고 발룸바라는 회사에서 마련한 파티에 참석하는 것이 훨씬 더 자연스럽게 느껴진다. 반면에 진테크라는 파티회사는 뭔가 엄격하고 고지식하게 느껴지며 발룸바라는 제약회사는 과학적인 연구를 진지하게 꾸려가기에는 너무 가

법고 변덕스러워 보인다. 1979년의 한 조사에 따르면 미국의 상위 200개 브랜드 이름 가운데 38개가 K 또는 C로 시작하며 자그마치 93개의 브랜드 이름 어딘가에 K라는 음소가 들어 있다고 하는데, 이것도 어쩌면 우연이 아닐지 모른다.

이 장에서 소개한 연구들에 비추어볼 때 이름은 우리가 직관적으로 짐작하는 것보다 훨씬 중요할 수 있다. 사람들은 당신의 이름만 들어도 당신이 몇 살인지, 어느 인종 계통인지, 부자인지 가난한지 등에 대해 어느 정도의 인상을 갖게 될 것이다. 나아가 사람들은 당신의 이름이 발음하기 쉽고 적절하게 느껴져서 당신을 고용할 수도 있고, 또는 반대로 당신의 유창하지 않은 이름이 온갖 나쁜 연상을 불러일으킨다는 이유로 당신의 서류를 내팽개칠지도 모른다. 그런데 우리가 사람이나 회사에다 갖다 붙이는 명칭에 해당하는 고유명사는 우리의 일상생활에서 중요한 의미를 지니는 이런저런 개념들에 갖다 붙이는 언어적 명칭linguistic label과 크게 다르지 않다. 왜냐하면 이런 언어적 명칭도 이름과 마찬가지로 세계를 바라보는 우리의 시각에 상당한 영향을 미치기 때문이다. 게다가 다음 장에서 살펴볼 것처럼 우리가 어떤 사람에게 '흑인' 또는 '백인', '부자' 또는 '가난뱅이', '똑똑한' 또는 '단순한' 같은 명칭을 갖다 붙이면, 그 사람은 우리가 그런 명칭을 갖다 붙였다는 사실 때문에 실제보다 더 검거나 희게, 또는 더 부유하거나 가난하게, 또는 더 똑똑하거나 단순하게 보이곤 한다.[16]

9

생각을 만든 명칭

다리가 넷이고 꼬리가 하나인 동물이 '개'라는 것을 처음 배우게 된 아이들은 한동안 다리가 넷이고 꼬리가 하나이면 무조건 다 개라고 부른다. 고양이나 조랑말도 다리가 넷이고 꼬리가 하나라는 점을 배우게 되기까지 아이들에게 고양이나 조랑말은 진짜 개와 마찬가지로 '개같이' 보이는 셈이다.

복잡한 세계를
단순하게

1672년에 아이작 뉴턴 경은 프리즘으로 백색 광선을 통과시켜 실험실 벽에 무지개를 투영시켰다. 그는 이 무지개 안에서 다섯 가지 색을 보았는데, 각각 빨강, 노랑, 초록, 파랑, 보라라는 명칭을 붙였다. 그리고 그는 한동안 이런 명칭으로 만족했다. 그러나 뉴턴은 기본적으로 색채도 악보와 마찬가지로 7단계의 옥타브로 이루어진 구조를 가지고 있다고 믿었다. 그래서 그는 이 무지개를 다시 바라보면서 두꺼운 띠를 이루고 있는 빨강과 노랑 사이에 얇은 주황색 띠가 있고, 또 파랑과 보라색 띠 사이에 옅은 남색 띠가 있다고 판단하게 되었다. 이렇게 해서 생긴 일곱 빛깔 무지개가 지금 우리가 잘 알고 있는 무지개다.

그러나 뉴턴의 비판자들은 이에 쉽게 동의하지 않았으며 무지개의 참된 구성요소가 무엇인지를 두고 오랫동안 논쟁을 벌였다. 그래서 때로는 뉴턴이 사용한 프리즘이 뿌옇고 더러워서 순수하지 못했다는 주장이 제기되었는가 하면, 때로는 뉴턴이 프리즘을 통해 너무 많거나 너무 적은 색채를 보았다거나 또는 아예 잘못된 색채를 보았다는 주장도 제기되었다. 그러나 뉴턴과 그의 비판자들 사이에서 누가 더 옳다고 말하기도 어렵다. 왜냐하면 우리 눈에 보이는 무지개의 색채들은 연속적인 값을 지니는 스펙트럼의 일부기 때문이다. 다시 말해 우리는 스펙트럼에서 뚜렷이 구별되는 색들을 보지만, 이 색들의 경계를 정확히 측정하기란 불가능하다. 그렇다면 왜 사람들은 뉴턴의 5색 또는 7색 분류법이 옳은지, 또는 제3의 어떤 분류법이 옳은지를 두고 다투는 것일까? 우리가 어떤 색에다 다른 명칭을 갖다 붙인다고 해서 그 색 자체가 변하는 것도 아닐 텐데, 어째서 사람들은 색깔을 서로 다르게 보는 것일까?

뉴턴이 색들에 대해 어떤 명칭을 갖다 붙였느냐 하는 문제는 결코 사소한 것이 아니다. 왜냐하면 색과 색의 명칭은 서로 뗄 수 없게 연결되어 있기 때문이다. 만약 색의 명칭들이 없다면 우리는 색들을 범주화할 수 없을 것이다. 상아색, 베이지색, 통밀가루처럼 갈색이 도는 흰색, 달걀껍질처럼 옅은 노란색 따위를 구별할 수도 없을 것이고, 브로콜리의 머리와 줄기가 짙고 옅음은 달라도 똑같이 녹색이라는 점도 인식하지 못할 것이다. 색채 명칭의 중요성을 증명하기 위하여 2000년대 중반에 몇몇 심리학자들은 영어와 러시아어에서 색채 단어의 차이를 활용한 연구를 했다. 영어에서는 짙은 파랑과 옅은 파랑을 모두 가리켜 '블루blue(파랑)'라는 단어를 사용하는데, 여기에는 옅은 하늘색부터 짙은 남색까지 다양한 명암의 색들이 포함되어 있다. 반면에 러시아어에서는 '골루보이goluboy(옅은 파랑)'와 '시니이siniy(짙은 파랑)'라는 별개의 단어가 사용된다.

실험에서는 영어를 사용하는 학생들과 러시아어를 사용하는 학생들에게 컴퓨터 화면으로 두 개의 파란색 정사각형을 보여준 다음 그중 어느 것이 제3의 파란색 정사각형과 똑같은 색인지를 맞추라고 했다. 학생들은 이 과제를 여러 번에 걸쳐 수행했는데, 어떨 때는 처음 두 개의 정사각형이 모두 옅은 파랑 또는 짙은 파랑이었고, 또 어떨 때는 두 개의 사각형 중에서 하나는 옅은 파랑이었고 다른 하나는 짙은 파랑이었다. 처음 두 개의 정사각형이 옅은 파랑이든 짙은 파랑이든 파란색 스펙트럼의 같은 쪽에 있을 때는, 영어를 사용하는 학생이든 러시아어

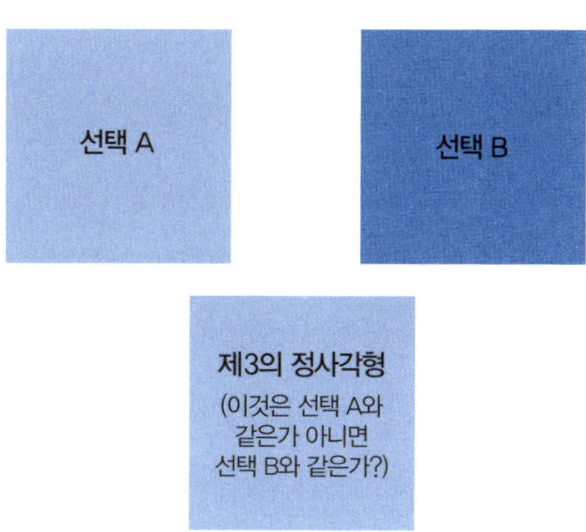

파란색 맞추기 실험의 과제. 매번의 과제에서 러시아어권 학생들과 영어권 학생들은 제3의 정사각형이 두 선택사항 중 어느 것과 같은 색을 가지고 있는지를 맞추어야 했다. 두 선택사항이 러시아어로 '시니이(짙은 파랑)'와 '골루보이(옅은 파랑)'에 해당하는 영역에 하나씩 놓여 있을 때, 러시아어권 학생들은 영어권 학생들보다 어느 것이 어느 것과 일치하는지 더 빨리 맞추었다.

를 사용하는 학생이든 과제 수행의 속도에 차이가 없었다. 그러나 처음 두 개의 정사각형 중에서 하나는 옅은 파랑이고(즉 러시아어로 '골루보이'고) 다른 하나는 짙은 파랑일 때는(즉 러시아어로 '시니이'일 때는) 매우 다른 결과가 나왔다. 이 경우에는 어느 정사각형이 제3의 정사각형과 같은 색인지를 맞추는 데 러시아어권 학생들이 훨씬 빨랐다.

이런 상황에서 영어권 학생들은 제3의 정사각형을 보았을 때 이것이 일종의 '희끄무레한 파랑'이라거나 '거무스름한 파랑'이라는 식으로 판단했을 것이다. 그들은 이보다 더 정교한 명칭을 사용할 수 없었기 때문에 이렇게 막연히 기술된 것을 바탕으로 어느 색이 어느 색과 일치하는지를 결정해야만 했다. 반면에 러시아어권 학생들은 뚜렷이 더 유리한 위치에 있었다. 왜냐하면 그들은 제3의 정사각형을 보았을 때 그것이 '골루보이'인지 아니면 '시니이'인지를 따질 수 있었기 때문이다. 그런 다음에 그들은 처음에 본 두 개의 정사각형 가운데 어느 것이 제3의 정사각형과 명칭이 같은지만 따지면 되었다. 만약 영어권 학생들이 처음에 본 것이 하나는 파란색 정사각형이었고 다른 하나는 초록색 정사각형이었다면 이 과제가 얼마나 쉬웠을지 상상해보라. 만약 그랬다면 영어권 학생들은 제3의 정사각형이 파란색인지 초록색인지를 확인하는 즉시 과제를 풀 수 있었을 것이다.

실제로 그로부터 1년 후에 발표된 또 다른 실험에서는 영어권 학생들이 초록색과 파란색을 서로 다른 색으로 지각하는 것과 마찬가지로 러시아어권 학생들은 짙은 파랑과 옅은 파랑을 서로 다른 색으로 지각한다는 사실이 증명되었다. 옅은 파란색 정사각형들 사이에 섞여 있는 한 개의 짙은 파란색 정사각형을 찾아내야 하는 과제에서 러시아어권 학생들이 그 한 개의 특이한 정사각형을 찾아내자 시각정보를 처리하는 뇌의 특정 부위가 활성화되었다. 반면에 영어권 학생들이 똑같은 배열의 정사각형들을 보았을 때는 뇌의 이 부위가 훨씬 덜 활성화되었다. 그러나 영어권 학생들이 파란색 정사각형들 사이에 섞여 있는 한 개의 초록색 정사각형을 찾았을 때는 그 부위가 똑같이 활성화되었다. 영어권 학생들에게 명칭이 다른 색들이 제시되자 비로소 그들의 뇌가 러시아어권 학생들의 뇌와 비슷하게 반응한 것이었다.

그런데 이런 색채식별 과제를 수행하면서 동시에 몇 개의 숫자를 외우라고 하자 러시아어권 학생들은 영어권 학생들보다 더 빨리 과제를 수행하지 못했다. 이것은 이전 과제에서 러시아어권 학생들에게 더 유리한 조건이었던 언어적 범주의 사용이 이제 불가능해졌기 때문인 듯하다. 왜냐하면 이 두 번째 실험에서는 언어 처리에 필요한 뇌의 자원이 숫자 외우기에 할당되어 러시아어권 학생들도 색채 이름을 머릿속으로 되뇌일 여유가 없었기 때문이다. 언어적 명칭의 도움이 없는 상태에서는 러시아어권 학생들도 영어권 학생들과 같은 방식으로 색채를 처리할 수밖에 없었다.

이 정교한 실험은 색채 명칭이 색채 지각에 어떤 영향을 미치는지를 잘 보여준다. 러시아어권 학생들과 영어권 학생들은 똑같은 뇌 구조를 가지고 있다. 다시 말해 그들은 자기 앞에 놓인 색채를 지각하고 처리할 수 있는 똑같은 능력을 지니고 있다. 그러나 특정 범위의 색채에 대해 영어권 학생들은 한 개의 명칭만 사용할 수 있었던 데 비해 러시아어권 학생들은 두 개의 명칭을 사용할 수 있는 이점을 가지고 있었다. 이 실험이 의미 있는 까닭은 색채처럼 기본적인 세계의 속성들을 지각하는 데도 명칭이 상당한 영향을 미친다는 것을 보여주기 때문이다.[1]

우리가 세계를 바라보는 방식이 언어적 명칭에 따라 달라질 수 있다는 생각은 파란색 맞추기 실험이 있기 훨씬 전부터 있었다. 1930년대에 미국의 언어학자 벤저민 워프Benjamin Whorf는 우리가 물체, 사람, 장소 등을 바라보는 방식이 언어에 따라 다를 수 있다고 주장했다.[2] 출처 불명의 한 이야기에 따르면 북극지방의 이누이트족은 수십 가지의 눈snow을 구별할 수 있는데, 그 이유는 그들이 여러 가지 눈에 대해 서로 다른 명칭을 사용하기 때문이라고 한다. 반면에 북극 이외의 지방에 사는 대다수 사람들은 눈, 진창눈slush, 진눈깨비, 얼음 같은 몇 개의 단어들만 사용한다. 그러나 이 이야기는 사실이 아니다(실제로 이누이트족이 눈을 서술할 때 사용하는 단어 수는 대다수 사람들이 사용하는 단어 수와 거의 같다).

하지만 이 이야기에 담긴 메시지는 매우 설득력 있는 것이다. 그것은 우리 앞에 놓여 있는 것을 서술하기에 적당한 단어가 없다면 그것을 표현하기가 무척 어렵다는 사실이다. 이런 어려움은 말을 배우기 시작하는 어린아이들에게서 생생하게 관찰할 수 있다. 다리가 넷이고 꼬리가 하나인 동물이 '개'라는 것을 처음 배우게 된 아이들은 한동안 다리가 넷이고 꼬리가 하나이면 무조건 다 개라고 부른다. 고양이나 조랑말도 다리가 넷이고 꼬리가 하나라는 점을 배우게 되기까지 아이들에게 고양이나 조랑말은 진짜 개와 마찬가지로 '개같이' 보이는 셈이다.

아이들이 고양이나 조랑말을 개와 혼동하기 훨씬 전부터 사람들은 서로에 대해 명칭을 붙이고 서로를 분류하기 시작했다. 그래서 결국 피부가 좀 더 흰 사람들은 '백인'이 되었고 좀 더 검은 사람들은 '흑인'이 되었으며 중간 정도의 색조를 띤 사람들은 황인종, 홍인족, 갈색인족 등이 되었다. 그러나 이런 명칭은 뉴턴의 일곱 색채가 무지개의 실재를 그대로 반영한다고 말할 수 없는 것과 마찬가지로 현실을 그대로 반영한다고 말하기 어렵다. 실제로 전 세계에 걸쳐 1,000명의 사람을 무작위로 선정해 피부색이 가장 검은 사람부터 가장 흰 사람까지 한 줄로 세워도 그중에서 정확히 똑같은 피부색을 가진 사람들은 절대로 없을 것이다. 사람들의 피부색은 실제로 이렇게 연속적인 것이지만, 사람들은 이것을 '흑인'이나 '백인' 같은 불연속적인 범주로 묶곤 한다. 그리고 이런 범주들은 어떠한 생물학적 근거도 가지고 있지 않으면서 이런 범주로 묶인 사람들의 사회적, 정치적, 경제적 조건에 적지 않은 영향을 미친다.

어떤 면에서 이런 인종적 명칭은 러시아어권 학생들이 색채 명칭의 도움으로 더 짙은 파랑과 더 옅은 파랑을 가르는 둔탁한 경계선을 날카롭게 만들 수 있었던 것과 비슷한 방식으로 작용한다. 이런 인종적 명칭을 통해 무한히 복잡한 사회적 세계 안에 경계선과 범주가 도입되며, 이렇게 한 번 도입된 경계선과 범주를 해체하기란 매우 어렵다.

1997년에 두각을 나타내기 시작하던 골프 천재 타이거 우즈Tiger Woods 는 〈오프라 윈프리 쇼The Oprah Winfrey Show〉에 출연하여 자신이 흑인이 아니라 '캐블리네시안Cablinasian'이라고 주장한 바 있다(여기서 캐블리네 시안이란 백인Caucasian, 흑인black, 북미 원주민American Indian, 아시아인Asian의 피가 섞인 혼혈이라는 의미로 우즈가 사용한 합성어다). 미국에서 골프는 전통 적으로 백인 선수가 흑인 캐디의 전문 조언을 받으며 플레이하는 인종 차별적인 스포츠였다. 이런 상황에서 우즈는 자신이 전통의 틀을 깨는 흑인 선수라는 통념에 대해 반기를 든 것이었다. 왜냐하면 그는 자신이 복잡한 인종적 배경을 지니고 있으며 그것이 골프선수로서 자신의 능 력과 아무 상관이 없다고 믿었기 때문이다.

그러나 러시아인들이 별개의 언어적 명칭을 사용함으로써 짙은 파 랑과 옅은 파랑을 구별해 보는 것처럼 사람들은 인종적 명칭을 사용 해 인종적 애매함을 제거하려는 경향이 있다. 스탠퍼드대학에서 수행 한 한 연구에서는 백인 대학생들에게 젊은 남자의 얼굴 사진을 보여주 었는데, 이 사진 속 남자는 백인인지 흑인인지 분간하기 어려운 특징을 가지고 있었다. 이때 절반의 학생들이 본 사진에는 '백인'이라는 명칭 이 붙어 있었고, 다른 절반의 학생들이 본 사진에는 '흑인'이라는 명칭 이 붙어 있었다. 학생들의 과제는 사진의 얼굴을 최대한 정확히 그려서 다음 학생이 이 그림을 보고 원래 사진을 맞출 수 있도록 하는 것이었 다. 그리고 이 과제에 대한 동기를 부여하기 위해 가장 정확하게 그린 학생에게는 현금 20달러를 상금으로 주겠다고 약속했다. 그러자 학생 들의 그림에서는 인종적인 고정관념에 따라 판이하게 다른 양상이 관찰되었다. 즉 '흑인'이라는 명칭이 붙은 사진을 본 학생들은 '전형적인 흑인'의 특징을 과장해서 그리는 경향이 있었으며, 반대로 '백인'이라는 명칭이 붙은 사진을 본 학생들은 '전형적인 백인'의 특징을 과장해서 그리는 경향이 나타났다. 이 두 집단의 학생들은 실제로 똑같은 사진을 보았지만 연구자가 사전에 제공한 인종적 명칭에 따라 서로 다른 색안경을 끼고 사진을 지각한 셈이었다.[3]

여기서 '색안경'이라는 용어는 거의 문자 그대로 이해해도 무리가 없었다. 왜냐하면 두 번째 실험에서 흑인이라는 명칭이 붙은 사진을 본 사람들은 백인이라는 명칭이 붙은 사진을 본 사람들보다 사진 속 얼굴을 더 검게 지각했기 때문이다. 아래는 이 실험에 사용된 세 얼굴이다.[4] 이 중 하나는 흑인의 얼굴을 묘사한 것이고 다른 하나는 백인의 얼굴을 묘사한 것이며 중간 것은 백인이라고 볼 수도 있고 흑인이라고 볼 수도 있는 남자의 얼굴이다.

이 가운데 어느 얼굴이 가장 검게 보이는가? 그리고 어느 얼굴이 가장 희게 보이는가? 이 세 얼굴의 실제 명암은 똑같지만, 사람들은 왼

흑인   애매한 얼굴   백인

쪽 흑인의 얼굴이 오른쪽 백인의 얼굴보다 더 검다고 지각하며 나중에 기억을 떠올릴 때도 왼쪽이 오른쪽보다 더 검다고 기억한다. 그리고 인종적으로 애매하다고 표시된 중간 얼굴은 왼쪽보다 희고 오른쪽보다 검게 지각된다. 손으로 얼굴 특징들을 가린 채 이마에만 초점을 맞추면 세 얼굴의 피부색이 똑같다는 것을 확인할 수 있을 것이다. 이렇게 인종적 명칭은 피부색에 대한 정확한 판단을 어렵게 만들 정도로 강력한 것이다.[5]

불행하게도 우리는 어떤 사람의 지능을 평가할 때도 사회적 명칭의 영향력을 피해가지 못한다. 2005년 당시 하버드대학의 총장이었던 래리 서머스Larry Summers는 이공대학에 여자 교수의 수가 적은 까닭은 "최고를 지향하는 적성의 상이한 분포" 때문이라고 주장했다. 그로부터 3년 뒤 영국의 심리학자 크리스 맥매너스Chris McManus는 노동자 계층에게 박사가 될 만한 지능이 결여되어 있다는 비슷한 주장을 했다. 실제로 지능을 객관적으로 판단하기란 매우 어려운 일이며, 특히 관련 증거 자체가 애매하거나 뒤죽박죽일 때는 더더욱 그러하다.[6]

이와 관련된 한 고전적인 연구에 따르면 사람들은 애매하거나 혼합적인 증거에 직면했을 때 관련 명칭을 참고해 그것을 한쪽으로 해석하는 경향이 있다. 이 연구에 참여한 프린스턴대학의 학생들은 한나Hannah라는 4학년 여학생의 성적이 4학년 평균 이상인지 이하인지 또는 정확히 평균치에 해당하는지를 판단해야 했다. 이 실험의 첫 단계에서 학생들은 두 개의 짧은 동영상 가운데 한 개를 보았는데, 한 동영상에서는 한나가 어느 부자 동네의 멋진 공원에서 놀고 있는 장면이 나왔다. 그리고 한나가 다니는 학교의 모습이 잠깐 스쳐 지나갔는데, 이 학교는 현대식 건물이 사방으로 뻗어 있었으며 근사한 운동장이 딸려 있었다. 학생들은 이 동영상을 본 뒤에 한나의 일생에 대한 짧은 보고서를 읽었는데, 거기에는 한나의 부모가 둘 다 대학을 졸업했으며 현재는 전문직에 종사하고 있다고 적혀 있었다. 한나에 대해 이런 정보를 제공받은 학생들은 한나를 '부유한', '좋은 학교', '교육 수준이 높고 현재 전문직에 종사하는 부모님' 같은 매우 호의적인 명칭들과 결부시켰다.

그런가 하면 다른 집단에 속한 학생들은 한나에 대해 앞의 것과 매우 다르고 덜 유복해 보이는 정보들을 제공받았다. 그들이 시청한 동영상에서 한나는 벽돌 건물들이 촘촘히 들어서 있고 울타리가 쳐진 운동장에서 놀고 있었으며, 주변에는 작고 허름한 가정집들로 이루어진 주택가가 보였다. 또한 한나의 일생에 대한 보고서에서는 한나의 부모가 고졸이며 아버지는 고기통조림 업자고 어머니는 집에서 재봉사로 일한다고 쓰여 있었다. 이런 상황에서 학생들의 눈에 한나와 결부된 명칭들은 불길한 것이었으며, 한나가 학업을 성공적으로 마치려면 사회경제적 또는 교육적으로 상당한 장애를 넘어야 할 것처럼 보였다.

이 실험에서 일부 학생들은 다시 두 번째 동영상을 보았는데, 거기에서 한나는 25개 질문으로 이루어진 시험을 치르고 있었다. 동영상에서 수학, 영어, 자연과학과 사회과학 분야에 걸친 여러 질문을 대하는 한나의 태도는 매우 애매해 보였다. 그는 때때로 정신을 집중해 어려운 질문에 대해서도 척척 정답을 말하는가 하면, 또 어떤 때는 주의가 산만하여 비교적 쉬운 질문에도 쩔쩔매는 것처럼 보였다. 이 동영상은 학생들이 한나의 학업능력에 대해 분명한 인상을 형성하지 못하도록 일부러 애매하게 제작되었다.

이 동영상만 보고 한나의 학업능력을 평가하기란 쉽지 않았지만, 일부 학생들은 '부유한', '대졸의' 같은 명칭들을 염두에 둔 채 이 동영상을 본 반면, 다른 일부 학생들은 '노동자 계층의', '고졸의' 같은 명칭들을 염두에 둔 채 이 동영상을 보았다. 그리고 이런 명칭들은 한나의 수행능력이 완벽해 보이지도 않고 그렇다고 아주 형편없어 보이지도 않는 상황에서 해석의 방향을 좌우하는 결정적인 역할을 했다. 즉 한나가 좋은 학업 성적을 낼 것이라고 예상한 학생들은 한나의 반응에서 (그의 실수와 부주의는 무시한 채) 성적이 좋은 학생들에게 나타나는 전형적인 행동방식만을 보았고, 반대로 한나에게 별다른 기대를 하지 않은 학생들은 (그가 때때로 주의를 집중해서 어려운 질문에도 답했다는 사실을 무시한 채) 부정적인 명칭들이 시사하는 것만을 보았다. 결국 긍정적으로 기대한 학생들은 한나가 4학년 평균 이상의 성적을 거두었다고 평가한 반면에, 부정적으로 기대한 학생들은 한나가 4학년 평균 이하의 성적을 거두었다고 평가했다. 이 연구는 사람들이 암시의 영향을 받기 쉬우며 애매한 상황에 직면하면 가지고 있는 명칭들을 참고해 세계를 해석한다는 것을 보여준다.[7]

'흑인', '노동자'이기
때문에

사회적 명칭들이 원래부터 위험한 것은 아니다. 어떤 사람에게 '오른손잡이', '흑인', '노동자 계층' 등의 명칭을 갖다 붙이는 것이 그 자체로 문제가 되지는 않는다. 그러나 이런 명칭들이 의미심장한 성격적 특성들을 연상시키면 해롭게 작용할 수 있다. 이런 연상의 스펙트럼 한쪽 끝에는 결부된 의미의 폭이 비교적 작은 '오른손잡이' 같은 명칭들이 있다. 우리는 오른손잡이에 대해 특별한 편견을 가지고 있지 않으며, 어떤 사람을 오른손잡이라고 부르는 것이 그 사람을 불친절하게 또는 무식하게 대하는 것도 아니다.

반면에 '흑인'이나 '노동자 계층'이라는 용어는 매우 많은 연상을 불러일으키며, 그중 일부는 긍정적이기도 하지만 부정적인 것들이 훨씬 더 많다. 우리가 어떤 사람에게 '흑인'이라는 명칭을 갖다 붙이면, 이 명칭은 '흑인'과 결부된 일반적인 특성들을 그 사람에게서 지각하도록 우리를 예비시키는 작용을 한다. 학생들이 인종적으로 애매한 얼굴을 마주하면서도 그것이 '흑인'의 얼굴이라는 말을 들으면 전형적인 흑인의 특성을 그림으로 그리는 까닭은 바로 이 때문이다. 이와 마찬가지로 프린스턴대학의 실험에 참여한 학생들은 한나의 가족이 노동자 계층이라는 사실을 한나의 지적 능력이 낮을 것이라는 예상과 결부시켰다. 그래서 그들은 한나가 시험을 치르는 장면을 보면서 한나의 실수를 부각시키고 그의 장점은 무시하는 경향을 보였다.

때로는 원래 별 의미가 없는 명칭이 엉뚱한 의미를 획득하기도 한다. 세계지도를 보면 북반구는 관습상 남반구 위에 위치하지만, 사실 남북의 기본 방위를 위아래의 수직 방향과 동일시할 본질적인 이유는 존재하지 않는다. 고대 그리스의 천문학자 프톨레마이오스는 지도에서 북쪽이 남쪽 위에 놓여야 한다고 결정했는데,[8] 그것은 아마도 당시에 사람들에게 알려진 세계가 북반구에 몰려 있었기 때문일 것이다. 이렇게 해서 문명화되었고 지도에도 표시된 지구의 반쪽은 아직 발견되지 않았고 열등한 다른 반쪽 위에 자연스럽게 놓이게 되었다. 그리고 시간이 흐르면서 사람들은 이 두 가지 방향체계를 하나로 합쳐서 북반구는 중앙 기준선 위에 있고 남반구는 기준선 아래에 있는 것처럼 지각하게 되었다. 어찌 보면 이런 연상은 하찮은 것일지도 모르지만, 실제로 이것은 상업적으로도 적지 않은 영향을 미친다.

한 실험에서 사람들은 화물선이 북쪽에서 남쪽으로 항해할 때보다 남쪽에서 북쪽으로 항해할 때 235달러의 비용이 더 들 것이라고 추측했다. 그 까닭은 북쪽으로 '올라가려면' 더 많은 노력과 더 많은 휘발유가 들 것처럼 보였기 때문이다. 또한 두 번째 실험에서 사람들은 시내에서 북쪽으로 5마일 떨어진 상점으로 차를 몰고 가기보다 시내에서 남쪽으로 5마일 떨어진 사실상 똑같은 상점으로 가는 것을 더 선호했는데, 이 경우에도 그 이유는 북쪽으로 가는 것이 남쪽으로 가는 것보다 더 힘들어 보였기 때문이다. 그런가 하면 세 번째 실험에서 사람들은 도시의 남쪽 교외보다 북쪽 교외에 사는 것을 더 선호했는데, 아마도 그 까닭은 더 '높은' 곳에 위치한 북쪽이 남쪽보다 우월하게 느껴졌

기 때문일 것이다.[9]

이론적으로 보자면 이런 연상은 수시로 변할 수 있는 것이다. 만약 프톨레마이오스가 그의 고향인 그리스를 포함해 북반구의 지역들을 지도 아래쪽에 표시했다면, 오늘날 사람들은 힘들여 남쪽으로 '올라가기'보다 북쪽으로 '내려가기'를 더 선호하게 되지 않았을까? 1979년에 오스트레일리아의 젊은 청년 스튜어트 맥아더Stuart McArthur는 현재 대세를 이루는 메르카토르Mercator 지도투영법에 대해 '맥아더의 보편 수정판McArthur's Universal Corrective'이라는 대안을 제시한 적이 있다. 이 맥아더의 지도에서는 오스트레일리아가 세계의 다른 대륙들보다 위에 그리고 남쪽에 당당하게 자리를 차지하고 있는데, 이것은 아래의 그림과 매우 비슷한 것이었다.

비록 맥아더의 지도가 북쪽을 남쪽 위에 위치시키는 표준적인 투영법을 대체하지는 못했지만, 만약 아이들이 맥아더 체계 아래에서 성장했다면 남쪽으로 힘들여 올라가기보다 북쪽으로 쉽게 내려가기를

더 좋아했을 것이라는 의구심은 그대로 남아 있다.

약 150년 전에, 그러니까 지구의 북반구를 남반구 위에 올려놓기로 한 프톨레마이오스의 결정이 있고 나서 한참 뒤에, 레밍턴Remington 사에서는 신형 타자기에 대한 권리를 사들였는데, 이 타자기는 글자를 알파벳순으로 A에서 시작해 Z로 끝나도록 수평의 세 줄로 배열하는 대신 글자 Q-W-E-R-T-Y로 시작하는 새로운 배열을 갖추고 있었다. 이 이른바 '쿼티QWERTY' 자판은 오늘날 전 세계적으로 가장 지배적인 자판 배열이다. 쿼티 배열은 자주 사용하면서도 자판을 빨리 두들기다 보면 서로 얽히는 경향이 있는 글자들이 서로 떨어져 있도록 설계되었다.

이 표준 자판이 도입되면서 생긴 한 가지 우연한 결과는 수백만 명의 컴퓨터 사용자들이 특정 단어들을 왼손으로만 또는 오른손으로만 치게 되었다는 점이다. 예컨대 '아브라카다브라abracadabra(주문)', '리퍼러referrer(언급하는 사람)', '스튜어디시즈stewardesses(스튜어디스들)' 같은 단어들은 왼손으로만 치는 반면에, '롤리팝lollipop(막대 사탕)', '루니loony(미친)', '몽크monk(수도사)' 같은 단어들은 오른손으로만 친다(그림

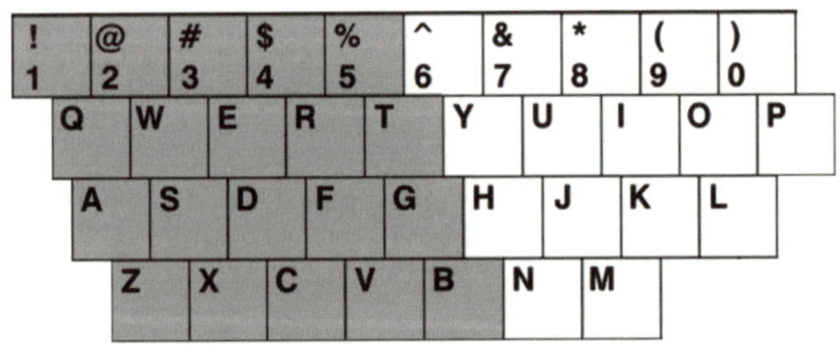

에서 왼손으로 치는 키들은 회색으로 표시되어 있고, 오른손으로 치는 키들은 흰색으로 표시되어 있다). 물론 좌우 양쪽에 공평하게 걸쳐 있는 단어들도 있으며, 단어마다 오른손으로 치는 글자 수에서 왼손으로 치는 글자 수를 뺌으로써 각 단어의 오른손 우세도를 양적으로 계산할 수도 있다.

그런데 사람들은 자신이 잘 쓰는 손으로 타이핑하기를 선호하며 대다수 사람들은 오른손잡이이기 때문에, 실제로 많은 사람들은 오른손 우세도가 높은 개념들을 좋아하는 경향이 있다. 다시 말해 영어권 사람들에게 이런저런 단어들을 (심지어 '플링크plink'나 '사프sarf' 같은 무의미한 단어들을) 얼마나 좋아하냐고 물어보면, 사람들은 왼손으로 치는 글자들보다 오른손으로 치는 글자들이 더 많이 포함된 단어들을 좋아하는 경향이 있다. 특히 이런 현상은 (온라인게임에서 신출내기newbie를 뜻하는 용어인) '누브n00b(신출내기)', '야키yucky(구역질 나는)', (전략게임 '심즈Sims 2'에서 성교를 뜻하는 용어인) '우후woohoo(야호)' 같이 쿼티 자판이 도입된 뒤에 생겨난 단어들의 경우 더욱 두드러지게 나타난다.

이런 글자조합들을 타이핑하다 보면 오른손으로 타이핑하는 즐거움 또는 왼손으로 타이핑하는 어려움의 경험에 대한 연상 작용이 쉽게 강화되기 때문에, 이런 단어들에서 쿼티 효과가 강하게 나타나는 것은 놀라운 일이 아니다. 프톨레마이오스의 결정 이후로 북쪽으로 향하는 것이 위쪽으로 움직이는 것과 결합된 것처럼 쿼티 자판을 채택한 레밍턴의 결정 이후로 '워트wart(사마귀)' 같은 단어들은 왼손으로 타이핑하는 기분 나쁜 단어가 되었고 '펑크punk(시시한)' 같은 단어들은 오른손으로 타이핑하는 기분 좋은 단어가 되었다.[10]

이런 연구들은 그저 한가한 호기심이나 채우려고 수행된 것들이 아니다. 왜냐하면 이것들은 사람들의 마음이 인종차별과 편견에 의해 어떻게 오염될 수 있는지, 그리고 자라나는 아이들의 마음속에 이런 것들이 뿌리내리지 않게 하려면 어떻게 해야 하는지에 대해 유용한 정보를 제공하기 때문이다. 북쪽이 남쪽 위에 위치한 지도를 수백 번도 넘게 보아온 사람들은 북쪽이 필연적으로 남쪽 위에 있다는 관념을 떨쳐버리기가 무척 어렵다. 마찬가지로 인종을 성격 특성과 결부시키기를 무수하게 반복하는 세계에서 살아온 사람들은 이런 인종적 명칭이 성격 특성과 필연적으로 결부되어 있다는 생각을 떨쳐버리기 어렵다. 그러나 아이들에게는 이런 바람직하지 않은 인종적 연상 작용이 아직 확고한 진리로까지 굳어지진 않았으며 또 다른 기회와 가능성이 남아 있다.

시민의 평등권을 둘러싼 투쟁이 한창이던 시절에 아이들이 새로운 명칭들을 얼마나 쉽게 받아들이는지 여실히 보여준 사례가 있었다. 1968년 4월 4일에 마틴 루터 킹 목사가 살해되었다. 그다음 날 수천 명의 미국 아이들은 온갖 잘못된 정보와 혼동 속에서 등교를 했다. 아이오와 주의 라이스빌에서 스티븐 암스트롱Stephen Armstrong이라는 학생은 제인 엘리엇Jane Elliott 선생님의 3학년 교실에 제일 먼저 도착했다. 잠시 후 교실이 학생들로 가득 찼을 때 암스트롱은 선생님에게 "왜 그들은 '그 왕that king'을 총으로 쏘았나요?"라고 물었다. 이에 대해 엘리엇은 '그 왕'이 사실은 깜둥이들Negroes에 대한 인종차별에 대항했던 킹

King이라는 사람이라고 설명했다. 이에 대해 모두 백인이었던 학생들은 당연히 잘 이해하지 못하겠다는 반응을 보였다. 그래서 엘리엇은 학생들에게 인종차별을 직접 체험하면 어떤 느낌이 드는지 알아보는 실습을 해보면 어떻겠냐고 제안했다. 학생들은 신이 나서 이에 동의했고, 이렇게 해서 엘리엇은 실습교육을 실시했다. 그리고 이 교육은 나중에 그녀를 미국에서 반反인종차별 교육의 어머니로까지 불리게 만들었다.

처음에 엘리엇은 학생들 앞에서 파란 눈을 가진 아이들이 갈색 눈을 가진 아이들보다 더 뛰어나다는 주장을 펼쳤다. 그러자 학생들은 선생님의 주장에 반발하며 술렁이기 시작했다. 갈색 눈을 가진 대다수 아이들은 자신들이 열등할지도 모른다는 불안감에 휩싸였다. 그리고 파란 눈을 가진 소수 학생들은 이제 가장 친한 친구들이 자신을 외면할지 모른다는 위기감을 느꼈다. 엘리엇은 학생들의 반발에 대해 반박하면서 갈색 눈을 가진 아이들에겐 멜라닌이라는 검은 색소가 너무 많은데 이 물질 때문에 눈이 어두워지고 지능이 떨어지게 되는 것이라고 설명했다. 엘리엇은 갈색 눈을 가진 아이들에게 '갈색이들brownies'이라는 명칭을 갖다 붙이면서, 갈색이들은 멜라닌 때문에 매사에 서툴고 게으르다고 말했다.

엘리엇은 갈색이들을 쉽게 구별할 수 있도록 그들에게 종이 완장을 두르라고 말했는데, 이것은 유대인 대학살 시절에 유대인들이 가슴에 달고 다녀야 했던 노란 별을 상기시키기 위한 조치였다. 나아가 엘리엇은 차별을 더욱 강화하기 위해 갈색 눈을 가진 아이들이 식수대의 물을 직접 마시는 것을 금지시켰다. 식수대의 물을 직접 마시면 파란 눈을 가진 아이들이 오염될 수도 있으므로 갈색이들은 반드시 종이컵을 사용해 물을 마셔야 했다. 또한 엘리엇은 파란 눈을 가진 아이들을 칭찬하면서 그들에게 점심시간을 더 오래 허락하는 식의 특권을 주었다. 반면에 갈색 눈을 가진 아이들에겐 이런저런 흠을 지적하면서 점심시간도 빨리 끝내도록 했다. 이렇게 하루가 지나자 파란 눈을 가진 아이들은 반 친구들에게 무례하고 심술궂게 행동하게 된 반면에, 갈색 눈을 가진 아이들은 평소 매우 사교적이던 아이들까지 모두 눈에 띄게 위축되고 조심스런 태도를 보였다. 또 갈색 눈을 가진 아이들 중에서 평소에 똑똑했던 아이들도 숙제를 하느라 쩔쩔매기 시작했으며, 파란 눈을 가진 아이들 중에서 평소에 굼뜨던 아이들이 뻔뻔스럽게도 갈색이들 때문에 수업 진도가 안 나간다고 불평을 늘어놓기까지 했다. 엘리엇은 학생들 앞에서 눈의 색깔이 누구에게는 성공을 약속하는 명칭이고 다른 누구에게는 부끄러움의 표시라고 말했다.

그날 금요일 오후 수업이 모두 끝나자 아이들은 집으로 돌아갔다. 그리고 다음 주 월요일이 되어 아이들이 다시 학교에 나오자 엘리엇은 명칭들을 모두 뒤집어버렸다. 그는 아이들에게 말하길 갈색 눈을 가진 학생들이 파란 눈을 가진 학생들보다 실제로는 더 뛰어나다고 했다. 그러면서 '파란이들blueys'에게 수치스러운 완장을 채웠다. 학생들은 이 새로운 역할도 받아들였지만, 지난 금요일만큼 열광적이지는 않았다. 갈색 눈을 가진 아이들은 이전에 억압을 받았지만 이제 우월한 지위에 있으면서도 파란 눈을 가진 아이들에게 그렇게 가혹하게 굴지 않았다.

아마도 그 이유는 그들이 부정적 명칭의 해악을 몸소 체험했기 때문인 듯했다. 그날 오후에 엘리엇이 실습 종료를 선언하자 파란 눈을 가진 아이들은 완장을 떼어내었고 그동안 눈 색깔로 나뉘었던 양쪽 학생들은 서로를 얼싸안으며 위로의 말을 주고받았다.

엘리엇의 이 실습교육에 대한 이야기는 교실 밖으로 빠르게 전파되었고, 몇 주 후에 그는 〈투나잇 쇼The Tonight Show〉의 사회자 자니 카슨Johnny Carson과 인터뷰를 했다. 비록 이 인터뷰는 몇 분밖에 되지 않았지만, 이것의 효과는 오늘날까지 이어지고 있다. 전국의 분노한 백인 시청자들은 엘리엇을 웃음거리로 만들었으며 오늘날까지도 그녀는 태어난 곳이자 오랜 세월을 살아온 아이오와 주의 라이스빌에서 주민들로부터 따돌림을 받고 있다. 한 성난 백인 시청자는 백인 아이들로 하여금 흑인 아이들이 매일 겪는 인종차별을 경험하게 한 것은 큰 잘못이라고 엘리엇을 비난했다. 어차피 흑인 아이들은 이런 경험에 익숙하지만 백인 아이들은 이런 면에서 연약하기 때문에 실습이 끝난 뒤 오랫동안 마음의 상처가 남을 것이라고 이 시청자는 주장했다. 이에 대해 엘리엇은 백인 아이들이 이런 대우를 딱 하루 동안 받은 것에 대해서는 그렇게 걱정하면서 흑인 아이들이 똑같은 대우를 평생 동안 받는 것에 대해서는 눈을 감는 이유가 무엇이냐고 날카롭게 반박했다.

그로부터 몇 년이 지난 오늘날 엘리엇의 교육방법은 수백 개의 교실에서 사용되고 있으며, 심지어 작업장의 반反차별 훈련코스를 통해 성인들에게도 비슷한 깨달음의 기회를 제공하고 있다. 엘리엇의 교육방법이 지닌 장점과 단점이 무엇이든 상관없이, 이 사례는 다른 사람을 대하는 우리의 태도가 명칭을 통해 얼마나 큰 영향을 받을 수 있는지 보여준다. 그리고 임의로 갖다 붙인 명칭을 통해서도 평소 똑똑하던 사람이 무기력한 사람으로 바뀔 수도 있다는 사실을 잘 보여준다.[11]

'우등생'이라는 명칭이 우등생을 만든다

제인 엘리엇의 학교 실습이 있기 4년 전인 1964년 봄에 두 명의 심리학자는 샌프란시스코의 한 학교에서 주목할 만한 실험연구를 시작했다. 이 연구를 고안한 로버트 로젠탈Robert Rosenthal과 레노 제이콥슨 Lenore Jacobson은 학업적 성취를 이루려면 지능과 10여 년에 걸친 학교 교육 이상의 것이 필요하다는 사실을 증명하고자 했다. 이 연구는 샌프란시스코 남부의 이른바 '오크 학교Oak School'에 다니던 아이들을 대상으로 한 것인데, 이 학교의 이름은 반세기가 지난 오늘날에도 여전히 매력적인 이 연구의 피험자들을 호기심 많은 대중의 눈으로부터 보호하기 위해 가명으로 지어진 것이다. 로젠탈과 제이콥슨은 이 실험의 자세한 내용을 학교 교사들과 학생들과 부모들에게 알려주지 않았다. 그 대신에 그들은 어떤 학생들이 내년에 더 좋은 성적을 거둘지를 알아보기 위한 실험이라고 말했으며, 이런 학생들에게 '학업적으로 만개할 학생academic bloomer'[12]이라는 명칭을 갖다 붙였다. 그러나 실제로 이것은 학년마다 상이한 방식으로 지능지수IQ를 측정하는 실험이었으며 학업적 만개와는 아무 상관이 없었다. 모든 지능지수 검사가 그렇듯이 이 실험에서도 몇몇 학생들은 매우 높은 점수를 받았으며 몇몇은 매우 낮은 점수를 받았고, 많은 학생들은 해당 연령집단의 학생들에게 보통 기대되는 정도의 점수를 받았다.

이 실험의 다음 단계는 한편으로 재치가 번득이면서도 다른 한편으로는 논쟁의 여지가 있는 것이었다. 로젠탈과 제이콥슨은 학생들의 검사 점수를 기록한 뒤에 임의로 선정된 일부 학생들에게 '학업적으로 만개할 학생'이라는 명칭을 부여했다. 이 학생들의 점수는 다른 학생들의 점수와 다르지 않았으며 실제로 양쪽 집단의 평균 지능지수 점수는 똑같았다. 그러나 연구자들은 학교 교사들에게 이 학생들이 내년에 지적 능력이 급속히 발달하는 시기를 거치게 될 것이라고 이야기했다. 그 뒤 여름이 되어 학생들과 교사들은 석 달 동안의 방학을 맞게 되었다.

1964년 가을이 되어 신학기가 시작되자 교사들은 교실에서 많은 낯선 학생들을 상대해야 했다. 그러나 교사들은 그 학생들이 석 달 전에 '학업적으로 만개할 학생'으로 뽑혔는지 아닌지에 대해 잘 알고 있었다. 그들은 임의로 선정되었으므로 1964년에서 1965년에 걸친 한 학년 동안 그들의 성적이 다른 학생들의 성적과 비교해 달라질 이유는 없었다. 학생들이 그렇게 1년을 보내고 한 학년이 끝나길 무렵에 로젠탈과 제이콥슨은 지능지수 검사를 또 한 번 실시하여 학생들의 점수가 작년과 다른지를 살펴보았는데, 그 결과는 놀라운 것이었다.

1학년과 2학년 중에서 '학업적으로 만개할 학생'이라는 명칭을 부여받은 학생들은 그렇지 않은 학생들보다 10∼15점이나 높은 지능지

수 점수를 받았다. '학업적으로 만개할 학생'의 80퍼센트가 10점 이상의 향상을 보인 반면에, 나머지 학생들 중에서 10점 이상의 향상을 보인 학생들은 그 집단의 절반밖에 되지 않았다. 결국 로젠탈과 제이콥슨의 개입은 임의로 선택된 학생들로 하여금 이런 행운을 누리지 못한 나머지 친구들보다 더 큰 지적 능력의 향상을 경험하도록 한 것이었다. 그리고 놀랍게도 그들의 개입이란 임의로 선택된 학생들에게 '학업적으로 만개할 학생'이라는 명칭을 부여했고 나머지 대다수의 학업적 전망에 대해서는 아무 말도 하지 않은 것이 전부였다.

사람들은 이 실험의 결과에 대해 놀라움을 금치 못하면서 어떻게 단순히 명칭을 갖다 붙인 것이 1년 후에 지능지수 점수의 향상을 가져왔는지 궁금해했다. 프린스턴대학의 학생들이 부유한 환경 속의 한나를 더 똑똑하게 지각한 것처럼, 오크 학교의 교사들은 자기도 모르게 '학업적으로 만개할 학생'들의 장점을 부각시키고 단점은 간과하는 반응을 보였을 것이다. '학업적으로 만개할 학생'을 대하는 이 학교의 교사들은 그들의 성적이 좋아지는 것을 지각하도록 예비되어 있었다. 이런 학생들이 질문에 제대로 답할 때마다 그 답변은 학업 성취를 시사하는 조기 신호로 보였다. 그리고 이런 학생들이 질문에 잘못 답변할 때마다 그런 실수는 예외로 간주되었으며 아직 만개하는 과정 중에 있기 때문이라는 식으로 뭉개졌다. 이렇게 1년 내내 교사들은 '학업적으로 만개할 학생'들의 성공을 칭찬해주었고 실수는 관대히 봐주면서 그들이 명칭에 걸맞게 크도록 많은 시간과 노력을 기울인 셈이었다.

명칭은 어른들이 세계를 보는 방식에도 영향을 미친다. 그리고 짙은 파랑과 옅은 파랑에 대해 서로 다른 명칭을 사용하는 러시아 학생들이 이 두 가지 색을 더 쉽게 구별한 것처럼 상이한 언어를 사용하는 사람들은 세계를 매우 다르게 바라보는 경향이 있다. 세계 각지의 사람들이 즐겨 사용하는 관용어를 살펴보아도 이 점은 분명하게 드러난다. 예컨대 영어권 사람들은 누구를 비웃을 때 '실패자loser' 또는 '가망 없는 인간no-hoper' 같은 표현을 사용한다. 반면에 독일 사람들은 형편없는 집단을 가리켜 '구르켄트루페Gurkentruppe'라는 더 현란한 표현을 사용하는데, 이것은 문자 그대로 번역하자면 '오이들의 군대'라는 뜻이다. 또 독일어로 거북이는 '쉴트크뢰테Schildkröte'인데, 이는 '방패를 쓴 두꺼비'라는 뜻이다. 이렇게 생생한 명칭들은 구체적인 심상을 불러일으키기 때문에 그만큼 강력한 힘을 발휘한다. 반면 이에 해당하는 영어 단어들은 추상적인 심상을 불러일으키는 덜 강력한 표현들이라 하겠다.

그런가 하면 한 언어에는 존재하지만 다른 언어에는 비슷한 것이 존재하지 않는 단어들도 있다. 예컨대 남미 티에라 델 푸에고Tierra del Fuego 제도에서 사용하는 토착 언어 중 하나인 야간Yagan에서 '마미흘라피나타페이mamihlapinatapei'란 "뭔가를 하려 하지만 어느 누구도 선뜻 나서지 못하고 있는 두 사람이 주고받는 무언의 의미심장한 시선"을 의미한다. 이것은 첫 키스의 낭만은 기억해도 첫 키스 직전의 순간을 따로 기억하지는 않는 영어권 사람들에겐 매우 낯선 개념이다. 그런가 하면 영어에서는 무생물에게 성별의 구별이 있는 명칭을 갖다 붙이지 않지만, 다른 많은 언어에서는 남성 물체와 여성 물체를 구별한다. 예컨대 다리(교량)는 스페인어로 남성이고 독일어로는 여성인데, 한 실험에서 스페인어권 사람들은 다리를 크고 위험하며 강하고 억센 것으로 묘사한 반면에 독일어권 사람들은 다리를 아름답고 우아하며 예쁘고 부서지기 쉬운 것으로 묘사했다. 이렇게 명칭은 단순히 어떤 것을 대신해서 그 자리를 차지하고 있는 것이 아니라 우리의 사고에 깃들어 있는 심상들을 정교하게 다듬는 역할을 한다.

현실은 언어에 따라 상이하게 채색되기 때문에[13] 인류학자들이 독특한 언어나 방언을 지닌 소수 종족을 만날 때 위대한 언어학적 통찰이 생기곤 한다. 1970년대 초엽 인류학자 존 해비랜드John Haviland는 오스트레일리아 북동부의 퀸즐랜드 북쪽 끝에 사는 구구 이미티르Guugu Yimithirr족이 사용하는 언어에서 유별난 특징을 발견했다.[14] 이 언어에는 '왼쪽', '오른쪽', '앞', '뒤' 같은 방향을 가리키는 단어가 없었다. 대신에 구구 이미티르족은 '궁가gungga(북쪽)', '지바jiba(남쪽)', '나가naga(동쪽)', '구와guwa(서쪽)' 같은 기본 방위를 이용해 소통을 했다.

언뜻 보기엔 이것이 큰 차이가 아닌 것처럼 보일지 모른다. 그러나 이는 생각보다 단순한 문제가 아니다. 우리가 위치와 방향을 가리키기 위해 흔히 쓰는 방향 관련 용어들은 자기중심적인egocentric 것이다. 다시 말해 이런 용어들이 의미 있게 사용되려면 말 속에서 언급된 사람이 어디에 서 있는지, 그리고 그 사람이 어느 쪽을 바라보고 있는지를 알아야만 한다. 왜냐하면 그 사람이 돌아서는 순간 지금까지 그의 앞에 있던 물건은 이제 그의 뒤에 있게 되기 때문이다. 그러나 특정인의 위치가 아니라 태양의 위치와 관련이 있는 기본 방위의 경우에는 그렇지 않다. 하지만 기본 방위에 매우 익숙한 구구 이미티르족은 영어권 사람들이 자기 앞이나 뒤에 있는 물체를 쉽게 찾을 수 있는 것처럼 어떤 물체가 북쪽에 있는지 아니면 남쪽에 있는지를 재빨리 알아챈다.

언어학자 스티븐 레빈슨Stephen Levinson은 1980년대에 구구 이미티르족을 방문하여 그곳 사람들의 소통방식을 기술했는데, 이것은 그들이 물리적 공간에 대해 얼마나 특이하게 생각하는지를 잘 보여준다. 예컨대 그곳의 한 시인은 레빈슨에게 그의 발 '바로 북쪽'에 있는 커다란 개미를 조심하라고 말했다. 그런가 하면 레빈슨이 한 노인에게 사진을 보여주면서 그 사진에 대해 설명해보라고 하자, 노인은 대답하길 사진에 두 소녀가 있는데, 한 명은 동쪽을 향해 있고 다른 한 명은 남쪽을

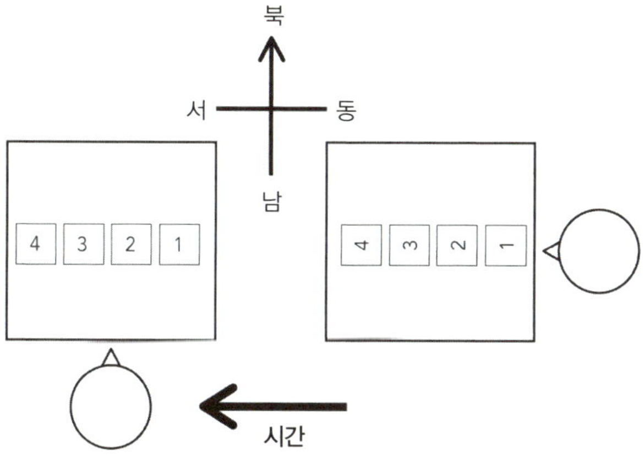

한 폼푸라우 원주민이 북쪽 또는 서쪽을 향해 있으면서 카드를 배열하는 모습을 위에서 내려다본 그림. 폼푸라우 원주민들의 언어에 따르면 시간은 동쪽에서 서쪽으로 흐른다.

향해 있다고 말했다. 만약 그 노인이 사진을 손에 든 채 180도 몸을 돌렸다면 당연히 그는 두 소녀가 각각 서쪽과 북쪽을 향해 있다고 말했을 것이다.

그런가 하면 퀸즐랜드 북쪽 끝에 있는 케이프요크Cape York 반도의 반대편에 사는 폼푸라우Pormpuraaw 원주민들은 시간을 기술할 때 구구 이미티르족과 비슷한 언어를 사용한다. 그들은 시간이 왼쪽에서 오른쪽 또는 오른쪽에서 왼쪽으로 흐른다고 상상하는 대신 시간이 태양처럼 동쪽에서 서쪽으로 흐른다고 말한다. 그래서 만약 폼푸라우 원주민이 북쪽을 향해 서 있다면 시간은 오른쪽에서 왼쪽으로 흐르는 셈이고, 그가 남쪽을 향해 있다면 시간은 왼쪽에서 오른쪽으로 흐르는 셈이다.

한 실험에서는 폼푸라우 원주민들에게 어린이부터 어른까지 다양한 연령의 남자가 한 명씩 그려져 있는 카드들을 보여주면서 이것들을 가지런히 배열해보라고 했다. 그러자 이 실험에 참여한 사람들은 예상대로 카드를 나이가 어린순부터 동쪽에서 서쪽으로 가지런히 배열했다. 이때 북쪽을 향해 있던 사람들은 (앞의 그림의 왼쪽 경우처럼) 카드를 오른쪽에서 왼쪽으로 배열했다. 실험 중간에 이 장면을 촬영하던 촬영기사가 다른 각도에서 장면을 촬영했으면 좋겠다고 말하자, 사람들은 (앞의 그림의 오른쪽 경우처럼) 90도 몸을 돌렸다.

영어권 사람들이라면 자신이 어느 쪽을 향해 있든 상관없이 자신의 왼쪽에서 오른쪽으로 카드를 배열했을 것이다. 그러나 폼푸라우 원주민들은 시간이 동쪽에서 서쪽으로 흐른다고 생각하기 때문에 이번에는 카드를 자신의 아래에서 위로 배열했다. 이렇게 구구 이미티르족과 폼푸라우족은 자신들이 사용하는 언어적 명칭에 따라 물리적 공간과 시간을 다르게 지각했다.

없는 것을
보게 하는 명칭

언어적 명칭은 우리가 시간과 공간을 지각하는 방식에 영향을 미칠 수 있을 뿐만 아니라 실제로 있지도 않은 장면이 있는 것처럼 보이게 만들 수도 있다. 1970년대 초반 엘리자베스 로프터스Elizabeth Loftus라는 연구자는 목격자의 기억이 명칭에 의해 어떻게 왜곡될 수 있는가라는 물음에 관심을 가졌다.[15] 그는 예컨대 자동차 사고 장면을 담은 동영상을 본 사람들이 그 장면을 정확히 기억해내는지 아니면 그 장면의 기술방식에 따라 기억이 달라지는지를 살펴보았다.

지금은 고전이 된 한 실험에서 사람들은 시애틀 경찰서에서 제작한 교통안전 비디오를 통해 여러 가지 자동차 사고 장면들을 시청했다. 이 장면들을 시청한 뒤 사람들은 자동차가 사고 직전에 얼마나 빨리 달리고 있었는지를 추정해야 했다. 사람들은 모두 똑같은 비디오를 보았지만, 그들이 작성한 질문지에는 다섯 가지 상이한 용어를 사용해 자동차의 움직임이 묘사되어 있었다. 한 질문지에는 자동차들이 서로 '부딪쳤을hit' 때 얼마나 빨리 달리고 있었는지를 추정해보라고 쓰여 있었다. 그리고 다른 질문지에는 각각 자동차들이 서로 '박살났을

smashed' 때, 또는 '충돌했을collided' 때, 또는 '쿵하고 부딪쳤을bumped' 때, 또는 '접촉했을contacted' 때 얼마나 빨리 달리고 있었는지를 추정해 보라고 쓰여 있었다. 그러자 사람들이 목격한 사고 장면은 모두 똑같았으나 그 장면에 대한 추정치는 매우 달랐다.

목격자들은 자동차 사고가 극적으로 묘사될수록 차들이 더 빨리 달리고 있었다고 추정했다. 다시 말해 사람들의 기억 속에서 '박살난' 차는 그저 '접촉한' 차나 '부딪친' 차보다 더 빨리 달리고 있었던 것으로 재구성된 것이다. 그런가 하면 또 다른 실험에서는 언어적 명칭을 통해 전혀 사실이 아닌 기억이 날조되기까지 한다는 충격적인 사실이 증명되었다. 이 실험에서 대학생들은 두 대의 차가 충돌하는 비디오를 보았다. 이때 몇몇 대학생들은 차들이 박살났다는 이야기를 들었고 다

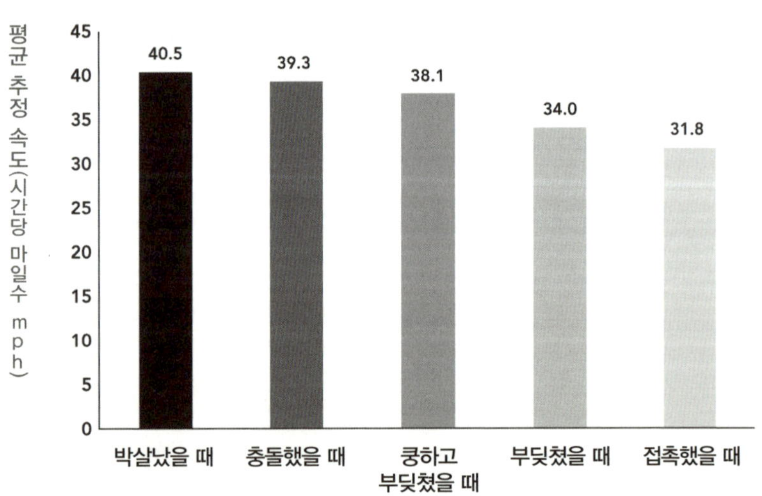

른 대학생들은 차들이 서로 부딪쳤다는 이야기를 들었다.

그로부터 일주일 뒤 학생들에게 이 사고로 자동차 유리창이 깨지는 것을 보았는지 기억해보라고 했다. 그러자 자동차들이 서로 부딪쳤다는 이야기를 들은 대다수 학생들은 사고로 유리창이 깨지는 것을 보지 못했다고 옳게 기억했으며, 14퍼센트만이 깨진 유리창을 보았다고 잘못 기억했다. 반면에 자동차들이 박살났다는 이야기를 들은 학생들 가운데 거의 3분의 1이 깨진 유리창을 보았다고 잘못 기억했다. 이 학생들의 경우에는 '박살'이라는 자극적인 명칭 때문에 사고로 유리창이 사방에 흩뜨려졌다는 잘못된 기억이 만들어진 셈이다. 이런 충격적인 결과는 어떤 범죄나 사고를 직접 목격한 사람들도 그 사건이 어떻게 기술되는가에 따라 잘못된 또는 과장된 기억을 만들어낼 수 있음을 시사한다. 결국 원고든 피고든 상대편 변호사가 묘사하는 것을 태평스럽게 그냥 받아들이는 것은 어리석은 일일지 모른다. 왜냐하면 분노한 원고가 '때려 부쉈다'라고 말하는 것은 방어해야 할 피고의 입장에서는 '슬쩍 밀었다'가 될 수도 있기 때문이다.

로프터스가 과거 사건에 대한 기억이 명칭을 통해 어떻게 달라질 수 있는지를 연구한 반면에, 사회심리학자들은 사람들이 실시간으로 주고받는 상호작용이 명칭의 영향을 받는지에 대해 연구하기 시작했다. 1970년대에 많은 사회심리학자들이 관심을 가졌던 물음은 장애인들이 사회적 상호작용을 왜 그렇게 어렵게 느끼는가 하는 것이었다. 장애인을 상대하는 대다수 사람들은 잔인하게 상대를 깔보는 식으로 행동하지 않지만, 뚜렷한 장애를 지닌 사람들은 낯선 사람을 대하는 자신의 행동이 상대에게 볼품없고 불쾌하게 비춰질 것이라고 믿는 경향이 있다. 이런 상황에서 선의의 정상인들은 '정상적으로' 행동하기 위해 너무 많은 애를 쓰는 나머지 쉬운 대화조차 제대로 이어갈 여력이 없다. 반면 장애인들은 상대의 얼굴 표정, 고개 방향, 눈 깜박임 같은 미묘한 반응에서 자신의 우려를 확증시켜주는, 다시 말해 상대가 자신을 장애인으로 대하고 있다는 미세한 단서들을 예리하게 찾아내곤 한다. 이렇게 서로 얽혀 있는 설명체계를 분석해내려면 평범한 방법만 사용해서는 안 된다. 우리는 어색하게 이어지는 상호작용의 근본 원인을 어떻게 알 수 있을까? 이에 대해 두 사회심리학자는 재치 있는 방법을 통해 '장애'라는 명칭과 치욕스러운 상처 자국이 이렇게 어색한 상호작용을 야기한다는 사실을 보여주었다.

이 연구자들은 1970년대 말 다트머스대학에서 연구를 진행했다. 이 연구에 참여하겠다고 서명한 다트머스대학의 학생들은 작은 방으로 들어가 다른 사람을 만나게 될 것이라는 이야기를 들었다. 방에 들어가기 전 몇몇 학생들은 한 분장사가 학생들의 얼굴에 흉터를 그릴 것이라는 이야기를 들었다. 분장사는 학생들의 얼굴에 가짜 흉터를 그린 뒤 그 모습을 거울로 보여주었고, 학생들은 새롭게 분장한 자신의 얼굴을 잠깐 바라보았다. 이렇게 얼굴에 뚜렷한 흉터가 있는 사람을 만나면 학생들이 어떻게 반응할지를 예상하기란 쉽지 않았다. 학생들이 거울로 분장한 자신의 얼굴을 본 다음 분장사는 흉터가 그대로 유지되도록 학생들의 얼굴에 크림을 발랐다. 그 뒤 학생들은 다른 사람을 만나기 위해 다른 방으로 들어갔다.

이 학생들은 그 방에서 다른 사람과 상호작용을 주고받으면서 불편함을 느꼈으며 자신의 흉터 때문에 상대방의 달갑지 않은 주목을 끌었다고 생각했다. 실제로 그들은 이 흉터에 대한 걱정 때문에 평소 다른 사람을 만났을 때처럼 침착하게 행동하지 못했다. 반면에 흉터 분장을 하지 않은 다른 학생들은 자신이 만날 상대방이 자신을 알레르기 환자로 간주할 것이라는 이야기를 들었다. 그러나 알레르기는 특별히 해로운 명칭이 아니었다. 왜냐하면 이 학생들은 상대방과 상호작용을 주고받는 데 별다른 어려움을 느끼지 않았기 때문이다.

그런데 이 실험에는 약간의 속임수가 포함되어 있었다. 분장사는 흉터가 지워지지 않도록 크림을 바른다고 말했지만 실제로 이 크림은 흉터 분장을 지우는 크림이었다. 그래서 흉터 분장을 했던 학생들이 상대방과 상호작용을 할 때, 그들의 얼굴은 실험을 시작했을 때와 다를 바가 없었다. 그러나 이 경우에는 명칭이 효력을 발휘했다. 왜냐하면 학생들은 상대방이 자기 얼굴의 흉터를 못 볼 리가 없다고 굳게 믿었으며, 그래서 상대방을 대하면서 스스로 부자연스러운 반응을 보였기 때문이다.

이런 반응의 차이는 학생들과 대면한 상대방을 통해서도 확인될 수 있었다. 왜냐하면 그들은 학생들이 자신의 얼굴에 흉터가 있다고 믿는지 아니면 자신이 알레르기 환자로 간주될 것으로 믿는지에 대해 아무런 이야기도 듣지 못했지만, 어느 학생이 흉터가 있다고 믿고 있는지를 별 어려움 없이 알아맞힐 수 있었기 때문이다. 이 연구는 실제로 아무런 신체적 흉터나 오점이 없더라도 다른 사람이 자신에게 그런 꼬리표를 달 것이라고 믿으면 스스로 행동이 어색해질 수 있다는 것을 보여준다. 다시 말해 이런 주관적 불안감만으로도 낯선 사람과 친분을 맺는 일에 방해를 받을 수 있다는 얘기다.[16]

신체적 장애를 지닌 사람들은 이런 꼬리표 때문에 매일같이 시달리고 있다. 그러나 꼬리표 붙이기의 더욱 어두운 역사는 심리적 상처의 영역에서 찾아볼 수 있을 것이다. 정신과 의사들은 때때로 실재하지도 않는 장애를 지각하곤 하는데, 프로이트의 스승인 프랑스 신경과 의사 장 마르탱 샤르코Jean-Martin Charcot는 역사상 둘째가라면 서러울 정도로 꼬리표 붙이기를 좋아한 인물이었다. 그가 애용한 진단 명칭은 히스테리hysteria였는데, 그는 매우 다양한 종류의 장애를 가진 여성 환자들에게 이 용어를 사용했다.

19세기 말에 내과 의사로 활동한 조지 비어드George Beard는 히스테리로 진단된 증상들의 목록을 작성한 바 있는데, 이것은 이 용어가 얼마나 광범위하게 사용되었는지를 잘 보여준다. 그의 목록은 자그마치 75쪽에 달했지만 그는 이것도 완전한 것이 아니라고 말했다. 이 목록에는 기절, 신경질부터 액체 잔류, 복부 팽창에 이르기까지 온갖 증상들이 포함되었다. 한편 샤르코는 다른 의사들과 학생들이 보는 앞에서 '신경증' 여성을 소개하고 그의 여러 증상과 치료방법을 설명하는 극적인 장면을 연출하곤 했다.

그사이 너무 광범위하게 적용된 히스테리라는 명칭은 쓸모없다는 의견이 공감을 얻게 됨에 따라 이제는 별로 쓰이지 않지만 이미 사람들에게 상당한 피해를 끼쳤다. 왜냐하면 이 병을 치료하기 위해 출혈을 동반하는 고통스러운 복부 물마사지와 침입적인 성기 자극이 시행되었기 때문이다. 그리고 이 두 번째 치료술에 대한 의사들의 불만이 고조되자 이것을 '자동화'하기 위한 '휴대용 진동기'가 발명되기도 했다. 그러나 산업화된 여러 나라의 너무 많은 여성들이 히스테리 진단을 받게 됨에 따라 결국 이 명칭은 아무짝에도 쓸모없게 되었다. 그래서 히스테리 환자들은 2류 환자 취급을 받게 되었으며, 실제로 치료가 필요한 여성의 고통까지도 의사들에 의해 무시당하는 일이 벌어졌다.

이 히스테리의 역사는 매우 불행한 것임에 틀림없지만, 사람들은 이것이 현대 의학과는 거리가 먼 옛날이야기며 오늘날에는 정신의학적인 꼬리표 붙이기가 더 이상 그렇게 심각하지 않을 것이라고 생각할지도 모른다. 그러나 사실은 그렇지 않다. 정신의학계의 성전과도 같은 《정신장애 진단 및 통계 편람》은 개정판이 발표될 때마다 새로운 정신의학적 명칭들을 추가해왔다.

요즘 한창 유행 중인 위험한 명칭이 있다. 바로 '경계성 성격장애 borderline personality disorder, BPD'라는 것이다. 100년 전의 히스테리만큼이나 많은 증상들을 포괄하는 이 장애에는 만성불안, 공허감, 강박적 충동, 불안정한 인간관계, 기타 수많은 행동 특성들이 포함된다. 그런데 문제는 이런 증상들이 여러 가지 다른 장애를 진단할 때도 이용된다는 점이며, 나아가 정신과 의사들은 환자들을 너무 성급하게 경계성 성격장애로 진단한다는 비난에 직면해 있다. 게다가 환자들이 이런 진단을 받음으로써 겪게 되는 심리적 상처는 더욱 심각한 것이다. 경계성 성격장애는 치료가 매우 어려운데, 그 까닭은 이 명칭이 포괄하는 증상들이 너무 많고 다양하기 때문이다. 그래서 의사들은 경계성 성격장애로 진단된 환자들을 기피하는 경향까지 보인다. 이 명칭이 유행하기 전이라면 경계성 성격장애라는 명칭의 오명에서 벗어났을 몇몇 환자들은 오늘날 이를 치료하려는 정신과 의사를 찾는 데 큰 어려움을 겪는다.

경계성 성격장애는 잡다한 것들을 포괄하는 유일한 명칭이 아니다. 1970년대 이후로 수천 명의 아이들이 주의력결핍 과잉행동장애attention deficit hyperactivity disorder, ADHD라는 진단을 받고 있는데, 이것도 경계성 성격장애나 히스테리 못지않게 많은 증상들을 거느리고 있다. 정신과 의사들은 한 학년 안에서 나이가 어릴수록 주의력결핍 과잉행동장애로 진단하는 경향이 매우 강한데, 이것은 단순히 아직 덜 성숙한 아이들을 주의력결핍 과잉행동장애로 잘못 진단하는 경우가 종종 생길 수 있음을 시사한다. 이 장애로 진단된 아동들에게는 흔히 리탈린Ritalin이나 아데랄Adderall 같은 약이 처방되곤 하는데, 이것은 심신이 건강하지만 과로에 시달리는 대학생이나 전문 직업인들이 즐겨 복용하는 약이기도 하다. '히스테리', '경계성 성격장애', '주의력결핍 과잉행동장애' 같은 명칭이 존재하는 것만으로도 이런 장애의 진단이 촉진되는 경향이 있다. 이것은 '장애인'이라는 명칭을 떠안고 사는 사람들이 단지 자신이 가시적인 오점을 지니고 있다는 이유로 다른 사람들이 자신을 이상하게 바라보고 부당하게 대우할 것이라고 믿는 것과 다를 바 없다.[17] 이렇게 명칭의 위력은 실로 막강한 것이어서 이것은 우리

의 지각방식뿐만 아니라 실제로 일어나지도 않은 사건에까지 영향을
미친다.

아주 작은 차이가
엄청난 생각을 만든다

1961년의 어느 겨울 날 미국의 저명한 기상학자 에드워드 로렌츠 Edward Lorenz는 자신이 1년 전에 만든 일기예보 모형을 땜질하고 있었다. 그가 기다란 수치들을 입력할 때마다 이 모형은 기상학적 예측을 뱉어냈다. 이 수치들은 거의 100만 분의 1 수준까지 오차를 허용치 않는 매우 정교한 것이었다. 그래서 이것들을 하나하나 입력하느라 점점 피곤이 쌓이기 시작했다. 79.325532, 68.698787, 57.056473….

그날 늦게 이 모형에서 한 가지 흥미로운 결과가 나왔다. 그래서 로렌츠는 주의 깊은 과학자들이 으레 그러하듯이 진도를 더 나가기 전에 그 결과를 되풀이해보기로 마음먹었다. 하루 종일 타이핑을 하느라 지칠 대로 지친 그는 약간의 요령을 피워서 100만 분의 1 수준까지 입력하는 대신에 1,000분의 1 수준까지만 수치를 입력했다. 그러면 정확도는 약간 떨어지겠지만 대수롭지 않아 보였으며 그 대신에 엄청 많은 시간을 절약할 수 있었다. 그래서 그는 예컨대 65.506127을 입력하는 대신에 65.506을 입력했다. 그런 다음 로렌츠는 그의 원시적인 컴퓨터가 이 데이터를 분석하도록 두고 한 시간 뒤에 돌아와 결과를 살펴보았다.

그러나 실망스럽게도 새로 나온 일기예보는 이전 것과 아주 딴판이었다. 그는 느려 터진 컴퓨터의 진공관을 살펴보았으나 특별히 고장난 데를 찾을 수 없었다. 기온을 화씨 87.123432도에서 화씨 87.123도로 바꾼 것은 대단치 않아 보였다. 그러나 이 일기예보 모형은 미래를 힐끗 엿보더니 완전히 다른 기상조건을 내놓았다. 기온 1도의 100만분의 몇이 바뀌었을 뿐인데 쨍쨍한 햇살 대신에 비가 쏟아지는 것처럼 보였다. 몇 년 후에 로렌츠는 어느 강연에서 당시의 깨달음에 대해 이야기했는데, 그것은 '브라질에서 나비 한 마리가 날개를 펄럭이면 텍사스에서 토네이도가 발생한다?Does the Flap of a Butterfly's Wings in Brazil Set Off a Tornado in Texas?'라는 제목이 붙은 유명한 강연이었다. 결국 로렌츠는 작은 게으름과 행운이 겹쳐서 나비효과를 발견한 셈이었다.[1]

나는 무엇보다도 이 책을 통해 우리의 마음이 수없이 많고 작은 나비효과들의 집합적 산물이라는 사실을 보여주고자 했다. 우리의 사고와 느낌과 행동은 아주 복잡한 연쇄반응들의 산물이다. 그리고 이런 연쇄반응들은 이 책에서 설명한 아홉 가지 힘들에 의해 상당 부분 추진된다. 인간의 행동을 예측하기가 쉽지 않은 까닭은 '로렌츠의 나비'가 날

개를 한 번 펄럭일 때마다 우리가 거기에 반응하기 때문이기도 하다. 이와 같은 사례가 보여주듯이 만약 우리가 예전에 조금만 다르게 행동했어도 우리는 오늘날 매우 다른 사람이 되어 있을지 모른다.

제인 데이비스Jane Davis와 존 맥에오차간John MacEochagan이라는 사람이 결혼을 해서 자식을 낳았는데 더 간단한 제인의 성을 따라서 아이의 이름을 짓기로 했다고 상상해보자. 이 두 사람의 아들 팀 데이비스Tim Davis는 그저 그런 변호사가 되었다. 그는 법률회사에서 그럭저럭 승진할 만한 능력을 갖추고 있지만 회사에서 중역이 되기에는 역부족이다. 그런가 하면 또 다른 어느 세계에서 제인과 존이라는 사람이 결혼해 자식을 낳았는데 존의 성을 따라서 자식의 이름을 지어주었다고 하자. 이 두 사람의 아들 팀 맥에오차간Tim MacEochagan은 팀 데이비스와 이름만 다를 뿐 생일도 같다. 그리고 그도 그저 그런 변호사가 되었다. 그러나 우리가 8장에서 본 것처럼 그 이름은 책임 변호사가 되려는 그의 노력에 아주 조금일지라도 방해가 된다. 팀 데이비스가 남들과 함께 묻어갈 때 '성이 긴 그 팀'은 제외된다.

공교롭게도 이 두 명의 팀에게는 모두 도벽이 있었다. 30대 후반이 된 그들은 아내에게 화장품을 선물하기로 마음먹었다. 백화점으로 걸어 들어간 팀 데이비스는 마스카라 한 통과 매니큐어 한 병을 슬쩍 주머니에 넣었다. 그러나 그는 백화점을 나오다 경비원에게 붙잡히고 말았다. 백화점 매니저는 그를 고발하겠다고 난리를 쳤다. 팀의 변호사

경력이 위기를 맞은 순간이었다. 그런가 하면 팀 맥에오차간도 똑같은 물건을 집어 들었다. 그런데 마스카라 통에 인쇄된 속눈썹이 긴 눈이 우연히 그의 눈에 들어왔다. 그 순간 팀은 문득 누군가 자신을 지켜보고 있을지 모른다는 느낌이 들어 두 물건을 다시 제자리에 놓을 수밖에 없었다.

조금 더 나이를 먹은 뒤에 두 팀은 아들을 낳았다. 그들은 아내와 어린 티미Timmy의 손을 잡고 새 아파트를 보러 다녔다. 시끄러운 고속도로에서 아주 멀리 떨어지지 않은 30층 건물의 작지만 현대식인 아파트가 마음에 쏙 들어왔다. 이 고층건물에는 두 개의 빈 집이 있었다. 하나는 3층에 있었고 다른 하나는 30층 꼭대기에 있었다. 팀 데이비스는 꼭대기 층의 전망을 즐기기 위해 매달 200달러를 더 지불하기로 결심했다. 반면 팀 맥에오차간은 3층에 있는 집을 계약했다. 그러나 3층에서 소음은 미칠 지경으로 크게 들렸고, 어린 티미는 부모의 말소리를 잘 알아듣지 못하곤 했다. 그리고 그는 30층에 사는 또 다른 티미보다 약간 더디게 책 읽는 법을 배웠다. 그래서 그의 부모는 1년 더 기다린 뒤에 아이를 학교에 보내기로 마음먹었다. 이 티미는 다른 아이들보다 좀 더 나이가 많았으므로 고등학생이 되었을 때 다른 아이들보다 좀 더 크고 좀 더 성숙했다. 그래서 학교의 미식축구부 코치는 그를 눈여겨보았다. 이 코치의 관심 덕분에 그는 스타 쿼터백 선수인 티미 맥에오차간이 되었다. 반면에 티미 데이비스는 아버지가 그랬던 것처럼 그저 그런 변호사가 되었다.

그리고 이야기는 이렇게 계속되었다. 이것은 그저 꾸며낸 이야기일 뿐이지만 그렇게 터무니없는 이야기는 아니다. 그들의 삶을 다르게 만든 특징들은 (즉 서로 다른 이름, 적절한 때에 감시의 눈을 느낀 것과 느끼지 않은 것, 현명했던 또는 현명하지 못했던 아파트 선택 등은) 그 뒤로 결코 작지 않은 영향을 미쳤다. 그리고 이런 차이들은 우리가 지금까지 보아왔던 아홉 가지 단서의 수준에서부터 시작된다. 즉 우리를 둘러싼 크고 작은 힘들이 이런 차이들을 만들어낸다.

이 책에서 언급한 힘들은 매일 우리에게 영향을 미친다. 직장에서, 놀이터에서, 또는 우리가 혼자 있을 때, 다른 사람들과 상호작용을 주고받을 때, 그리고 우리가 사소한 것부터 인생의 중차대한 것까지 온갖 결정을 내릴 때 우리에게 영향을 미친다. 이런 힘들의 존재를 알게 되면 우리는 필요할 때 그것들을 이용하고 해로울 때 그것들을 피하는 데 좀 더 유리한 위치에 설 수 있다.

예컨대 병실을 예약할 때는 전망을 고려할 것, 도시에서 아파트를 구할 때는 꼭 전망 때문만이 아니라 소음으로부터 좀 더 멀어질 수 있으므로 높은 층에 기꺼이 더 많은 돈을 투자할 것, 또 어떤 결정을 내릴 때는 자신이 차이나타운에 있는지 아니면 리틀 이탈리아^{Little Italy}(미국 웨스트버지니아 주 클레이카운티에 있는 자치구—옮긴이)에 있는지, 지금이 여름철인지 아니면 겨울철인지, 자신이 있는 곳이 파란색 방인지 아니면 빨간색 방인지를 유념할 것 등을 배우고 실생활에서 활용할 수 있을 것이다. 우리가 어디를 가든 '주정뱅이 유치장의 분홍색'과 그 밖의 여러 단서들이 우리 주변을 맴돌 것이다. 그리고 이제 우리는 이 책을 읽었으므로 이런 단서들을 확인하고, 이것들이 우리에게 어떤 영향을 미칠지를 이해하는 데 좀 더 유리한 위치에 설 수 있을 것이다. 그래서 이런 영향력들을 통제하거나 극복할 수 있다면 우리는 더 건강하고 지혜로우며 더 여유롭고 행복한 삶을 살 수 있을 것이다.

들어가며_

1. Schauss, A. G. (1979). Tranquilizing effect of color reduces aggressive behavior and potential violence. *Orthomolecular Psychiatry*, 8, 218–221.

2. 이 일화의 대부분은 2012년 5월 30일 알렉스 샤우스와의 전화 인터뷰에서 얻은 것이다. 또한 Schauss (1979), 위의 책과 Schauss, A. G. (1985). The physiological effect of colour on the suppression of human aggression: Research on Baker-Miller Pink. *International Journal of Biosocial Research*, 2, 55 – 64 그리고 Walker, M. (1991). *The power of color*. New York: Avery 도 참조하라.

3. 샤우스는 학자로서 이 색의 효과에 대한 검증작업을 계속했는데, 그때마다 이 색의 진정 효과를 지지하는 증거를 찾은 것은 아니었다. 오늘날에도 그는 여전히 이 효과에 무언가 특별한 것이 있다고 확신하고 있으며 개인용 베이커 밀러 분홍 색종이들을 판매하는 '샤우스Schauss'라는 회사에 자신의 이름을 빌려주기까지 했다. 이 색의 효과를 일부 또는 전적으로 지지하는 증거를 발견한 문헌들의 일부 목록은 다음과 같다. Pellegrini, R. J., Schauss, A. G., Kerr, T. J., and Ah You, B. K. (1981). Grip strength and exposure to hue differences in visual stimuli: Is postural status a factor? *Bulletin of the Psychonomic Society*, 17, 27 – 28; Pelligrini, R. J., and Schauss, A. G. (1980). Muscle strength as a function of exposure to hue differences in visual stimuli: An experimental test of the kinesoid hypothesis.

Orthomolecular Psychiatry, 9, 148－150; Profusek, P. A., and Rainey, D. W. (1987). Effects of Baker-Miller Pink and red on state anxiety, grip strength, and motor precision. *Perceptual and Motor Skills*, 65, 941－942. 그리고 이 색의 효과를 지지하는 증거를 거의 또는 전혀 발견하지 못한 문헌들의 일부 목록은 다음과 같다. Gilliam, J. E., and Unruh, D. (1988). The effects of Baker-Miller Pink on biological, physical, and cognitive behavior. *Journal of Orthomolecular Medicine*, 3, 202－206; Smith, J. M., Bell, P. A., and Fusco, M. E. (1986). The influence of color and demand characteristics on muscle strength and affective ratings of the environment. *Journal of General Psychology*, 113, 289－297; Dunwoody, L. (1998). Color or brightness effects on grip strength? *Perceptual and Motor Skills*, 87, 275－278; Keller, L. M., and Vautin, R. G. (1998). Effect of viewed color on hand-grip strength. *Perceptual and Motor Skills*, 87, 763－768; Pellegrini, R. J., Schauss, A. G., and Miller, M. E. (1981). Room color and aggression in a criminal detention holding cell: A test of the "tranquilizing pink" hypothesis. *Orthomolecular Psychiatry*, 10, 174－181.

1부 당신을 뒤바꾸는 주변 조건들
1장 / 생각을 만든 색채

1. *Yomiuri Shimbun* (December 11, 2008). Blue streetlights believed to prevent suicides, street crime. *Seattle Times*, http://seattletimes.nwsource.com/html/nationworld/2008494010_bluelight11.html에서 찾아볼 수 있다.

2. Sasseville, A., and Hebert, M. (2010). Using blue-green light at night and blue-blockers during the day to improve adaptation to night work: A pilot study. *Progress in Neuro-Psychopharmacology & Biological Psychiatry*, 34, 1236－1242.

3. Goldstein, K. (1942). Some experimental observations concerning the influence of colors on the function of the organism. *Occupational Therapy and Rehabilitation*, 21, 147－151; Birren, F. (1978). *Color psychology and color therapy*. New York: Citadel.

4. Rubin, H. E., and Katz, E. (1946). Auroratone films for the treatment of psychotic depressions in an army general hospital. *Journal of Clinical Psychology*, 2, 333－340. 한 오로라톤 필름을 단편적으로 복구한 것은 http://www.youtube.com/watch?v=uFXku4MntpY 에서 찾아볼 수 있다.

5. Deutsch, F. (1937). Psycho-physical reactions of the vascular system to influence of light and to impression gained through light. *Folia Clinica Orientalia, Vol.* I, No. 3 −4.

6. Roethlisberger, F. J., and Dickson, W. J. (1939). *Management and the worker*. Cambridge, MA : Harvard University Press.

7. James, W. T., and Domingos, W. R. (1953). The effect of color shock on motor performance and tremor. *Journal of General Psychology*, 48, 187 −193 ; Gerard, R. M. (1958). Color and emotional arousal. *American Psychologist*, 13, 340.

8. Goldstein, K. (1942). Some experimental observations concerning the influence of colors on the function of the organism. *Occupational Therapy and Rehabilitation*, 21, 147 −51 ; Birren, F. (1978). *Color psychology and color therapy*. New York : Citadel.

9. Imada, M. (1926). Color preferences of school children. *Japanese Journal of Psychology*, 1, 1 −21.

10. Madden, T. J., Hewett, K., and Roth, M. S. (2000). Managing images in different cultures : A cross-national study of color meanings and preferences. *Journal of International Marketing*, 8, 90 −107 ; Palmer, S. E., and Schloss, K. B. (2010). An ecological valence theory of human color preference. *Proceedings of the National Academy of Sciences*, 107, 8877 − 8882 ; Miller, E. G., and Kahn, B. E. (2005). Shades of meaning : The effect of color and flavor names on consumer choice. *Journal of Consumer Research*, 32, 86 −92.

11. 오케이큐피드의 블로그 http://blog.okcupid.com/index.php/online-dating-advice-exactly-what-to-say-in-a-first-message/에서 찾아볼 수 있다.

12. Guéguen, N. (2010). Color and women hitchhikers' attractiveness : Gentlemen drivers prefer red. *Color: Research and Application*, 37, 76 −78.

13. Guéguen, N., and Jacob, C. (2012). Color and cyber-attractiveness : Red enhances men's attraction to women's internet personal ads. *Color: Research and Application*, in press.

14. Kayser, D. N., Elliot, A. J., and Feltman, R. (2010). Red and romantic behavior in men viewing women. *European Journal of Social Psychology*, 40, 901 −908 ; Elliot, A. J., and Niesta, D. (2008). Romantic red : Red enhances men's attraction to women. *Journal of Personality and Social Psychology*, 95, 1150 −1164 ; Elliot, A. J., Kayser, D. N., Greitmeyer, T., Lichtenfeld, S., Gramzow, R. H., Maier, M. A., and Liu, H. (2008). Red, rank, and romance in women viewing men. *Journal of Personality and Social Psychology*, 139, 399 −417.
애덤 파즈다Adam Pazda와 그의 동료들은 이 효과에 대해 다른 설명을 제시했는데, 그것에 따르면 남성들은 빨간 옷을 입은 여성들이 성적으로 더 너그럽다고 지각한다. Pazda, A. D., Elliot, A. J., and Greitmeyer, T. (2012). Sexy red: Perceived sexual receptivity mediates the red-attraction relation in men viewing women. *Journal of Experimental Social Psychology*, 48, 787–790; Elliot, A. J., and Pazda, A. D. (2012). Dressed for sex: Red as a female sexual signal in humans. *PLoS ONE*, 7, e34607.

15. Spence, I., Wong, P., Rusan, M., and Rastegar, N. (2006). How color enhances visual memory for natural scenes. *Psychological Science*, 17, 1–6.

16. ABC News article, http://www.abc.net.au/news/2008-12-03/qld-govt-slams-tasteless-red-pen-debate/228210에서 찾아볼 수 있다.

17. Rutchick, A. M., Slepian, M. L., and Ferris, B. D. (2010). The pen is mightier than the word: Object priming of evaluative standards. *European Journal of Social Psychology*, 40, 704–708.

18. Elliot, A. J., Maier, M. A., Moller, A. C., Friedman, R., and Meinhardt, J. (2007). Color and psychological functioning: The effect of red on performance attainment. *Journal of Experimental Psychology: General*, 136, 154–168; Elliot, A. J., and Maier, M. A. (2007). Color and psychological functioning. *Current Directions in Psychological Science*, 16, 250–254; Elliot, A. J., Maier, M. A., Binser, M. J., Friedman, R., and Pekrun, R. (2009). The effect of red on avoidance behavior. *Personality and Social Psychology Bulletin*, 35, 365–375.

19. Mehta, R., and Zhu, R. J. (2009). Blue or red? Exploring the effect of color on cognitive task performances. *Science*, 323, 1226–1229.

20. Hill, R. A., and Barton, R. A. (2005). Red enhances human performance in contests. *Nature*, 435, 293.

21. Hagemann, N., Strauss, B., and Leissing, J. (2008). When the referee sees red. *Psychological Science*, 19, 769–771.

22. Frank, M. G., and Gilovich, T. (1988). The dark side of self- and social perception: Black uniforms and aggression in professional sports. *Journal of Personality and Social Psychology*, 1988, 54, 74–85.

23. Sherman, G. D., and Clore, G. L. (2009). The color of sin: White and black are perceptual symbols of moral purity and pollution. *Psychological Science*, 20, 1019–1025.

2장 / 생각을 만든 공간

1. Lambot, I., and Girard, G. (1999). City of darkness: *Life in Kowloon Walled City*. Chiddingfold, UK: Watermark.

2. Hutt, C., and Vaizey, M. J. (1966). Differential effects of group density on social behavior. *Nature*, 209, 1371 – 1372.

3. Bickman, L., Teger, A., Gabriele, T., McLaughlin, C., Berger, M., and Sunaday, E. (1973). Dormitory density and helping behavior. *Environmental Behavior*, 5, 465 – 490.

4. Zlutnick, S., and Altman, I. (1971). Crowding and human behavior, in J. Wohlwill and D. Carson (eds.), *Environment and the social sciences: Perspectives and applications*. Washington, DC: American Psychological Association.

5. Underhill, P. (1999). *Why we buy: The science of shopping*. New York: Simon & Schuster.

6. Cohen, S., Glass, D. C., and Singer, J. E. (1973). Apartment noise, auditory discrimination and reading ability. *Journal of Experimental Social Psychology*, 9, 407 – 433.

7. Ulrich, R. S. (1984). View through a window may influence recovery from surgery. *Science*, 224, 420 – 421.

8. Wells, N. M., and Evans, G. W. (2003). Nearby nature: A buffer of life stress among rural children. *Environment and Behavior*, 35, 311 – 330; Louv, R. (2008). *Last child in the woods: Saving our children from nature-deficit disorder*. New York: Algonquin.

9. Taylor, A. F., Kuo, F. E., and Sullivan, W. C. (2001). Coping with ADD: The surprising connection to green play settings. *Environment and Behavior*, 33, 54 – 77.

10. James, W. (1962). *Psychology: The briefer course*. New York: Collier. (Original work published 1892.)

11. Kaplan, S. (1995). The restorative benefits of nature: Toward an integrative framework. *Journal of Environmental Psychology*, 15, 169 – 182; Berman, M. G., Jonides, J., and Kaplan, S. (2008). The cognitive benefits of interacting with nature. *Psychological Science*, 19, 1207 – 1212; Raghubir, P., Chakravarti, A., and Meyvis, T. (2012). The water conjecture: Does the presence of water increase the blue vote? Working paper, New York University; White, M., Smith, A., Humphryes, K., Pahl, S., Snelling, D., and Depledge, M. (2010). Blue space: The importance of water for preference, affect, and restorativeness ratings of natural and built scenes. *Journal of Environmental Psychology*, 30, 482 – 493.

12. Van den Berg, A. E., Koole, S. L., and Van der Wulp, N. Y. (2003). Environmental preference and restoration: (How) are they related? *Journal of Environmental Psychology*, 23, 135–146.

13. Tsunetsugu, Y., Park, B.-J., and Miyazaki, Y. (2010). Trends in research related to "Shinrin-yoku" (taking in the forest atmosphere or forest bathing) in Japan. *Environmental Health and Preventive Medicine*, 15, 27–37; Ulrich, R. S., Simons, R. F., Losito, B. D., Fiorito, E., Miles, M. A., and Zelson, M. (1991). Stress recovery during exposure to natural and urban environments. *Journal of Environmental Psychology*, 11, 201–230.

14. Cimprich, B., and Ronis, D. L. (2003). An environmental intervention to restore attention in women with newly diagnosed breast cancer. *Cancer Nursing*, 26, 284–292.

15. Lewin, T. (January 20, 2010). If your kids are awake, they're probably online. *New York Times*. http://www.nytimes.com/2010/01/20/education/20wired.html에서 찾아볼 수 있다.

16. Vigoda, A. (November 22, 1999). Million-dollar winner untaxed by celebrity. *USA Today*, 1D.

17. Ogas, O. (November 9, 2006). A researcher uses his understanding of the human brain to advance on a popular quiz show. *Seedmagazine.com*, http://seedmagazine.com/content/article/who_wants_to_be_a_cognitive_neuroscientist_millionaire/에서 찾아볼 수 있다.

18. Garfield, S. (2012). *Just my type*. New York: Gotham.

19. Frederick, S. (2005). Cognitive reflection and decision making. *Journal of Economic Perspectives*, 19, 25–42.

전체 검사는 다음과 같다:

(1) 배트 한 개와 공 한 개의 가격은 모두 합쳐서 1.10달러다. 이 배트는 공보다 1달러가 더 비싸다. 그렇다면 이 공의 가격은 얼마인가? ＿＿＿ 센트

정답: 5센트. 그럴듯하지만 틀린 답변: 10센트.

(2) 다섯 대의 기계로 다섯 개의 장치를 만드는 데 5분이 걸린다면, 100대의 기계로 100개의 장치를 만드는 데는 얼마의 시간이 걸리는가? ＿＿＿ 분

정답: 5분. 그럴듯하지만 틀린 답변: 100분.

(3) 어느 호수에 수련 잎 한 조각이 있다. 매일 그 조각의 크기는 두 배가 된다. 그 조각이 호수 전체를 덮는 데 48일이 걸린다면, 호수의 절반을 덮는 데는 며칠이 걸리는가? ＿＿＿ 일

정답: 47일. 그럴듯하지만 틀린 답변: 24일.

20. Alter, A. L., Oppenheimer, D. M., Epley, N., and Eyre, R. N. (2007). Overcoming

intuition: Metacognitive difficulty activates analytic reasoning. Journal of Experimental Psychology: General, 136, 569 – 576; 또한 Simmons, J. P., and Nelson, L. D. (2006). Intuitive confidence: Choosing between intuitive and nonintuitive alternatives. Journal of Experimental Psychology: General, 135, 409 – 428도 참조할 것.

21. Alter, A. L., and Oppenheimer, D. M. (2009). Suppressing secrecy through metacognitive ease: Cognitive fluency encourages self-disclosure. *Psychological Science*, 20, 1414 – 1420.

22. Laham, S., Alter, A. L., and Goodwin, G. P. (2009). Easy on the mind, easy on the wrongdoer: Unexpectedly fluent violations are deemed less morally wrong. *Cognition*, 112, 462 – 466.

23. Gallagher, W. (1993). *The power of place*. New York: Harper-Collins.

24. Zhong, C. B., Lake, V. B., and Gino, F. (2010). A good lamp is the best police: Darkness increases dishonesty and self-interested behavior. *Psychological Science*, 21, 311 – 314; 숫자 더하기 과제: Mazar, N., Amir, O., and Ariely, D. (2008). The dishonesty of honest people: A theory of self-concept maintenance. *Journal of Marketing Research*, 45, 633 – 644. 합해서 10이 되는 세 숫자는 1.96, 3.27, 4.77이다.

25. Wilson, J. Q., and Kelling, G. L. (1982). Broken windows. *Atlantic Monthly*. http://www.theatlantic.com/magazine/archive/1982/03/broken-windows/4465/에서 찾아볼 수 있다.

26. Cialdini, R. B., Reno, R. R., and Kallgren, C. A. (1990). A focus theory of normative conduct: Recycling the concept of norms to reduce littering in public places. *Journal of Personality and Social Psychology*, 58, 1015 – 1026; Cialdini, B. (2003). Crafting normative messages to protect the environment. *Current Directions in Psychological Science*, 12, 105 – 109.

27. Alter, A., and Kwan, V. S. Y. (2009). Cultural sharing in a global village: Evidence for extracultural cognition in white Americans. *Journal of Personality and Social Psychology*, 96, 742 – 760.

28. Brown, R. and Kulik, J. (1977). Flashbulb memories. *Cognition*, 5, 73 – 99.

29. Robins, L. N. (1993). Vietnam veterans' rapid recovery from heroin addiction: A fluke or normal expectation? *Addiction*, 88, 1041 – 1054; Robins, L. N., Davis, D. H., and Nurco, D. N. (1974). How permanent was Vietnam drug addiction? *American Journal of Public Health Supplement*, 64, 38 – 43.

30. Godden, D. R., and Baddeley, A. D. (1975). Context-dependent memory in two natural environments: On land and underwater. *British Journal of Psychology*, 66, 325 – 331.

3장 / 생각을 만든 온도

1. Reifman, A. S., Larrick, R. P., and Fein, (1991). Temper and temperature on the diamond: The heat-aggression relationship in major league baseball. *Personality and Social Psychology Bulletin*, 17, 580–585; Larrick, R. P., Timmerman, T. A., Carton, A. M., and Abrevaya, J. (2011). Temper, temperature, and temptation: Heat-related retaliation in baseball. *Psychological Science*, 22, 423–428.

2. Kenrick, D. T, and MacFarlane, S. W. (1984). Ambient temperature and horn-honking: A field study of the heat/aggression relationship. *Environment & Behavior*, 18, 179–191. 또한 Baron, R. A. (1976). The reduction of human aggression: A field study of the influence of incompatible reactions. *Journal of Applied Social Psychology*, 6, 260–274. 더 전반적인 검토를 한 글로는 Anderson, C. A. (1987). Temperature and aggression: Effects on quarterly, yearly, and city rates of violent and nonviolent crime. *Journal of Personality and Social Psychology*, 52, 1161–1173.

3. Dutton, D. G., and Aron, A. P. (1972). Some evidence for heightened sexual attraction under conditions of high anxiety. *Journal of Personality and Social Psychology*, 30, 510–517.

4. Lam, D. A., and Miron, J. A. (1994). Global patterns of seasonal variation in human fertility. *Annals of the New York Academy of Sciences*, 709, 9–28.

5. Pawlowski, B., and Sorokowski, P. (2008). Men's attraction to women's bodies changes seasonally. *Perception*, 37, 1079–1085.

6. Svartberg, J., Jorde, R., Sundsfjord, J., Bonaa, K. H., and Barrett-Connor, E. (2003). Seasonal variation of testosterone and waist to hip ratio in men: The Tromsø study. *Journal of Clinical Endocrinology & Metabolism*, 88, 3099–3104.

7. Harlow, H. F. (1958). The nature of love. *American Psychologist*, 13, 673–685; 배경 설명: Slater, L. (March 21, 2004). Monkey love. *Boston Globe*. http://www.boston.com/news/globe/ideas/articles/2004/03/21/monkey_love/에서 찾아볼 수 있다.

8. Williams, L. E., and Bargh, J. A. (2008). Experiencing physical warmth promotes interpersonal warmth. *Science*, 322, 606–607; Bargh, J. A., and Shalev, I. (2012). The substitutability of physical and social warmth in daily life. *Emotion*, 12, 154–162.

9. Kang, Y., Williams, L. E., Clark, M. S., Gray, J. R., and Bargh, J. A. (2011). Physical temperature effects on trust behavior: The role of insula. *Social Cognitive and Affective*

Neuroscience, 6, 507−515.

10. Hong, J., and Sun, Y. (2012). Warm it up with love: The effect of physical coldness on liking of romance movies. *Journal of Consumer Research* (forthcoming). 로맨틱 코미디 장르에 대한 뛰어난 설명과 왜 그것이 사람들의 관심을 끄는지에 대해서는 Angyal, C. S. (February 14, 2012). I spent a year watching rom-coms and this is the crap I learned. *Jezebel.com.* http://jezebel.com/5884946/the-crappy-lessons-of-romantic-comedies에서 찾아볼 수 있다.

11. Gallagher, W. (1993). *The power of place*. New York: HarperCollins.

12. Kay, J. (1989). Mood disorders and patterns of creativity in British writers and artists. *Psychiatry*, 52, 125−132.

13. Vatalaro, M. (May 2005). Sharks' sixth sense. *BoatU.S. magazine*. http://findarticles.com/p/articles/mi_m0BQK/is_3_10/ai_n13778822/에서 찾아볼 수 있다.

14. Hoffman, H. (1955). *Hitler was my friend*. London: Burke.

15. Muecher, H., and Ungeheuer, H. (1961). Meteorological influence on reaction time, flicker fusion frequency, job accidents, and the use of medical treatment. *Perceptual and Motor Skills*, 12, 163−168.

16. Charry, J. M., and Hawkinshire, F. B. W. (1981). Effects of atmospheric electricity on some substrates of disordered behavior. *Journal of Personality and Social Psychology*, 41, 185−197; 또한 Giannini, A. J., Jones, B. T., and Loiselle, R. H. (1986). Reversibility of serotonin irritation syndrome with atmospheric anions. *Journal of Clinical Psychiatry*, 47, 141−143도 참조할 것.

17. 머서의 2011년 보고서는 http://www.mercer.com/press-releases/quality-of-living-report-2011에서 찾아볼 수 있다.

18. Forgas, J. P., Goldenberg, L., and Unkelbach, C. (2009). Can bad weather improve your memory? An unobtrusive field study of natural mood effects on real-life memory. *Journal of Experimental Social Psychology*, 45, 254−257.

19. Hirshleifer, D., and Shumway, T. (2003). Good day sunshine: Stock returns and the weather. *Journal of Finance*, 58, 1009−1032; Saunders, E. M., Jr. (1993). Stock prices and Wall Street weather. *American Economic Review*, 83, 1337−1445.

20. Gaski, J. F., and Sagarin, J. (2011). Detrimental effects of daylight saving time on SAT scores. *Journal of Neuroeconomics, Psychology, and Economics*, 4, 44−53.

4장 / 생각을 만든 시선

1. Bateson, M., Nettle, D., and Roberts, G. (2006). Cues of being watched enhance co-operation in a real-world setting. *Biology Letters*, 2, 412–414.

2. 제니와 그의 부분적인 회복을 다룬 문서는 http://www.youtube.com/watch?v=dEnkY2iaKis 에서 찾아볼 수 있다. 아베론의 야생 소년은 또 다른 고전적 사례다. 몇몇 전문가들은 그가 자폐증을 앓았기 때문에 사회적 박탈에 대해 어떻게 반응할지 결정하기가 어려웠다고 믿는다. 이 사례연구에 대해서는 BBC Radio 4 (November 30, 2008): The Wild Boy of Aveyron: Claudia Hammond presents. 23:40 UTC를 참조하라. http://www.bbc.co.uk/programmes/b00b7lrb에서 찾아볼 수 있다.

3. Schachter, S. (1959). *The psychology of affiliation*. Stanford, CA: Stanford University Press.

4. Interview with Michel Siffre: Foer, J., and Siffre, M. (2008). Caveman: An interview with Michel Siffre. *Cabinet*. http://www.cabinetmagazine.org/issues/30/foer.php에서 찾아볼 수 있다.

5. Grassian, S. (1983). Psychopathological effects of solitary confinement. *American Journal of Psychiatry*, 140, 1450–1454.

6. Haney, C. W. (2003). Mental health issues in long-term solitary confinement and "supermax" confinement. *Crime and Delinquency*, 49, 124–156. 같은 주제에 대한 아툴 가완데Atul Gawande의 다음 논문도 참조할 것: Gawande, A. (March 30, 2009). Hellhole. *New Yorker*. http://www.newyorker.com/reporting/2009/03/30/090330fa_fact_gawande에서 찾아볼 수 있다. 그리고 Vasiliades, E. (2005). Solitary confinement and international human rights: Why the U.S. prison system fails global standards. *American University International Law Review*, 21, 71–99도 참조할 것.

7. Hsee, C. K., and Zhang, J. (2010). General evaluability theory. *Perspectives on Psychological Science*, 5, 343–355. 에너지 사용 통계는 http://www.eia.gov/consumption/residen tial/index.cfm에서 찾아볼 수 있다.

8. 오파워 웹사이트의 정보 www.opower.com.

9. Rohde, D. (March 8, 2012). Inside Islam's culture war. Reuters. http://blogs.reuters.com/david-rohde/2012/03/08/inside-islams-culture-war/에서 찾아볼 수 있음; Gubash, C. (July 31, 2008). Soap opera upends traditional Arab gender roles. *NBC News World Blog*.

http://worldblog.msnbc.msn.com/_news/2008/07/31/4376465-soap-opera-upends-traditional-arab-gender-roles에서 찾아볼 수 있음; 관련 기사 (July 27, 2008). Soap opera shakes customs of Arab married life. http://abclocal.go.com/wpvi/story?section=news/entertainment&id=6290501에서 찾아볼 수 있음; *Emirates* 24/7 (April 4, 2012). Turkish soap opera blamed for UAE divorces. http://www.emirates247.com/news/emirates/turkish-soap-opera-blamed-for-uae-divorces-2012-04-04-1.452235에서 찾아볼 수 있음; *Infoniac.com* (April 6, 2009). More divorces and less children in Brazil due to racy soap operas. http://www.infoniac.com/offbeat-news/more-divorces-and-less-children-in-brazil-due-to-racy-soap-operas.html에서 찾아볼 수 있음.

10. Maier, N. R. F. (1931). Reasoning in humans: II. The solution of a problem and its appearance in consciousness. *Journal of Comparative Psychology*, 12, 181–194.

11. 맥클래런의 탁탁 끊어지는 사이비 네덜란드식 발음의 두 예는 http://www.youtube.com/watch?v=2ZnoP4sUV90 그리고 http://www.youtube.com/ watch?v=xhtq1ObGHy8에서 찾아볼 수 있다.

12. Murray-Smith, R., Ramsay, A., Garrod, S., Jackson, M., and Musizza, B. (2007). Gait alignment in mobile phone conversations. *Proceedings of the Ninth International Conference on Human Computer Interaction with Mobile Devices and Services*, 214–221.

13. Chartrand, T. L., and Bargh, J. A. (1999). The chameleon effect: The perception-behavior link and social interaction. Journal of Personality and Social Psychology, 76, 893–910; Tanner, R. J., Ferraro, R., Chartrand, T. L., Bettman, J. R., and van Baaren, R. (2008). Of chameleons and consumption: The impact of mimicry on choice and preferences. *Journal of Consumer Research*, 35, 754–766; Lakin, J. L., Jefferis, V. E., Cheng, C. M., and Chartrand, T. L. (2003). The chameleon effect as social glue: Evidence for the evolutionary significance of nonconscious mimicry. *Journal of Nonverbal Behavior*, 27, 145–162. 이때 흉내를 구경꾼이 알아차리면 효과가 제대로 나타나지 않는다.: Kavanagh, L. C., Suhler, C. L., Churchland, P. S., and Winkielman, P. (2011). When it's an error to mirror: The surprising reputational costs of mimicry. *Psychological Science*, 22, 1274–1276.

14. Triplett, N. (1898). The dynamogenic factors in pacemaking and competition. *American Journal of Psychology*, 9, 507–533.

15. Pessin, J., and Husband, R. W. (1933). Effects of social stimulation on human maze learning. *Journal of Abnormal and Social Psychology*, 28, 148–154.

16. Zajonc, R. B. (1965). Social facilitation. Science, 149, 269–274; Zajonc, R. B. (1966). Social facilitation of dominant and subordinate responses. *Journal of Experimental Social Psychology*, 2, 160–168.

17. Michaels, J. W., Blommel, J. M., Brocato, R. M., Linkous, R. A., and Rowe, J. S. (1982). Social facilitation and inhibition in a natural setting. *Replications in Social Psychology*, 2, 21–24.

18. Garcia, S. M., and Tor, A. (2009). The N-Effect: More competitors, less competition. *Psychological Science*, 20, 871–877.

19. Sulzberger, A. G., and Meenan, M. (April 26, 2010). Questions surround a delay in help for a dying man. http://www.nytimes.com/2010/04/26/nyregion/26homeless.html에서 찾아볼 수 있다.

20. 〈뉴욕타임스〉에서 이 사건에 대한 기사들을 잘 모아놓았는데, http://www.nytimes.com/keyword/kitty-genovese에서 찾아볼 수 있다.

21. 학생의 발작: Darley, J. M., and Latané, B. (1968). Bystander intervention in emergencies: Diffusion of responsibility. *Journal of Personality and Social Psychology*, 8, 377–383; 연기로 가득찬 방: Latané, B., and Darley, J. M. (1968). Group inhibition of bystander intervention in emergencies. *Journal of Personality and Social Psychology*, 10, 215–221.

5장 / 생각을 만든 편견

1. 〈인본주의심리학 저널Journal of Humanistic Psychology〉 2008년 가을호 전체에서 매슬로의 삶과 지적 유산에 대해 다루고 있다. 특히 Hoffman, E. (2008). Abraham Maslow: A biographer's reflections. *Journal of Humanistic Psychology*, 48, 439–443을 볼 것. 또한 Hoffman, E. (1988). *The right to be human: A biography of Abraham Maslow*. New York: St. Martin's도 참고할 것.

2. Maslow, A. H. (1943). A theory of human motivation. *Psychological Review*, 50, 370–396. 하위 동기들에서 시작해 상위 동기들로 옮아가는 식으로 사람들이 동기를 차례대로 추구한다는 매슬로의 주장에 대해 특히 비판적인 심리학자들이 있는데, Wahba, M. A., and Bridwell, L. G. (1974). Maslow reconsidered: A review of research on the need hierarchy theory. *Organizational Behavior and Human Performance*, 15, 212–240을 참고할 것. 매슬로

의 욕구 위계가 서양 문화권 밖의 사람들에게도 적용되는지에 대해 의문을 제기하는 학자들도 있는데, Hofstede, G. (1984). The cultural relativity of the quality of life concept. *Academy of Management Review*, 9, 389 – 398을 참고할 것.

3. Dreber, A., Gerdes, C., and Gränsmark, P. (2012). Beauty queens and battling knights: Risk taking and attractiveness in chess. (Unpublished manuscript.) http://ftp.iza.org/dp5314.pdf 에서 찾아볼 수 있다.

4. Ronay, R., and von Hippel, W. (2010). Power, testosterone and risk-taking: The moderating influence of testosterone and executive functions. *Journal of Behavioral Decision Making*, 23, 439 – 526; Ronay, R., and von Hippel, W. (2010). The presence of an attractive woman elevates testosterone and risk-taking in young men. *Social Psychological and Personality Science*, 1, 57 – 64.

5. Miller, G., Tybur, J. M., and Jordan, B. D. (2007). Ovulatory cycle effects on tip earnings by lap dancers: Economic evidence for human estrus? *Evolution and Human Behavior*, 28, 375 – 381.

6. 이 인터뷰는 http://www.youtube.com/watch?v=aUbcKCRraGs에서 찾아볼 수 있다.

7. Eberhardt, J. L., Goff, P. A., Purdie, V. J., and Davies, P. G. (2004). Seeing Black: race, crime, and visual processing. *Journal of Personality and Social Psychology*, 87, 876 – 893.

8. 다음 발행자의 허가를 받아 등재함. American Psychological Association, publisher of Eberhardt, Goff, Purdie, and Davies (2004). Seeing Black: race, crime, and visual processing.

9. Eberhardt, J. L., Davies, P. G., Purdie-Vaughns, V. J., and Johnson, S. L. (2006). Looking deathworthy: Perceived stereotypicality of Black defendants predicts capital-sentencing outcomes. *Psychological Science*, 17, 383 – 386.

10. Goff, P. A., Eberhardt, J. L., Williams, M. J., and Jackson, M. C. (2008). Not yet human: Implicit knowledge, historical dehumanization, and contemporary consequences. *Journal of Personality and Social Psychology*, 94, 292 – 306.

11. Correll, J., Park, B., Judd, C. M., and Wittenbrink, B. (2002). The police officer's dilemma: Using ethnicity to disambiguate potentially threatening individuals. *Journal of Personality and Social Psychology*, 83, 1314 – 1329.

12. 다음 발행자의 허가를 받아 등재함. American Psychological Association, publisher of Correll, Park, Judd, and Wittenbrink (2002). The police officer's dilemma: Using ethnicity to disambiguate potentially threatening individuals.

13. Unkelbach, C., Forgas, J. P., and Denson, T. (2007). The turban effect: The influence of Muslim headgear and induced affect on aggressive responses in the shooter bias paradigm. *Journal of Experimental Social Psychology*, 43, 513 – 528.

14. 웹사이트의 정보 http://oxytocinnasalspray.org/; http://www.verolabs.com/how.asp.

15. Kosfeld, M., Heinrichs, M., Zak, P. J., Fischbacher U., and Fehr, E. (2005). Oxytocin increases trust in humans. Nature, 435, 673 – 676; Uvnas-Moberg, K. (1998). Oxytocin may mediate the benefits of positive social interaction and emotions. *Psychoneuroendocrinology*, 23, 819 – 835; Bartels, A., and Zeki, S. (2004). The neural correlates of maternal and romantic love. *Neuroimage*, 21, 1155 – 1166.

16. De Dreu, C. K. W., Greer, L. L., Van Kleef, G. A., Shalvi, S., and Handgraaf, M. J. J. (2011). Oxytocin promotes human ethnocentrism. *Proceedings of the National Academy of Sciences USA*, 108, 1262 – 1266. 수많은 다른 연구에서도 옥시토신을 '포옹의 화학물질cuddle chemical' 또는 '사랑의 호르몬love hormone' 등으로 지나치게 단순화하여 선전하는 것을 비슷하게 비판했는데, 그것들을 개관한 글로는 Yong, E. (February 11, 2012). Dark side of love. NewScientist, 39 – 42. 또한 Declerck, C. H., Boone, C., and Kiyonari, T. (2010). Oxytocin and cooperation under conditions of uncertainty: the modulating role of incentives and social information. *Hormones & Behavior*, 57, 368 – 374; Bartz, J., Simeon, D., Hamilton, H., Kim, S., Crystal, S., Braun A., ⋯ Hollander, E (2011). Oxytocin can hinder trust and cooperation in borderline personality disorder. *Social Cognitive and Affective Neuroscience*, 6, 556 – 563; Bartz, J. A., Zaki, J., Ochsner, K. N., Bolger, N., Kolevzon, A., Ludwig, N., and Lydon, J. E. (2010). Effects of oxytocin on recollections of maternal care and closeness. *Proceedings of the National Academy of Sciences, U. S. A.*, 107, 21371 – 21375; Shamay-Tsoory, S. G., Fischer, M., Dvash, J., Harari, H., Pelach-Bloom, N., and Levkovitz, Y. (2009). Intranasal administration of oxytocin increases envy and schadenfreude (gloating). *Biological Psychiatry*, 66, 864 – 870.

17. Eisenberger, N. I., Master, S. L., Inagaki, T. I., Taylor, S. E., Shirinyan, D., Lieberman, M. D., and Naliboff, B. (2011). Attachment figures activate a safety signal – related neural region and reduce pain experience. *Proceedings of the National Academy of Sciences*, 108, 11721 – 11726; Master, S. L., Eisenberger, N. I., Taylor, S. E., Naliboff, B. D., Shirinyan, D., and Lieberman, M. D. (2009). A picture's worth: Partner photographs reduce experimentally induced pain. *Psychological Science*, 20, 1316 – 1318; Younger, J., Aron, A.,

Parke, S., Chatterjee, N., and Mackey, S. (2010). Viewing pictures of a romantic partner reduces experimental pain: Involvement of neural reward systems. *PLoS ONE*, 5, e13309.

18. Gino, F., and Desai, S. D. (2012). Memory lane and morality: How childhood memories promote prosocial behavior. *Journal of Personality and Social Psychology*, 102, 743−758.

19. Diener, E., and Wallbom, M. (1976). Effects of self-awareness on antinormative behavior. *Journal of Research in Personality*, 10, 107−111; Batson, C. D, Thompson, E. R., Seuferling, G., Whitney, H., and Strongman, J. A. (1999). Moral hypocrisy: Appearing moral to oneself without being so. *Journal of Personality and Social Psychology*, 77, 525−537.

6장 / 생각을 만든 문화

1. Müller-Lyer, F. C. (1889). Optische Urteilstäuschungen. *Archiv für Physiologie Suppl.*, 263−270에서 처음 발표됨.

2. Henrich, J., Heine, S. J., and Norenzayan, A. (2010). The weirdest people in the world. *Behavioral and Brain Sciences*, 33, 61−83.

3. Segall, M. H., Campbell, D. T., and Herskovits, M. J. (1963). Cultural differences in the perception of geometric illusions. *Science*, 193, 769−771; 이런 차이가 왜 생기는지에 대해 더 자세한 내용을 보려면 Howe, C. Q., and Purves, D. (2005). The Müller-Lyer illusion explained by the statistics of image-source relationships. *Proceedings of the National Academy of Sciences*, 102, 1234−1239.

4. Masuda, T., Gonzalez, R., Kwan, L., and Nisbett, R. E. (2008). Culture and aesthetic preference: Comparing the attention to context of East Asians and European Americans. *Personality and Social Psychology Bulletin*, 34, 1260−1275; Chua, H. F., Boland, J. E., and Nisbett, R. E. (2005). Cultural variation in eye movements during scene perception. *Proceedings of the National Academy of Sciences*, 102, 12629−12633; Ji, L., Peng, K., and Nisbett, R. E. (2000). Culture, control, and perception of relationships in the environment. *Journal of Personality and Social Psychology*, 78, 943−955; Kitayama, S., Duffy, S., Kawamura, T., and Larsen, J. T. (2003). A cultural look at New Look: Perceiving an object and its context in two cultures. *Psychological Science*, 14, 201−206. 그 밖에 중요한 논문으로는 Mi-yamoto, Y., Nisbett, R. E., and Masuda, T. (2006). Culture and

physical environment: Holistic versus analytic perceptual affordance. *Psychological Science*, 17, 113–119; Masuda, T., and Nisbett, R. E. (2001). Attending holistically vs. analytically: Comparing the context sensitivity of Japanese and Americans. *Journal of Personality and Social Psychology*, 81, 922–934; Nisbett, R. E., and Masuda, T. (2003). Culture and point of view. *Proceedings of the National Academy of Sciences*, 100, 11163–11175.

5. 다음 발행자의 허가를 받아 등재함. American Psychological Association, publisher of Masuda, Ellsworth, Mesquita, Leu, Tanida, and van de Veerdonk (2008). Placing the face in context: Cultural differences in the perception of facial emotion.

6. Masuda, T., Ellsworth, P. C., Mesquita, B., Leu, J., Tanida, S., and van de Veerdonk, E. (2008). Placing the face in context: Cultural differences in the perception of facial emotion. *Journal of Personality and Social Psychology*, 94, 365–381.

7. Kim, H. S., and Markus, H. R. (1999). Deviance or uniqueness, harmony or conformity? A cultural analysis. *Journal of Personality and Social Psychology*, 77, 785–800. 개인주의와 집단주의에 대한 더 전반적인 논의로는 Markus, H. R., and Kitayama, S. (1991). Culture and the self: Implications for cognition, emotion, and motivation. *Psychological Review*, 98, 224–253을 볼 것.

8. Asch, S. E. (1956). Studies of independence and conformity: A minority of one against a unanimous majority. *Psychological Monographs*, 70, Whole No. 416.

9. Bond, R., and Smith, P. B. (1996). Culture and conformity: A meta-analysis of studies using Asch's (1952b, 1956) line judgment task. *Psychological Bulletin*, 119, 111–137.

10. Fincher, C. L., Thornhill, R., Murray, D. R., and Schaller, M. (2008). Pathogen prevalence predicts human cross-cultural variability in individualism/collectivism. *Proceedings of the Royal Society B*: Biological Sciences, 275, 1279–1285.

11. Saxe, G. B. (1988). The mathematics of child street vendors. *Child Development*, 59, 1415–1425.

12. Masuda, T., Gonzalez, R., Kwan, L., and Nisbett, R. E. (2008). Culture and aesthetic preference: Comparing the attention to context of East Asians and European Americans. *Personality and Social Psychology Bulletin*, 34, 1260–1275.

13. Cohen, D., Nisbett, R. E., Bowdle, B., and Schwarz, N. (1996). Insult, aggression, and the southern culture of honor. *Journal of Personality and Social Psychology*, 70, 945–960; Cohen, D., and Nisbett, R. E. (1997). Field experiments examining the culture of honor: The role of

institutions in perpetuating norms about violence. *Personality and Social Psychology Bulletin*, 23, 1188 – 1199.

14. Barnes, C. D., Brown, R. P., and Tamborski, M. (2012). Living dangerously : Culture of honor, risk-taking, and the nonrandomness of "accidental" deaths. *Social Psychological and Personality Science*, 3, 100 – 107 ; Cohen, D. (1998). Culture, social organization, and patterns of violence. *Journal of Personality and Social Psychology*, 75, 408 – 419.

15. Dzokoto, V. A., and Adams, G. (2005). Understanding genital-shrinking epidemics in West Africa : Koro, juju, or mass psychogenic illness? *Culture, Medicine and Psychiatry*, 29, 53 – 78 ; Iwata, Y., Suzuki, K., Takei, N., Toulopoulou, T., Tsuchiya, K. J., Matsumoto, K., ⋯ Mori, N. (2011). Jiko-shisen-kyofu (fear of one's own glance), but not taijin-kyofusho (fear of interpersonal relations), is an East Asian culture-related specific syndrome. *Australian and New Zealand Journal of Psychiatry*, 45, 148 – 152. 이와 비슷한 질환들의 개요서로는 Bering, J. (July 11, 2011). A bad case of the brain fags. Slate. http://www.slate.com/id/2298453에서 찾아볼 수 있다. 그런가 하면 코로는 동남아시아인들에게서도 나타난다. 특히 역학자들은 말레이시아와 중국에서 코로의 대규모 '창궐'이 여러 번 있었다고 보고했다.

16. PBS interview with Andrew Lam, http://www.pbs.org/wgbh/amex/daughter/sfeature/sf_cultures.html에서 찾아볼 수 있다.

17. Benet-Martinez, V., Leu, J., Lee, F., and Morris, M. W. (2002). Cultural frame switching in biculturals with oppositional versus compatible cultural identities. *Journal of Cross-Cultural Psychology*, 33, 492 – 516 ; Hong, Y., Morris, M. W., Chiu, C., and Benet-Martinez, V. (2000). Multicultural minds : A dynamic constructivist approach to culture and cognition. *American Psychologist*, 55, 709 – 720. 틀 교대의 정신적 부담이 매우 크다는 이야기 : Hamilton, R., Vohs, K. D., Sellier, A., and Meyvis, T. (2011). Being of two minds : Switching mindsets exhausts self-regulatory resources. *Organizational Behavior and Decision Processes*, 115, 13 – 24.

18. Necker, L. A. (1832). Observations on some remarkable optical phenomena seen in Switzerland ; and on an optical phenomenon which occurs on viewing a figure of a crystal or geometrical solid. *London and Edinburgh Philosophical Magazine and Journal of Science*, 1, 329 – 337.

19. Disdier, A.-C., Head, K., and Mayer, T. (2010). Exposure to foreign media and changes in

cultural traits: Evidence from naming patterns in France. *Journal of International Economics*, 80, 226 – 238.

20. Alter, A. L., and Kwan, V. S. Y. (2009). Cultural sharing in a global village: Extracultural cognition in European Americans. *Journal of Personality and Social Psychology*, 96, 742 – 760.

3부 우리 안의 사소하고도 거대한 힘
7장 / 생각을 만든 상징

1. *Sydney Morning Herald*. 이것은 http://www.smh.com.au/news/technology/complex-mis take/2007/09/27/1190486482564.html에서 찾아볼 수 있다. *Jewish Sightseeing* 블로그 는 http://www.jewishsightseeing.com/dhh_weblog/2006-blog/2006-12/2006-12-13- coronado-swastika.htm에서 찾아볼 수 있다. 앨라배마의 디케이터에 있는 퇴직자 수용 시설인 또 다른 건물도 공중에서 보면 똑같은 윤곽이 드러나는데, 이것은 http://www. msnbc.msn.com/id/23633404/ns/us_news-life/에서 볼 수 있다. 나치의 卍 자는 오른쪽을 바라보고 있으며 네 개의 L 자 모양이 시계 방향으로 돌고 있다는 점에 주목할 필요가 있 다. 반면에 몇몇 종교적인 卍 자들은 ('스와스티카'와 구별하기 위해 '소와스티카'라고 불 리기도 하며) 왼쪽을 바라보고 있고 L 자 모양들이 시계 반대반향으로 돌고 있다.

2. Alter, A. L., and Kwan, V. S. Y. (2012). How symbols shape thinking. (Unpublished manuscript.) New York University.

3. Fitzsimons, G. M., Chartrand, T. L., and Fitzsimons, G. J. (2008). Automatic effects of brand exposure on motivated behavior: How Apple makes you "think different." *Journal of Consumer Research*, 35, 21 – 35.

4. Slepian, M. L., Weisbuch, M., Rutchick, A. M., Newman, L. S., and Ambady, N. (2010). Shedding light on insight: Priming bright ideas. *Journal of Experimental Social Psychology*, 46, 696 – 700.

5. 돈을 불에 태운 일과 케이 재단: Reid, J. (1994). Money to burn. *Observer*. http://www. libraryofmu.org/display-resource.php?id=387에서 찾아볼 수 있다. 돈 태우는 장면을 촬영 한 것은 http://www.youtube.com/watch?v=XOMsJBinU_o에서 볼 수 있다.

6. Becchio, C., Skewes, J., Lund, T. E., Frith, U., Frith, C., and Roepstorff, A. (2011). How the brain responds to the destruction of money. *Journal of Neuroscience, Psychology, and*

Economics, 4, 1 – 10.

7. Vohs, K. D., Mead, N., and Goode, M. R. (2006). The psychological consequences of money. Science, 314, 1154 – 1156; Vohs, K. D., Mead, N. L., Goode, M. R. (2008). Merely activating the concept of money changes personal and interpersonal behavior. *Current Directions in Psychological Science*, 17, 208 – 212; Zhou, X., Vohs, K. D., and Baumeister, R. F. (2009). The symbolic power of money: Reminders of money alter social distress and physical pain. *Psychological Science*, 20, 700 – 706.

8. 국기 저항운동을 비판하는 정부 비디오는 http://www.youtube.com/watch?v＝31QJEFvYmMI 에서 볼 수 있다.

9. Whittier, John Greenleaf (1864). "Barbara Frietchie." http://www.poemhunter.com/poem/ barbara-frietchie/에서 찾아볼 수 있다.

10. Butz, D., Plant, E. A., and Doerr, C. E. (2007). Liberty and justice for all? Implications of exposure to the U.S. flag for intergroup relations. *Personality and Social Psychology Bulletin*, 33, 396 – 408.

11. Hassin, R. R., Ferguson, M. J., Shidlovski, D., and Gross, T. (2007). Subliminal exposure to national flags affects political thought and behavior. *Proceedings of the National Academy of Sciences*, 104, 19757 – 19761.

12. Ferguson, M. J., and Hassin, R. R. (2007). On the automatic association between America and aggression for news watchers. *Personality and Social Psychology Bulletin*, 33, 1632 – 1647.

13. Alter, A. L., and Kwan, V. S. Y. (2012). How symbols shape thinking. (Unpublished manuscript.) New York University.

14. Baldwin, M. W., Carrell, S. E., and Lopez, D. F. (1990). Priming relationship schemas: My advisor and the Pope are watching me from the back of my mind. *Journal of Experimental Social Psychology*, 26, 435 – 454.

15. Alter, A. L., and Oppenheimer, D. M. (2008). Easy on the mind, easy on the wallet: The effects of familiarity and fluency on currency valuation. *Psychonomic Bulletin and Review*, 15, 985 – 990.

8장 / 생각을 만든 이름

1. 여기 언급된 예들의 많은 부분은 위키피디아의 http://en.wikipedia.org/wiki/Aptronym에서 가져온 것이다. 이름결정론에 대한 토론은 잡지 〈뉴사이언티스트〉의 1994년 11월 5일 판과 1994년 12월 17일 판의 피드백 칼럼에서 전개되었다. 이 책의 일부 정보는 당시 피드백 칼럼의 편집자인 존 홀리랜드John Hoyland와 마이크 홀더니스Mike Holderness와의 이메일 교신을 통해 얻은 것이다. 이름결정론이라는 용어는 카보니우스C. R. Cavonius라는 기고자가 처음 사용한 것으로 알려졌다.

2. Splatt, A. J., and Weedon, D. (1977). The urethral syndrome: experience with the Richardson urethroplasty. *British Journal of Urology*, 49, 173 – 176.

3. Lapidos, J. (September 9, 2010). Is Goodluck Jonathan lucky? Naming practices in Nigeria. http://www.slate.com/articles/news_and_politics/explainer/2010/09/is_goodluck_jonathan_lucky.html에서 찾아볼 수 있다.

4. 〈러시안 타임스Russian Times〉의 관련 뉴스 비디오와 인터뷰는 http://rt.com/news/digit-named-boy-ignored-by-authorities/에서 찾아볼 수 있다.

5. Lieberson, S. (2000). A matter of taste: How names, fashions, and culture change. New Haven, CT: Yale University Press.

6. 네이미피디어Namipedia의 웹사이트 http://www.babynamewizard.com/namipedia를 볼 것. 또한 Levitt, S. D., and Dubner, S. J. (2005). *Freakonomics: A rogue economist explores the hidden side of everything*. New York: Morrow도 참조할 것.

7. Bertrand, M., and Mullainathan, S. (2004). Are Emily and Greg more employable than Lakisha and Jamal? A field experiment on labor market discrimination. *American Economic Review*, 94, 991 – 1013.

8. Kaplan, H. R. (2011). *The myth of post- racial America: Searching for equality in the age of materialism*. Lanham, MD: Rowman and Littlefield; Parks, G., and Hughey, M. (2011). *The Obamas and a (post) racial America?* Series in Political Psychology. New York: Oxford University Press; Tesler, M., and Sears, D. O. (2010). *Obama's race: The 2008 election and the dream of a post-racial America*. Chicago: University of Chicago Press.

9. Nuttin, J. M., Jr. (1985). Narcissism beyond Gestalt and awareness: The name–letter effect. *European Journal of Social Psychology*, 15, 353 – 361; Nuttin, J. M., Jr. (1987). Affective consequences of mere ownership: The name–letter effect in twelve European languages.

European Journal of Social Psychology, 17, 381-402. 최근에는 몇 가지 중요한 이름-글자 효과에 대해 의문을 제기하는 논문이 발표되었기에 나는 그 효과들을 이 책에서 빼기로 결정했다. Simonsohn, U. (2011). Spurious? Name similarity effects (implicit egotism) in marriage, job, and moving decisions. *Journal of Personality and Social Psychology*, 101, 1-24 참조.

10. Chandler, J., Griffin, T. M., and Sorenson, N. (2008). In the "I" of the storm: Shared initials increase disaster donations. *Judgment and Decision Making*, 3, 404-410.

11. Carlson, K. A., and Conard, J. M. (2011). The last name effect: How last name influences acquisition timing. *Journal of Consumer Research*, 38, 300-307.

12. 이름의 유창도 연구들을 포괄적인 검토한 논문으로는 Alter, A. L., and Oppenheimer, D. M. (2009). Uniting the tribes of fluency to form a metacognitive nation. *Personality and Social Psychology Review*, 13, 219-235를 볼 것.

13. O'Sullivan, C. S., Chen, A., Mohapatra, S., Sigelman, L., and Lewis, E. (1988). Voting in ignorance: The politics of smooth-sounding names. *Journal of Applied Social Psychology*, 18, 1094-1106. 또한 Yardley, W. (November 10, 2010). Nurkowski? Makowski? Murckoski? Counting the write-in votes in Alaska. *New York Times*도 참조할 것. 이것은 http://thecaucus.blogs.nytimes.com/2010/11/10/nurkowski-makowski-murckoski-counting-the-write-in-votes-in-alaska/에서 찾아볼 수 있다.

14. Laham, S., Koval, P., and Alter, A. L. (2012). The name-pronunciation effect: Why people like Mr. Smith more than Mr. Colquhoun. *Journal of Experimental Social Psychology*, 48, 752-756.

15. Alter, A. L., and Oppenheimer, D. M. (2006). Predicting short-term stock fluctuations by using processing fluency. *Proceedings of the National Academy of Sciences*, 103, 9369-9372.

16. Köhler, W. (1929). *Gestalt psychology*. New York: Liveright; Maurer, D., Pathman, T., and Mondloch, C. J. (2006). The shape of boubas: Sound-shape correspondences in toddlers and adults. *Developmental Science*, 9, 316-322.

9장 / 생각을 만든 명칭

1. Winawer, J., Witthoft, N., Frank, M. C., Wu, L., Wade, R., and Boroditsky, L. (2007). Russian blues reveal effects of language on color discrimination. Proceedings of the National Academy of Sciences, 104, 7780–7785. 관련 뇌 부위에 관한 실험: Tan, L. H., Chan, A. H. D., Kay, P., Khong, P. L., Yip, L. K. C., and Luke, K. K. (2008). Language affects patterns of brain activation associated with perceptual decision. *Proceedings of the National Academy of Sciences*, 105, 4004–4009.

2. 워프의 많은 연구를 모아놓은 책으로는 Whorf, B. (1956). *Language, thought, and reality: Selected writings of Benjamin Lee Whorf*. John B. Carroll (ed.). Cambridge, MA: MIT Press.

3. Eberhardt, J. L., Dasgupta, N., and Banaszynski, T. L. (2003). Believing is seeing: The effects of racial labels and implicit beliefs on face perception. *Personality and Social Psychology Bulletin*, 29, 360–370.

4. Levin and Banaji(2006)의 발행자인 미국심리학회American Psychological Association의 허가를 받아 등재함.

5. Levin, D. T., and Banaji, M. R. (2006). Distortions in the perceived lightness of faces: The role of race categories. *Journal of Experimental Psychology*: General, 135, 501–512.

6. Beckford, M. (June 4, 2008). Working classes "lack intelligence to be doctors," claims academic. Telegraph. http://www.telegraph.co.uk/news/uknews/2074651/Working-classes-lack-intelligence-to-be-doctors-claims-academic.html에서 찾아볼 수 있음.

7. Darley, J. M., and Gross, P. H. (1983). A hypothesis-confirming bias in labeling effects. *Journal of Personality and Social Psychology*, 44, 20–33.

8. Boorstin, D. (1983). *The discoverers*. New York: Random House.

9. Nelson, L. D., and Simmons, J. P. (2009). On southbound ease and northbound fees: Literal consequences of the metaphoric link between vertical position and cardinal direction. *Journal of Marketing Research*, 46, 715–724; Meier, B. P., Moller, A. C., Chen, J., and Riemer-Peltz, M. (2011). Spatial metaphor and real estate: North-south location biases housing preference. *Social Psychological and Personality Science*, 2, 547–553.

10. Jasmin, K., and Casasanto, D. (2012). The QWERTY effect: How typing shapes the meanings of words. *Psychonomic Bulletin and Review*. 이 효과는 여러 블로그에서도 주목을 받았는데, 카사산토Casasanto라는 블로거의 반응은 http://www.casasanto.com/

QWERTY.html에서 찾아볼 수 있다.

11. Bloom, S. G. (2005). Lesson of a lifetime. *Smithsonian*, 36, 82–87.

12. Rosenthal, R., and Jacobson, L. (1992). *Pygmalion in the classroom*. New York: Irvington.

13. Levinson, S. C. (2003). *Space in language and cognition: Explorations in cognitive diversity*. Cambridge: Cambridge University Press; Boroditsky, L., Schmidt, L., and Phillips, W. (2003). Sex, syntax, and semantics. In *Language in mind: Advances in the study of language and thought*. D. Gentner and S. Goldin-Meadow (eds.), 61–68. London: MIT Press.

14. Deutscher, G. (2010). *Through the language glass: Why the world looks different in other languages*. New York: Picador.

15. Loftus, E. F., and Palmer, J. C. (1974). Reconstruction of automobile destruction: An example of the interaction between language and memory. *Journal of Verbal Learning and Verbal Behavior*, 13, 585–589.

16. Kleck, R. E., and Strenta, A. (1980). Perceptions of the impact of negatively valued physical characteristics on social interaction. *Journal of Personality and Social Psychology*, 39, 861–873.

17. Briggs, L. (2000). The race of hysteria: "Overcivilization" and the "savage" woman in late nineteenth-century obstetrics and gynecology. *American Quarterly*, 52, 246–273; Aviram, R. B., Brodsky, B. S., and Stanley, B. (2006). Borderline personality disorder, stigma, and treatment implications. *Harvard Review of Psychiatry*, 14, 249–256; Beard, G. (1880). *A practical treatise on nervous exhaustion*. New York: William Wood; Elder, T. E. (2010). The importance of relative standards in ADHD diagnoses: evidence based on exact birth dates. *Journal of Health Economics*, 29, 641–656.

마치며_

1. 로렌츠의 원래 논문은 Lorenz, E. N. (1963). Deterministic nonperiodic flow. *Journal of the Atmospheric Sciences*, 20, 130–141; 배경 설명: Mathis, N. (2007). *Storm warning: The story of a killer tornado*. New York: Touchstone; Palmer, T. N. (2008). Edward Norton Lorenz. *Physics Today*, 61, 81–82; Palmer, T. N. (2009). Edward Norton Lorenz, 23 May 1917–16 April 2008. *Biographical Memoirs of Fellows of the Royal Society*, 55, 139–155.

만들어진 **생각,**
만들어진 **행동**

2014년 2월 12일 초판 1쇄 발행
2019년 10월 1일 초판 2쇄 발행

지은이 | 애덤 알터
옮긴이 | 최호영
발행인 | 윤호권

발행처 | (주)시공사
출판등록 | 1989년 5월 10일(제3-248호)
브랜드 | 알키

주소 | 서울시 서초구 사임당로 82(우편번호 06641)
전화 | 편집(02)2046-2850 · 마케팅(02)2046-2894
팩스 | 편집 · 마케팅(02)585-1755
홈페이지 | www.sigongsa.com

ISBN 978-89-527-7091-2 13180

알키는 (주)시공사의 브랜드입니다.